Kakuichi Institute Holistic Study Series

EMPATHY

共感する人

ホモ・エンパシクスへ、
あなたを変える六つのステップ

ローマン・クルツナリック

田中一明、荻野高拡 訳

ぷねうま舎

共感する人 ❖ 目次

序章　**共感という根源的な力**……7

エートス1　**共感脳にスイッチを入れる**……37

エートス2

序　章　共感という根源的な力

人間関係の革命

共感《エンパシー》は、何かふわふわした心地よい感情のように受け止められています。大抵の人は、それは他者に対する日常の親切な心遣いや、優しい感受性をもって接することと同じだと見なしています。しかしこの本では、共感についてのこれとはまったく異なった観点を提示しています。共感は、わたしたち自身の人生を変えうる力をもち、また社会に根本的な変化をもたらす力を備えた理念なのです。共感する力は、まさに革命を呼び起こすこともできるのです。それは新しい法律、あるいは事業体や政府を基盤とする時代遅れの革命の一つではなく、もっと根源的な人間関係の革命なのです。

過去一〇年のあいだ、この共感に基づく思考や活動のうねりが、政治活動家や評論家、ビジネスリーダーや宗教主導者によって世界中で起こされ始めています。英国やアメリカ合衆国において民衆による街頭占拠運動を推進する活動家たちは、エンパシー（共感）テントを立て、「共感行動主義」をめぐるワークショップを催しました。ルワンダ共和国において、毎週住民の九〇パーセントが聞いているラジオのメロドラマでは、部族間の抗争の再燃を防ぐために、近隣の村々に住むフツ族やツチ族、双方が伝承する物語に互いに共感するメッセージを発信しています。「共感の根っこ」（ルーツ・オブ・エンパシー）というカナダの教育プログラムでは、何十万人もの児童が共感する力を培養するための方法を教えられてきました。そして、その方法は英国、ニュージーランド、その他の国々にも広がり、教室では赤ん坊を先生とする試みも行われています。あるドイツの社会事業家は、視力障害の経験をさせるために、盲目のガイドたちが七〇〇〇万人以上の訪問客を真っ暗な展示室に案内するというイベントを企画し、それを行う博物館の世界的なネットワークを確立しました。こうした先駆的な運動は、共感をめぐるさまざまな歴史的うねりの一部であり、わたしたちの途方もない個人主義と、自己中心主義的な文化への挑戦なのです。わたしたちの大多数は、自分自身の生活で手いっぱいになっていて、他の誰かを思いやることなどできなくなっています。

ところで、エンパシー（共感・感応）とは、いったい何を意味するのでしょうか？　それは実際上、どんな感じのものなのでしょうか？

まず最初に、それが何を意味するのか、それを明らかにしましょう。エンパシーとは、「他人の靴を履くことをイメージし、その感触をもって世界を歩く」ことを想像してみる術《すべ》のことです。[1] そのような仕方で、他者の感情や感覚している世界を理解し、その理解をもってあなたの行動を導こうとするものです。ですから、共感し感応することとは、ある人を哀れみ、気の毒に思うこと、他人の感情や考えの理解を必要としない同情の表現とははっきりと別物なのです。また共感は、「自分がして欲しいことを、人にしなさい」という黄金律とも同じではありません。この表現では、あなた自身の利益が他者とたまたま一致した場合を想定させてしまうからです。ジョージ・バーナード・ショーは、その特有なスタイルでこれを皮肉り、「自分のして欲しいことを人にするな、人の好みはそれぞれ別かもしれないから」と述べました。共感とは、それぞれの異なる好みを見つけ出すことなのです。

共感が独創的な飛躍をもたらすことの意味を納得していただくために、今日の共感の活動の開拓者であるパトリシア・ムーアに登場してもらいましょう。

一九七九年に、ムーアは曲線の美しいコカ・コーラのボトルや、シェル石油の象徴的なロゴを世に出して業界の頂点に君臨していたニューヨークの会社、レイモンド・ローウィ社で製品デザイナーとして働いていました。大学を出たばかりで二六歳であった彼女は、マンハッタンのミッドタウンにあった事務所において、三五〇人の男性社員に混じる唯一の女性デザイナーでした。そんな彼女はあるとき、新しい冷蔵庫のモデルを考案するための企画会議で、素朴な質問をしました。「関節炎に悩んでいる人でも簡単に開けられるようなドアの設計はできないものでしょうか?」すると先輩であった同僚の一人が振り向きざま、「パティー、われわれはそんな人たちのために設計するわけじゃないよ」と、彼女の問いかけを鼻であしらいました。「そんな人たちって、それどういう意味なの?」と彼女は憤慨しました。そして、その答えに対する激怒が、結果的に二〇世紀でもっとも根源的な共感の実験の一つを、彼女に遂行させることとなったのです。彼女は、八五歳の老女であるということが、どんな状態なのかを実感することになります。

「わたしは高齢者の振りをしているだけの女優にはなりたくなかった」、「他の誰かの立場に立って実際に歩けるような人物、芯からその人に成りきって、共感しうる人物になりたかった」と彼女はわたしに語りました。そこで、プロのメイクアップ・アーティストの助けを借りて、彼女は大変身しました。ラテックスを何層も顔に塗りつけて老けて皺々となり、視野をぼやけさせるための曇りの入った眼鏡をかけ、よく聞こえなくするために耳をふさぎ、猫背になる矯正器具を締め、胴を包帯で包み、手足を曲げることが困難になるように腕と脚に副木をあててテープで縛りつけ、杖にたよって足を引きずらなくてはならないように不揃いの靴を履き、こうして変装を仕上げたのです。

彼女の準備は整いました。ムーアは、一九七九年から八二年のあいだにこの変装をした状態で、北アメリカの一〇〇以上の都市を歴訪し、高齢者が向き合っている、わたしたちの社会の日常に転がっている障害や、彼らが世間から受けている処遇を理解し、これを踏まえて彼女を取り巻く世界とのやり取りを試みました。地下鉄の急な階段を昇降してみたり、満員のバスに乗ってみたり、デパートの重いドアを開け、混雑している交差点を信号が変わる直前に渡ったり、缶切りを使ってみたり、そしてもちろん、冷蔵庫を開けてみたりもしました。

この没入体験の結果は、果たしてどうだったのでしょうか？　ムーアは、国際的な製品デザインのあり方をまったく新しい方向へと転換しました。その経験と洞察に基づいて、高齢者あるいは関節炎に悩む人々に適した、一連の革新的な製品をデザインすることができたのです。彼女の発明の中には、現在ではほとんどの家に置いてある、厚いゴム・ハンドル付きのジャガイモの皮剝きや、その他の同様な狙いをも

20代の若いデザイナー，パトリシア・ムーア．

85歳の老婆に変身したムーア．

つ台所用品の系列があります。「誰でも使える」、「ユニバーサルな」デザイン、五歳であろうが八五歳であろうが、あらゆる人々の使用に対応しうる、万能に設計された製品の生みの親であると、いまや彼女は賞賛されています。ムーアは老人学の分野の専門家になり、高齢者の権利擁護のための有力な活動家になりました。彼女はまた、アメリカ人を説得して、障害者差別禁止法を成立させた立役者ともなったのです。その経歴を貫いて彼女の働きは、経済的成功への誘惑よりも、人々の生活を改善したいという意欲に導かれていました。現在、齢《よわい》六〇代を越した彼女は、アフガニスタンとイラク戦争で手足を失い、あるいは脳に損傷を受けて帰還したアメリカ兵が自立を目指して再学習するためのリハビリテーション・センターを設計していま す。そこでは、食料・雑貨の買い方からATM

の使い方まで、あらゆることの訓練をするのです。

ムーアはその「共感モデル」によって有名になり、さまざまな世代のデザイナーたちに影響を与えてきました。作り出そうとする製品を、それを使用する人々の目を通して見ていくことの重要性を、多くの作り手が認識するようになったのです。「ユニバーサルデザインは、共感から生まれてきます」、「一つのサイズがすべての人々に適合するわけではないという点を理解したこと、それが今までわたしがしてきた仕事のすべてなのです(2)」と彼女は説明しています。

世代を超えた彼女の実験は、未来への共感ということの試金石です。人々の目を通して物事を見る努力をすることは、個人的には難しいことでもありますが、時には深い感動を呼び起こしもします。それはまた社会変革の力として、大いなる可能性をもってもいるのです。

共感力の高い人々の六つのエートス

パトリシア・ムーアが共感の威力を見出したのは、一九七〇年代のことです。それなのに今突然にこれほど多くの人々が、なぜそれを話題にするようになったのでしょうか？　共感の概念は、決して新しいものではありません。それが登場したのは、一八世紀の始めのことです。スコットランドの哲学者で経済学者でもあるアダム・スミスはこう言いました。わたしたちは想像することで、「苦しむ人の身になることが、つまり同感することができる」。そんな心的な能力がわたしたちに備わり、それが道徳的な感情を生み出す原理になっているのだ、と。ところが、近年の関心の高まりは、おおむね人間性についてのある画期的な科学的発見に基づいているのです。

過去三〇〇年のあいだ、トーマス・ホッブズからジークムント・フロイトに至るまでの影響力のある思想家たちが、「わたしたちは自分の個人主義的目的を追い求める、自己中心的で自己保存型の生き物である」と言い続けてきました。やがて時代は移り、人間性についてのこうした愚直な記述が、西洋文化における普遍的なものの見方となってしまったのです。しかしここ一〇年、わたしたちもまた共感でつながれた「共感する人」（ホモ・エンパシクス）なのだという証《あかし》が、一つの局面において少しずつしっかりと刻まれてきました。[3] 共感するわたしたちの「自己」という最近の発見は、現代科学にあってもっとも注目に値する物語になっています。次章で、この物語を取り上げますが、そこでは端的に三つの分野において先駆的な仕事が行われています。神経科学者たちがわたしたちの脳の中には一〇の部位の「共感回路《エンパシー》」が存在し、もしそれが損傷を受けると、他人が何を感じているのかを理解する能力が失われてしまうという、そうした部位を特定しました。進化生物学者は、わたしたちは霊長類の仲間たちと同様、自然に対して共感的であり、かつ共同的に進化した社会的動物であることを示しました。さらに、児童心理学者は、たとえ三歳児であろうとも自分の殻から抜け出し、まわりの人の視点に立ってものごとを考えることができることを明らかにしました。わたしたちは、自己中心の内的な動機づけと同じくらい強力に、その性質において共感・感応する側面をもっていることが明らかになってきているのです。

わたしたちとは何者かということをめぐる概念の急激な転換が、どのように子どもたちを教育するのか、いかにして事業を作り上げるのか、そして個人の幸福に必要なものとは果たして何なのかについて、斬新な思考のうねりを起こし、社会生活にも浸透し始めています。共感というものが人間であることの中核に存在することが理解され始めてからは、一番になることの追求は、時代遅れの野望になろうとしています。「我思う、故に我あり」のデカルトの時代から、「あなたがいる、だからわたしがいる」[4]の共感の時代への素晴らしい変化の真只中にわたしたちは生きています。

共感をめぐる、かつてないほどのメディアや世の中でのさまざまな議論にもかかわらず、ほとんどの人々が話題にしていない核心の問題が残っています。——そして、それこそがこの本の主題なのです。それは、どのようにすれば、共感の可能性を広げていくことができるのか、わたしたちの多くが共感にしっかりとつながりながらも、引き続きわたしたちはどのようにしてこの共感の回路を生活に組み入れていくことができるのかを考えていく必要があるということです。

わたしは、この問いへの答えを探すため、実験心理学から社会史、人類学から文学研究、政治学から脳科学の分野にわたって共感の研究を探り、一二年もの歳月をそれに費やしてきました。その途上で、共感の先駆者たちである、後にこの本にも登場してもらうことになる多くの人たち、アルゼンチン人の革命家、アメリカのベストセラー作家、ヨーロッパの著名な覆面ジャーナリストたちの人生を掘り下げてみることにしました。わたしはあらゆる職業の人たちと彼らの共感体験について、そしてその欠落についても明らかにし、現地調査もしました。たとえ心的外傷に対処する看護師であろうが、あるいは投資銀行家、警察官、プロとして働く母親たち、ロンドンの都心に住む浮浪者たち、グアテマラの裕福な大農園主たちですら、そのほとんどの人々が他人の立場に立って考えることについての物語をもっています。

そのようにして発見したのは、共感力が高い人々には共通した何かがあるということでした。彼らは六つのエートス（習性）を培《つちか》う努力をしています。一貫した態度と日々の実践が、彼らの脳内の共感《エンパシー》回路に点火し、それによって他の人たちが世界をどのように見ているかを理解できるようになるのです。わたしたちが臨もうとしている挑戦は、もしもわたしたち一人一人が、自分の中に眠っている共感する人（Home empathicus）を十全に目覚めさせていようとするなら、極力これらの六つのエートスを身につけることです。

エートス1　共感脳にスイッチを入れる

内なる心をとらえる枠組みを変えていくことで、共感が人間性の中心にあることを認識します。それは一生を通じて拡張しうるのです。

エートス2　想像的な跳躍を

敵も含め、その人間性、個性、そして考えを認め、他人の靴を履いてみるという意識的な努力をする。

エートス3　あえて実験的な冒険に挑む
自分とは対照的な生活や文化に対する直接的な没入体験、共感的な旅、社会的な共同作業を通して探求する。
エートス4　語らう技《わざ》を稽古する。
見知らぬ人への好奇心を培《つちか》い、徹底的な聞き取りを行い、情感の仮面を外す。
エートス5　肘掛け椅子の旅
芸術、文学、映画やSNSの助けを借りて、他の人の心に自分自身を置き換えてみる。
エートス6　革命を始めよう
社会的変化をもたらす広範囲の共感を惹き起こし、自然な世界を育むために共感する能力を広げる。

あなたが、たとえどんなに外向的な人間であっても、内向的な人間であっても、あるいは挑戦的な冒険家であっても、はたまた深く細やかな情感を理解するエキスパートであるとしても、その気質やその人格にふさわしいエートスがあります。それを日々の暮らしの中に取り入れることで、あなたがどのように考え、感じ、そして行動するかを変えていくのです。人々の心の領域に踏み込み、その根底にある動機や願望や信念がどこからきているのかを知ろうと努めることによって、やがて魅了され始めることでしょう。それは何が人々を駆り立てるのかということへの理解を大いに広げてくれるでしょうし、大勢の共感度の高い人たちのように、自分自身より他者に目を向け始めることでしょう。

これらの六つのエートスに基づいた生活は、必ずしもユートピアではありません。共感する能力は、ほとんどの人間に備わる素晴らしい隠れた才能の一つです。わたしたちのほぼ全員が共感する力を備えています、たとえわたしたちがいつもそれを使っているわけではないとしても。心理学者サイモン・バロン＝コーエンが名づけるところの「零度の共感力」を示すのはごくわずかの人々です。その中には、他者と精神的絆を作ることはできなくとも、他の人の心に入り込む認知力をもったサイコパスや（ハンニバル・レクター博士を思い浮かべてください）、他人の感情や経験を理解するのが難しいアスペルガー症候群のような自閉症スペクトラムをもつ人々もいます。彼らはしかし、すべてを合わせても、総人口の約二パーセント前後を占める程度です。他の九八パーセントの人類は、共感するために生を享け、社会的につながり合っているのです(5)。

わたしたちは、ふだん思っている以上に頻繁に共感し合っています。あまり意識することはありませんが、わたしたちの過半数は毎日共感的な脳を働かせているのです。プレゼンをする直前の新人の同僚が神経質になっていることに気づけば、彼女が感じている懸念や不安を察しようとします。橋の下で物乞いをしている人を見て、ちょっと哀れに思うこと、（思い出してください）これは同情です。そうではなくて、共感は、寒い冬空の下で夜を過ごすときや、人々が目を合わせぬようにしながら足早に通り過ぎて行くときに、どんな思いでいるのだろうか……と想像することなのです。共感は、わたしたちのまわりの痛みや苦しみに気づくことだけを意味するのではありません。大好きな叔母のために誕生日プレゼントを選ぶときには、プレゼントとしてあなたが望む物をではなく、彼女の特別な趣味や年齢や経歴に配慮し、どんな贈り物が彼女を本当に喜ばせるかを考えるでしょう。

日々に共感するということのリアリティとその重要性を認識することなくして、社会生活の幅広い領域を説明することはできないとわたしは確信します。共感が存在しない世界をちょっと想像してみてください。それは、ほぼ不可能です。もし、それが存在するなら母親たちは新生児が空腹を訴える泣き声を無視してしまうかもしれない。子どもの貧困と闘っている慈善団体は、寄付金不足のためにつぶれてしまうかもしれない。車椅子に乗って店の戸を開けようとしている人に手を差し伸べようとする人などほとんどいないでしょう。結婚の破綻を友人たちに打ち明けたとき、彼らは退屈そうにあくびをするかもしれないのです。

このようにも無情な無関心の世界は、わたしたちが今生きているそれではありません。そこに目を向けてください。すると共感がわたしたちの周りのいたるところにあることに気づくことでしょう。それが事実であるとすれば、まだ何が問題だというのでしょうか。なぜわたしたちは、「共感力の高い人々の六つのエートス」を自分自身で培い、気づかわなければならないのでしょうか。それは、歴史のこの時点にあって、社会においても個人の人生においても、わたしたちは共感の深刻な欠乏に苦しんでいるからなのです。

共感欠乏への取り組み

二〇〇八年の米国大統領選挙の途上で、バラク・オバマは共感を主要なキャンペーンのテーマの一つに据えました。

この国では、連邦財政の赤字について盛んに取り沙汰されています。しかしわたしは、われわれの共感力――他人の立場に立つことができるわれわれの能力、そしてわれわれとは異なる人々を通して世界を見る能力――の欠乏について、もっと議論の俎上に乗せるべきではないかと思います。飢えた子ども、解雇された鉄鋼労働者、あなたの学生寮の部屋の掃除をしている移民……共感を失なわせてしまうような文化にわたしたちは生きています。金持ちで、細身で、若く、有名で、安全で享楽的であることが、人生の主たる目的であるかのようにしばしば語られているのです[6]。

オバマ政権のあいだの共感欠乏への取り組み（グアンタナモ強制収容所は、打ち切るという彼の誓約にもかかわらず、その最初の任期中は、公然と残されたままでした）には相反する事実の記録もあるでしょうが、彼が大きな社会問題として共感欠乏に焦点を合わせたことはたしかに正しかったのです。ミシガン大学の最近の研究では、一九八〇年から今日までのあいだに、アメリカの若者における共感のレベルの劇的な低下があり、それもここ一〇年がもっとも急激な落ち込みを示していることを明らかにしています。この変化は、さらに多くの人々が一人暮らしをし、また共感の感受性を育む社会的および公共的な活動に費やしている時間が少ないからだと研究者は語っています。心理学者たちは、「ナルシシズムの異常発生」にも気づきました――アメリカ人の一〇人に一人は、他人の人生に興味をもてなくなるナルシスト的な性格特性を示していると言います。多くの分析家は、ヨーロッパ諸国でも同じような共感力の低下とナルシシズムの増加を経験していると信じています。都市化がコミュニティの断片化を進め、市民参加は衰退し、自由市場イデオロギーは個人主義を深化させているからです。[7]

SNSやインターネット文化の興隆は、歴史上のどの時代よりも、もっとわたしたちを結びつけ、地球規模で共同性に目覚めさせているかのように思わせていますが、こうした流れは実は特に懸念されるところなのです。フェイスブックは一〇億人以上のユーザーを惹きつけたかもしれませんが、それは共感の退潮を覆すことはできませんでした。いやむしろ、その傾向を後押ししているかもしれません。SNSは情報を拡散することには役立っていますが、少なくとも今までのところ、共感を拡充することには役立っていません。

社会の共感力欠乏の証《あかし》は、どこにでもあります。わたしが執筆していたひと月のあいだにも、五〇〇〇人以上の一般人がシリアの内戦で殺されました。新聞を広げれば、幼い子どもたちへの性的虐待で告訴された、アイルランドのカトリック聖職者たちのスキャンダルを読まされます。高額所得の国々の三分の二が、一九八〇年の時点よりも富裕層と貧困層とのあいだの格差が広がっていることを、新たな統計が明らかにしています。富裕であればあるほど共感力が失なわれるということを、カリフォルニア大学の研究は示してもいます――人間性の喪失と受難に対する感覚を麻痺させてしまう上で、富に相当するものは他にないように思われます。(8) そして忘れてならないのは、二酸化炭素排出量を削減するための国際的交渉が止まったままになっていることです。これは、その問題への最終的な責任を問われるべきわたしたちの世代が惹き起こした生態系危機の結末を、これから引き受けなければならない次世代の身になって、その靴を履いてみる〔訳注、その立場に立ってみる〕能力を欠いている証なのです。

政治的そして人種的暴力、宗教的偏見、貧困と飢え、人権侵害、地球温暖化――これらの危機に対処し、分断された社会に橋を架け直すために共感《エンパシー》という力《パワー》を活用していくことが緊急に必要です。心理学の教科書に通常書かれているような個人と個人の関係性だけに働く共感ではなく、社会と政治の風景をその枠組みごと転換させることのできる集合した力《パワー》としての共感《エンパシー》について考えることが必要なのです。

この可能性に、わたしは希望をもっています。歴史を振り返ってみると、十字軍による虐殺から、ホロコーストとルワンダでの民族浄化まで、夥《おびただ》しい共感崩壊があったことは疑う余地もありません。しかし、奴隷制度廃止運動の高まりや司法制度における拷問の減少、刑務所の状況改善、子どもたちや労働者たちの権利への関与の進展、これら一八世紀ヨーロッパでの人道的革命のような集合的共感の開花のうねりもみられます。この倫理的革命は「共感の高まりと人命に対する尊重」に根をもっているとスティーヴン・ピンカーは述べています。(9) わたしたちは示唆をうるために、こうした事例に目を向けていくべきですし

——またこの本に登場する他の事例についても——、そのようにしてわたしたちの時代の大きな課題に取り組むために共感に働いてもらうのです。

それとともに、現代社会を悩ませる共感欠乏は、そこまで顕著ではないものの個人の生活レベルにおいても、すでにはびこっているのです。この個人レベルの欠乏状態が増すと、共感が提供する、わたしたちの日々の生存の質を高めるための大きな機会を摑み損ねることになります。共感は気分をよくするだけではなく、あなたのためにもよいということを理解する必要があります。多くの生き方の達人たちは、生きる技法のこの基本的な真実を理解し始めています。その中に、経済学者のリチャード・レイヤードがいます。レイヤードは、「共感という原初的な本能を、慎重に育んでいくこと」を提唱しています。なぜなら、「自分自身よりも他の人々をもっと大切に感じるならば、あなたはより幸せになれる」からです。同様に、自己啓発の思想家スティーブン・コヴィーは、共感を大切にした意思伝達《コミュニケーション》が対人関係を改善するための鍵の一つであると論じています。[10] では、共感《エンパシー》はいったいわたしたちに何をしてくれるというのでしょうか?

まず始めに、共感には壊れた関係を癒す力があります。多くの人間関係が壊れていくのは、少なくとも一方の人が自分の欲求や感情を聞き入れてもらえない、理解してもらえないと思っているからです。共感という健康的な一服こそが処方しうる最高の治療薬であると、カップルのための心理カウンセラーは言います。四人に一人が孤独に苦しむ世の中においてはとりわけ有用な働きをして、共感は友情を深めてくれますし、新しい関係を作る手助けもしてくれます。創造的思考は共感の導入によって改善されもします。なぜなら、さもなければ見落としてしまいがちな問題群や展望を見えるようにするからです。そして、この本の中のさまざまな物語が明らかにしていくように、憶測や偏見を自ら問い直し、人生の優先順位についての新しい考え方に気づかせてくれるものは、他者の立場に立って見るということ以外にないのです(11)。

そこには多くの人々に人生の哲学として共感を選択させるさまざまな利点があり、それは人としての共感欠乏を健全な共感力に変えていくのです。なぜ共感がそれほど大切かを説明してくれたデザイナーのパトリシア・ムーアにまずは導いてもらいましょう。

あなたの関心がみんなの関心とは限らず、あなたの必要とするものがみんなの必要とするものであるとは限らないという事実に、常に気づいていることが共感《エンパシー》なのです。そしてそれにふさわしい振舞いは刻一刻と成し遂げられなくてはなりません。共感は慈善でもなく、自己犠牲でもなく、規範でもないのです。共感は可能な限りあますところなく生き切る術《すべ》として常に進化しているとわたしは思います。なぜならばそれはあなたの覆いを押し広げて、そんな機会が与えられるまで、思いもせず歓迎もしなかったはずの新しい経験にあなたを駆り立てるからです(12)。

共感は良き人生に至る道かもしれません。しかし同時に、倫理的ヴィジョンを定め、それがどのようにしてわたしたちをよくしていくのかを認識することが大切です。哲学者たちや社会思想家たちは、共感についてて長いあいだこう考えてきました。つまり共感は、わたしたちの道徳的宇宙の境界を拡張するための、もっとも有効な中庸《ちゅうよう》の一つである、と。9・11の直後、小説家イアン・マキューアンは書いています。「あなた自身ではなく、他の誰かが人類の中心であるかのように想像すること。それが思いやりの本質であり、道徳の起源だ[13]」と。しかし、おそらくこのテーマにかかわってもっともよく知られ、影響力のあった声明は一九四八年、暗殺直前のマハトマ・ガンディーによるものでした。それは、「ガンディーの座右の銘」として知られています。

迷ったり、自分のことでいっぱいになってしまったりしたとき、次のテストをやってみてください。あなたがこれまでに見てきたうちの、もっとも貧しく、もっとも弱い人の顔を思い浮かべて、自問自答するのです。自分がしようと思っていることが、その人のためになるかどうか、と。果たしてその人のためになるでしょうか？　その人は、自分の人生と運命を自分の手に取り戻すことができるでしょうか？　つまり、あなたのその行為は、空腹で心も満たされていない何百万の人々にスワラジ（自立）をもたらすことにつながるでしょうか？　そのとき、あなたの迷いや自我が溶け去っていることに気づくでしょう[14]。

ガンディーの共感的な思考実験には説得力があり、もし挑戦することを望むなら、生き抜く上での道徳的な指針を提供しています。「ガンディーの座右の銘」が、あらゆる政治指導者、銀行の大物やメディア王の机の上に額に入って置かれているところを想像してみてください。あるいはわたしたち自身の机の上にも。

共感的な発想が、世界中で将来の道徳的規範を下支えすると、人類学者たちも気づいていました。アメリカ先住民、シャイアン族の諺では、「他人のモカシン（革製ブーツ）を履いて、二カ月歩いた後で考えたのでなければ、あなたの隣人を判断してはならない」と助言しています。太平洋上のほとんどの島の言語は、思いやりの感覚を示す表現をもっています。他の人の感情を理解し、世界を他の人の視点をもって見ることが基礎にある、フィジーのバナバ島の人々によって使われている"te nanoanga"〔訳注、福音書の「憐れみ」や「同情」に当てられるキリバス語〕という用語のように。[15] 南部アフリカでは、ウブントゥ〔ズールー語で他人への思いやり〕の人文主義的哲学はその共感的な構成要素で知られています。デズモンド・ムピロ・ツツは書いています。「他の人が恥をかかされたり、ないがしろにされたりしたら、ウブントゥとともにある人も縮こまります。……ウブントゥはわたしたちの相互関連性について語っているのです」。

結局のところ、共感する習慣を育むための最上の理由は、共感は人間同士の絆を作り出し、人生に生き甲斐を与えるということです。ともあれ一度、わたしたちが「共感する人」（ホモ・エンパシクス）であって、孤立よりは人とのつながりの中で繁栄する社会的動物であることを本当に認めさえしたら、わたしたち自身の共感的な面を抑制する意味はほとんどないのです。わたしたちの幸福（well-being）は、わたしたち自身のエゴを抜け出て、身近な人であろうが見知らぬ人であろうが、他人の立場に入り込むこと、これにかかっているのです。そうすることの喜びはリアルで奥深いものです。共感的なつながりなしでは、わたしたちはちっぽけな存在であり、それは本来なりえた存在のほんの一部分に過ぎません。詩人ジョン・ダンが一七世紀に述べたように。

人間は誰も孤島ではない、いかなる人も大陸の一部であるように、主要なものの一部分なのだ。もしその土塊《つちくれ》の一個が海に流されるならば、ヨーロッパ大陸はその分小さくなる、さながら岬が波に削られていくように、汝の友や汝のものが波に流されていくように、誰かの死が己を消滅させるように、なぜなら自らも人類の一部分であるがゆえに、誰がために鐘は鳴るのかと問うなかれ、汝のために鐘は鳴るのだ。

イントロスペクションからアウトロスペクションへ
――一人の人間の心の内部世界を探求する時代から、他者の世界観と眼差しで世界をとらえ直してみる時代へ――

わたしたちは、どこまで辿り着いたのだろう？　簡単に言ってしまえば、共感はなくてはならないということです。共感の科学的な理解をさらに超えて突き進む必要があります。共感は根源的な社会変化を作り出し、わたしたちの人生にさらなる深みと意味とを与えてくれる力強い手段だということを認識することが大切です。これは、知らなければならないことのリストの最上位に据えるのに十分な理由でしょう。共感的な人々の六つのエートスについて詳しく見ていく前に、見ておくべきさらに大きな絵柄があります。わたしたちはいかに生きるべきなのかという問いの中心に、なぜ共感が置かれるに値するのか、このことの包括的理由を知る必要があるのです。それは、前世紀からわたしたちが受け継いでしまった手前勝手な個人主義に対する解毒剤なのです。

わたしは二〇世紀をイントロスペクション（内観）の時代だとみなしています。それは自己救済産業とセラピー（精神分析）文化の時代であって、次のような考え方をもっぱら促進してきたのでした。そこでは、あなたが誰であるのか、いかに生きるべきかを理解するのに最良の方法は、内なるあなた自身を見つめ、あなたの感情、経験、願望に集中することであるとされてきたのです。こうして西洋文化を支配するようになった個人主義的哲学のおかげで、良き人生はほとんどの人に届けられなくなってしまいました。ですから、二一世紀は変わる必要があるのです。イントロスペクションに代わって、他者の世界観と眼差しで世界をとらえ直してみる、アウトロスペクション（外観）の新しい時代を生み出さなくてはなりません。自分に向き合うことと他人に目を向けること、この双方のよいバランスを見出すことです。アウトロスペクションの語によってわたしは、あなたとは誰か、そしていかに生きるべきかを発見するという考えを指しています。それは、他人の生き方や考え方を探りながら、あなた自身の殻を破り、外に歩み出ることによってなのです。(16) そして、アウトロスペクションの時代のためのもっとも本質的な様式が共感なのです。イントロスペクションを完全に拒絶するべきだと言っているのではありません。明らかに、わたしたちは自己反省を通してわたしたち自身について多くを学ぶことができます。そして、考えや行動の心配りの効いた分析が、共感を抑え込む偏見や利己的習性から解放してくれることでしょう。問題は、振り子がイントロスペクションに向けて大きく振り切れてしまったことにあります。説明させてください。

フロイト革命の帰結の一つは、自己の内部を注視することの大衆化にありました。とりわけ意味をもったのは、内面すなわち幼児期、夢、失われた記憶などの無意識の探求によって、人格的な諸問題を解決するという着想でした。わたしたちの内面を探求することの重要性についてのこの信念は、さまざまな形式の精神分析と心理療法の中心的な原理になっていきました。それらの療法は、一九三九年のフロイトの死から数年後に爆発的に普及します。

特にアメリカ合衆国におけるセラピー文化の急激な興隆は際立っていました。一九四〇年には、精神療法を受けたことがある人は米国市民の約四パーセントにとどまります。しかし、一九五〇年代後期には、この数字は一四パーセントに達します。一九五〇年から七五年までのあいだに、開業した精神療法家は、八倍に増えました。さらに驚くべきことには、精神分析医に通う人々の増加した部分は、うつ病のような精神病に対処するためではなく、むしろその生活において人生の意味や人間関係を探すためだったのです。医学者ロナルド・W・ドゥウォーキンによると、「アメリカ人は問題解決の拠り所を、従来の友人や親友から、ますますそのとき限りの精神療法家に移してしまった。……一九七〇年代までにはアメリカ人の生活において、セラピストは不幸な人々のための友達になってしまった[17]」。

この現象に鋭く目を向けていたのは、オーストラリアの哲学者ピーター・シンガーでした。一九七〇年代にニューヨークへ移ると同時に、彼は学者仲間の多くが定期的な診療に通っていることに驚かされます。毎日のようにセラピストを訪れ、そのうちの何人かはこの特典を楽しむために年収の四分の一をも費やしていました。シンガーは、これらの人たちが、メルボルンやオックスフォードにいる彼の友人や仕事仲間と比べて、多少なりとも変調をきたしているようには見えないことが奇妙だと感じました。そこで、なぜ彼らはそうしていたのかと尋ねたのです。シンガーは記憶しています。「彼らはこう言いました。抑圧を感じていた」と、「また、未解決な心理的緊張があり、人生が無意味に感じられていた」と。問題は、内面を見つめることでは、意味や目的を探すことはできそうもないということだとシンガーは書いています。

精神分析に何年も費やした人々は、ほとんどなんの成果もえられないままです。それは精神分析医たちがフロイト教義のもとで教育を受けており、そこでは患者自身が無意識の中で問題を探し、内省によって問題解決をしようとしているからです。したがって、本当は外に目を向けなくてはならないときに、患者たちは内面を見るように仕向けられているのです。……自己に取り憑かれることは、七〇年代、八〇年代世代に特有の心理学的誤謬でした。自己の問題が極めて重要であることを否定しませんが、ここでの誤りは自己に集中することによって問題を解決をしようとすることにあるのです。

もし同僚たちが彼ら自身のことよりも、もっと大きな原因にその身を捧げていたならば、ずっとましであっただろうとシンガーは考えました。もしも、これら有能で裕福なニューヨーカーたちが分析家たちの診察台を離れ、彼ら自身の問題群への拘泥を断ち切って、不幸なバングラデシュやエチオピアの人々、あるいはマンハッタンの人々さえもが直面している現実の本当の問題に、なんらかの働きかけをしたならば

内観と同じように外観をすることで，汝自身を知る。

――シンガーは記しています。「自分の悩みはさておき、おそらくもっとよい世界を作り出したことだろう[18]」と。

シンガーは内省を極度に拒みました。わたしたちのほとんどが、内面を見つめ過去を振り返ることが、わたしたちが誰であるかについての大きな発見に役立つのは認めるところです。同時に、よいセラピーには、わたしたちの人生（わたし自身の人生も含めて）を変える力があります。しかし、シンガーは、そのバランスが崩れていることに気づき、良き人生を見出すためにはもっと外部へと眼差しを向け変えること――わたしがそう呼んでいる「アウトロスペクション」（他者の眼差しを通して世界を観ること）――が必要だと気づいた最初の思想家の一人でした。

イントロスペクションに対して懐疑的な態度をとったのは、彼一人ではありませんでした。彼に賛同した文明批評家のトム・ウルフは、一九七〇年代を個への固執が歴史上もっとも高みに達した「個の一〇年」と表現しました。

古《いにしえ》の錬金術の夢は、ふつうの金属を金に変えることでした。新しい錬金術の夢は、「わたし！」という個性を変えること――作り替え、改良し、高め、そして我そのものを洗練し……また観察し、研究し、崇拝することです。[19]

戦後三〇年の好景気が多くの人々を日々の物質的不安から解放し、ナルシシズムのブームを惹き起こしたのだとウルフは主張しました。ますます多くの人々が、彼ら自身の感情や欲望をひたすら見つめるようになっていったのです。それは精神分析の大衆化だけではなく、ヨガ・サークル、瞑想研修なども もちろん、同じような共同のセラピー運動であるエンカウンター・グループやエルハルド式セミナー訓練（心身統一訓練）などの登場を促しました。

イントロスペクション（内観）は西洋社会に浸透し始めました。自己啓発、自己実現、自立心、そして「パーソナル・エンパワーメント」（個の権限強化《エンパワーメント》）のような用語が、日常の会話に登場するようになりました。一九六〇年代の政治的ラディカリズムは、次第に個人のライフスタイルを優先する方向に置き換えられていきました。拡大する大量消費文化の影響がこうした混乱に重なり、高揚した妄想が自我に流れ込んでいきました（「本当のあなた」にふさわしい車を！）。ますます、人々は富や地位や特権を与えてくれる贅沢な消費を通して自己を表現するようになりました。それは、画家のバーバラ・クルーガーのスローガン、「我買う、故に我あり」によって巧みに要約されました。[20] 結果として全世代が、自己の利得の追求への執念――特に物欲の充足――こそ個人的幸福への最適な道であるという信念に引き寄せられました。「それ、わたしにとってどんな得になる?」が、この時代を表す問いになりました。

一九九〇年代後半に登場した「幸福」思考の新しい波において、この内省的で利己的な生き方が明らかになったのです。その立役者たちは、おおむね幸福の探求を、個人的な追求と人格的な充足感とを台座として組み上げていました。例えば、マーティン・セリグマンの本、『世界で一つだけの幸せ』（*Authentic Happiness*, 2002）は副題として「ポジティブ心理学が教えてくれる満ち足りた人生」とあり、タル・ベン＝シャハルの本、『ハピアー』（*Happier*, 2007）には副題に「幸福も成功も手にするシークレット・メソッド」とあります。これらは、「わたしたち」についてではなく、「わたし」についての本です。そして、一九七〇年代の自己中心主義の時代が生み出した直系の申し子です。

ハーバード大学で近年もっとも人気を呼んでいる講義の一つである、「幸福」についてのコースを担当するベン＝シャハルは自分の哲学に関しても遠慮会釈なしです。「わたしは、利他主義者ではありません」と彼は主張します。「何をするにしてもわたしの究極的理由は――それが友人たちと時間を過ごしているときであろうが、慈善事業のための仕事をしているときであろうが――、それがわたしを幸せにするということです」。わたしたちの行動は、「義務の道徳性」よりもむしろ「利己心によって導かれなければならない」と彼は書きます。ベン＝シャハルの考えは、右翼リバタリアンの思想家エイン・ランドのような人たちの考え方を反映しています。彼はランドの哲学を広めるためにハーバード大学で組織を立ち上げました[21]。そして、今日の幸福の導師たちの多くによって支持されている、高度に個人主義的で自己中心的なアプローチのよい例となっています。セリグマンのような一部の幸福思想家はより幅広い視野をもち、他人への共感や思いやりをもつことの重要性について議論する反面、こうした傾向はほとんど正面きって取り上げられることはなく、個人的満足感の終焉に備える方法と一般的に考えられています[22]。

悲劇は、自我へと凄まじく焦点を絞ったイントロスペクション（内観）の時代が、西洋社会を幸福の約束の地へと導けなかったということです。書店の膨大なスペースを占める棚に自己啓発や、幸福指南役からの善意ある助言が山と積まれているにもかかわらず、多くの人々は彼らの人生から何かが失われていて、実存からの貴重な贈与から、彼らがうるべきすべてを引き出してはいないと感じています。その証拠は一目瞭然です。生活満足度のレベルは、半世紀以上にわたる物質的な豊かさの昂進にもかかわらず、西欧諸国においてほとんど上がっていません。過半数の被雇用者は、自分の仕事に満足してはいないのです。平均離婚率は、五〇パーセントに達しました。うつ病や不安症も上昇傾向にあります。ヨーロッパとアメリカ合衆国のおよそ四人に一人は、生涯のいつの日か精神的な健康問題を経験すると言います[23]。これでは、とても幸福な状況とは言えないでしょう。

今このときにこそ、内観の時代を超えて、何か異なるものを試すときなのです。二〇〇〇年以上前にソクラテスは、賢く心豊かに生きるための最善の道は、「汝自身を知れ」であると忠告しました。わたしたちは従来、これに必要なのはイントロスペクションであって、心の中を振り返り、自身の魂を見つめることだと思ってきました。しかし、わたしたちは自分自身の殻から一歩踏み出し、自身のものと異なる人々の生活や文化について学ぶことによって、わたしたち自身をも知ることができるのです。他者の世界観と眼差しで世界をとらえ直してみる、アウトロスペクションの新しい時代を創り出すときです。そして、共感がわたしたちの最大の望みなのです[24]。

共感的な挑戦

しかし、甘い考えをもつのは止めましょう。共感は、世界のあらゆる問題や、わたしたち自身が人生で直面するすべての悩みに対する万能薬ではありません。共感が成し遂げられることと、できないことを現実的に考えることが重要です。そういうわけで、高度に共感的な人々の六つのエートスを探っていきつつ、そこで当面する難問についても触れていこうと思います。共感し過ぎる。過度の共感に陥るということともあるのではないでしょうか？　人々を騙すために、共感が使われるということはないでしょうか？　より共感的になることを具体的に学ぶことなど、本当にできるのでしょうか？　また、わたしたちのほとんど知らない遠方に暮らす人々よりも、親しい人や敬愛する人々をより気づかうというわたしたちの性向とは何なのでしょうか？[25]

　これらの疑問は、わたし個人にも存在します。共感術を完璧に習得し、六つのエートスすべてをやすやすとこなしている者として、わたしはこの本を書いているわけではありません。およそ、ほど遠いのです。

　二〇代の中頃に、わたしは初めて共感に興味をもちました。メキシコとの国境線の少し南にあるグアテマラのジャングルで、短期間マヤ先住民の難民と一緒に暮らしていました。そこで、治療を受けることができなかったため、子どもたちが死にかかっているのを見ました。軍隊による大虐殺の話を聞きました。これらの人々が日々、直面している略奪と不安な状態とを目のあたりにして、わたしは共感へと導かれたのです。後年、わたしは政治学者や社会学者として、深部からの社会変化を成し遂げるもっとも効果的な方法は、政党政治や、新しい法律、政策を打ち出すような従来の手段によってではなく、人々がそれぞれ個人を基礎として、お互いへの接し方を変えることによってだとの、これを言い換えれば、共感を通してなのだとの確信を次第に抱くようになったのです。

　しかし、それがなぜ、それほどにもわたしにとって重要なのか。それがようやく理解できたのは、その後、学界を去り、共感の研究を続けて五年間ほど経った後のことでした。ある日、一〇歳のときに経験した母の死が、わたしにどのように影響したのかを考えていました。幼少期に精神的外傷を受けた場合、よく起こりうることですが、わたしはそれまでのほとんどの記憶を失ったのです。そればかりか、極度の情緒不安定に陥りました。他人の悲しみに寄り添うことや喜びをわかち合うことが難しくなったことに気づいたのです。わたしは、ほとんど泣くこともなく、人々から限りなく切り離されていると感じました。そして、このことについて省察していたとき、不意に洞察がやってきました。共感に対するわたしの関心は、単にグアテマラで見たものや、それまでに築き上げた社会変化についての学問的結論の結果ではなく、子どもの頃に失った共感それ自身を取り戻したいという無意識な欲望からきていたのです。

それゆえ、脳内の共感回路を刺激し、内に秘められた共感する潜在能力を最大限に生かす方法を、わたしは今でも探し求めているのです。

共感《エンパシー》の概念は、明確な道徳的含意をもっています。ところが、六つのエートスの探求に飛び込むことで、共感するということが、それよりはもっと独創的で心躍らせる旅のようであることがわかってくるでしょう。誰か他の人の人生へと旅をし、そのことがあなたにどんな影響をおよぼすのか、あなたはどんな人間でありたいのかを見ることに、あえて挑戦してみませんか？　次はどこへ行くことができるのかと尋ねるよりは、むしろ次は誰になることができるのかと自問してみてください。この本が予想もしない共感への旅へとあなたを駆り立て、どんな旅行ガイドブックにも載っていない行く先へと誘うことを期待します。わたしたちがみんな、共感して人生を生きる旅行者になるならば、わたしたちが生きるこの世界を変えられるかもしれないのです。

エートス1　共感脳にスイッチを入れる

サイエンス・フィクションなのか
それともサイエンス・ファクト（科学的な事実）なのか？

スターゲート 3196. 最近、五〇人もの鉱山作業員たちを殺し、貴重な機具を破壊している奇妙な生きものの報告が入りました。これを調査するために、宇宙船USSエンタープライズは、ジェイムズ・T・カーク船長の指揮のもと、惑星ヤヌスⅥの鉱山植民地に派遣されました。カーク船長と彼の信頼するバルカン星人で副長のスポックは、地下深いトンネルで、融解した岩の塊に似た生きものと鉢合せをし、調査団はフェイザー銃をその生きものに向かって発射しました。負傷したその生きものたちはあわてて走り去るのですが、カークが、何千もの小さな、丸いシリコーン岩のようなもので満ちた空洞にうっかり入り込むやいなや、またしてもその生きものに遭遇することになります。しかし、今は傷を負っており、さしたる脅威ではなくなっていました。カークは、その凶暴な行動を理解するために、そのものとの意思疎通を望み、スポックがそこに救いの手を差し延べます。

「船長、あなたは、二つの心を結びつけるバルカンの術をご存じですか」。

スポックは、ゆっくりその生きものの上に自分の手をかざし、目を閉じて、そのものの心に集中します。「痛い！　痛い！　痛い！」と、突如スポックは大声で泣き叫びながら、後方へよろめきました。

瞬時の、この共感的触れ合いから、これがオルタ（Horta）という生きものであり、苦悩のどん底にいることをスポックは知ります。鉱山のいたるところに散在している、丸いシリコーン状の岩からもう少しでこのものたちの卵がかえるはずだったのです。その赤ん坊たちを、作業員らはそれと意識せずに、踏み潰して打ち砕いてしまいました。オルタが鉱夫たちに襲いかかった唯一つの理由、それは卵を守りたいということだったのです。

この事実を知ったカーク船長は、オルタの卵をそのままそっとしておくようにと鉱夫たちに告げます。そうすれば、オルタが襲撃することはなく、彼ら鉱夫たちが探している貴重な鉱物を掘り出すことができるでしょう。こうして、初代「スター・トレック」シリーズのクラッシック1968, エピソード「暗黒の悪魔」の幕は降ります。スポックのバルカン星人的テレパシー能力が、土壇場で危機を救ったのです。

これはサイエンス・フィクションなのか？　それともサイエンス・ファクト（科学的な事実）なのか？　他人の頭に手をかざすことで、その人の考えや感情を理解できる、バルカン星人の共感的な術などは人間に備わってはいないかもしれません。しかし、近代科学でもっとも興味深い発見の一つは、予想をはるかに超えて人間がバルカン星人に似ているということなのです。わたしたちが主に自己利益や自衛本能の衝動だけに突き動かされている――ホモ・セルフセントリクス＝自己中心的な人間であるという自己診断は、いかにも古いダーウィン主義的な考えとして忘れ去るにこしたことはありません。そこから新たに浮かび上がる人間性の像は、わたしたちが共感する力を生まれながらにしてもっている——まさしく十分にホモ・エンパシクス（Homo empathicus = 共感する人）だということなのです。

共感する能力を高めるためには、わたしたちとは何者であるのかについてのこの事実を把握することが求められます。それにはまず根底にあるわたしたちの姿勢——ドイツの社会学者カール・マンハイムが世界観（Weltanschauung）と呼んだもの——を変えなくてはなりません。そして、西洋文化が長い間無視してきた、わたしたちのこの部分を受け入れる必要があるのです。利己的な生物に過ぎないと自分自身に言い聞かせ続けるなら、これまでと何も変わらないでしょう。わたしたちの思考を変えるもっともよい方法の一つは、ホモ・エンパシクス（Homo empathicus）の魅力的な発見について学ぶことなのです。そこでこの章では、わたしたちがどのようにして、共感的なわたしたち自身をようやく最終的に見出したのか、あまり知られていない話を聞いてもらいます。それは一七世紀の哲学者の理論に始まり、心理学の歴史、孤児となった赤ん坊たちやチンパンジーの感情生活の研究を通して、ミラー・ニューロンの斬新な脳研究へと導かれるのです。

共感力の高い人々が示す第一のエートス（習性）は、「共感脳にスウィッチを入れる」ことです。このことによってわたしは、さらにいっそう高度で洗練された人間性の理解に達することができます。それは、二つのことの認識にほかなりません。一つ目は、共感する能力は、奥深い進化の過程に起源をもち、遺伝的に継承した部分なのだということです。そして、二つ目は、その共感力はわたしたちの一生を通じて発展させることができるということです――共感革命に加わるのに遅すぎるということは決してないのです。これらの考えをわたしたちの霊魂に深く植えつけることは、共感力の高い人々の他の五つのエートスを発展させていく上での充全な基盤なのです。そして、「他人の靴を想像上で履き、その感触をもって世界を歩く」最適な心の準備運動です。

では共感脳について学ぶにあたって、どこから手をつけたらよいのでしょうか。近代史においてもっとも影響力のあった文化的なプロパガンダの一つである、人間は本質的に自己中心的であるというテーゼの起源を探ることにしましょう。

それが人間の本性、そうでしょうか?

わたしたちには悲観的な傾向があり、他人に対してはいっそうシニカルです。西洋諸国での調査データは、「大抵の人々は、信用できない」、「人々は、たいがい自分の損得しか考えていない」という考えが一般的であることを示しています。[1]本質的に人間は利己的であるという思い込みは、わたしたちの心に深く埋め込まれていて、それがあまりに奥深く達しているために、その事実にわたしたちはほとんど気づかなくなっているのです。不快で、自己中心的な、あるいは他者への否定的な振舞いを表現するためによく用いられる一節に、「ああ、それって人間の本性だから」があります。他方で、優しさや寛大な行いを目にしたとき、肩をすくめて「当たり前でしょう。気前がよいことは、人間の本性だから」とは決して言いません。[2] 共感力や親切心、さまざまな寛大な振舞いなどは普通、慣例というよりは例外と見なされます。

それにしても、人間性についてのこうした見方が、これほどまでに根づき広まってしまっていることは意外なことではありません。それには、わたしたちには生まれつき利己的で攻撃的な面が確かにあるという現実が多少は反映されているのでしょう。しかし、それは影響力のある思想家たちによって三世紀以上ものあいだ、押しつけられてきた人間性についての物語でもあるのです。それは文化的に継承され、集合的（世俗的）な想像力に徐々に浸透していったイデオロギーなのです。この責任が誰にあるのかを明らかにすることが、自身の共感力を再発見することの第一歩です。さて、ここに四人の重要参考人がいます。

西洋近代の思考において、利己主義の語りは、英国の哲学者トーマス・ホッブズによって始まりました。彼の一六五一年に刊行された本、『リヴァイアサン』には、人間が「自然状態」で、つまりどんなかたちにしろ統治も規制もないままに放っておかれると、その結果は「万人の万人に対する闘争」（warre of all against all）であり、人間の生活は「孤独で、貧しく、厄介で、野蛮で、短命」なものになると主張しています。ホッブズの結論は、人間のような本質的に自己本位で凶暴な生き物は、それを規制する権威ある政府が必要であるということでした。ホッブズは一般的な言説として述べただけですが、彼の考えはまさしくその時代の産物そのものだったのです。ホッブズによる人間性の否定的な描写は、血なまぐさいイングランド内戦の混乱の最中にこの本を書いたという事実に、間違いなく影響されています。しかしながらそれは、『リヴァイアサン』が西洋の知性の歴史でもっとも重要な作品の一つになることを妨げはしませんでした――わたしが一九八〇年代後半に政治学を学んでいたとき、この本はまだ文献リストの最上位に載っていました。

そして一八世紀には、スコットランドの啓蒙思想家アダム・スミスが、利己主義のイデオロギーの新チャンピオンとして浮上します。彼はしかし、この物語の中では一風変わった姿をしています。というのも、彼はまた、わたしたちがいかに共感を理解しているかを言い表す上で、決定的な役割を果たしたからです。しかし、この主題をめぐるそのアイデアは、『諸国民の富』（一七七六年）に著されたラディカルな私欲の理論によって、ほとんど完全に一掃されてしまいました。経済活動において、買い手と売り手とがそれぞれ自分たちの利益を最大にすることだけに専念すれば、「見えざる手」によって商品とサービスが社会全体にうまく配分されるだろうとスミスは考えたのです。「自己の利益を追求することによって、実際に意図した以上に、個々人は繰り返し、より効果的に社会に貢献することになるのだ」とスミスは記します。このアイデアの力は、利己心だけに従って行動することに、経済的にも政治的にもめざましい正当性を与えた点にあります。このことが、産業革命の最中にある、ビジネスや政治にかかわるエリートたちのあいだで、スミスの人気がどれほどのものであったかを説明するでしょう。この「見えざる手」はのちに、復活した古典派経済学的な思考の柱になり、二〇世紀の後半にふたたび脚光を浴びることになります。すなわち、サッチャリズムとレーガノミクスの自由市場イデオロギーに、その政治的表現を見出したのです。その指導的な主唱者である、オーストリアの貴族フリードリヒ・フォン・ハイエクもスミスに同調します。「自己の利益獲得のために努力することが、もっとも同胞たちを利することになる」との主張によって。(3)

一八五九年に出版されたチャールズ・ダーウィンの『種の起源』は、ホッブズとスミスが主張していたことのすべてに確証を与えました。自然淘汰説と生存競争をめぐるダーウィンの理論は、生来の人間の利己主義についての言説を擁護したのです――協力よりもむしろ競争が、わたしたちの進化の歴史の駆動力である、と。ダーウィンのアイデアのこの単純すぎる解釈は――彼は、実のところ人間性についてのよりニュアンスに富んだ見解をもっていたのです――、「適者生存」というフレーズを生み出した英国の哲学者ハーバート・スペンサーのような社会進化論者によって大衆化されていきました。スペンサーはこう信じていました。富は、生まれながらの能力と優秀さの必然的な結果であって、その財力に対して罪悪感などを感じる必要はさらさらない、と。彼の本は、アメリカ合衆国で目を見張るほどよく売れました。「スペンサーは、アメリカの福音であった。なぜなら彼の考えはアメリカ資本主義のニーズにぴったり合ったのだから」と経済学者のジョン・ケネス・ガルブレイスは記しています[4]。進化生物学者のリチャード・ドーキンスが、人間とはまさに「遺伝子を受け渡すための機械[5]」であるとした一九七〇年代には、ダーウィンの理論は異なった展開を見せることになります。「利己的な遺伝子」というドーキンスの比喩は――決して遺伝子それ自体に意志があるなどと実際に言っているわけではないのですが――、よく知られた通俗科学のキャッチフレーズになったのです。それは、利己心はわたしたちの存在の奥深くに潜んでいるという、長い歴史をもつ考えと共鳴していたのです。

最後のキー・パーソンはジークムント・フロイトです。彼の仕事が、この物語を西洋人の心に強く結びつけたのです。『文化への不満』（一九三〇年）という本で、とりわけヨーロッパがようやく潜り抜けたばかりの世界大戦を踏まえて、フロイトは人間性についてのロマン主義的な幻想を剝ぎ取ることにやっきとなっていました。フロイトは、「あなたの隣人を、あなた自身のように愛しなさい」といった戒めに特に手厳しかったのです。これほど、「人間の本性から極度に離れているものはほかにない」というわけでした。「人間は、温和な生きものではなく」、むしろ「攻撃的な性向をもっている」と彼は書きます。赤ん坊にさえ、自分の欲するものを求める、情け容赦ない本能的な衝動があると主張するのです。ホッブズのように、十分な規制がなければ、人間は「同類への配慮などとはまったく無縁な、野蛮なケダモノ」になるとフロイトも信じていました。隣人を愛するためにではなく、「同意もなく性的に他人を利用し、盗み、恥をかかせ、痛みをもたらし、拷問し、殺す」(6)ために、性的衝動と攻撃本能によって駆り立てられているというのです。性欲に駆られる、まさに途方もないこの人間性のヴィジョンには、共感が入り込む余地などありません。

利己主義こそわたしたちの定義であるという、圧倒的なメッセージに三〇〇年以上ものあいだ、どっぷりと浸り続けた挙げ句、二一世紀初頭にわたしたちは立っているというわけです。そして、このメッセージが西洋文化にあますところなく吸収されたことには、ほぼ疑う余地がありません。「我が身、大切」とか「正直者は馬鹿をみる」など、わたしたちの使っている言語には人類の暗いイメージから派生した表現がばらまかれています。経済学の仮定をとれば、そこでの中心的な仮説は、人間は合理的で利己的な行為者であるということになるのでしょう。新聞を見れば、協力よりは抗争を報じる記事の方が圧倒的に多く、共感の行為など、めったに大きく取り上げられることはありません。ハリウッド映画は、日常的な暴力と人間の残虐性を「アクション映画」の名のもとでわたしたちに配給すること、これに特化しています。子どもたちはお伽話をさっさと卒業し、まるでホッブズが説いた悪夢に閉じ込められたかのような、銃撃や殺し合いがほとんどのコンピュータ・ゲームで遊ぶようになります。どういうわけか、わたしたちはこれらすべてをただ当たり前で普通のことだと受け止めているのです。

ホッブズ、スミス、ダーウィンそしてフロイト――この強力な四人組の思想家とその支持者たちによる継続的な知的攻撃のもとで、わたしたちが利己心と同じくらい共感の心を持ち合わせているという考えが芽吹き、かつ開花する機会はなかったのです。これまで、人間性についてのほんの一部分に過ぎない解釈しか与えられなかったとは、なんという悲劇的なことでしょうか――エゴに焦点を合わせた、ホモ・セルフセントリクス〔自己中心的な人〕という見方しか。では、どのようにして今日これほど多くのホモ・エンパシクス〔共感する人〕の話題を、わたしたちは耳にするようになったのでしょうか。わたしたちが共感的な脳を発見するに至った物語とはどんなものなのでしょうか。

児童心理学とホモ・エンパシクス〔共感する人〕の発見

驚いたことに、西洋文化において共感的思考の原点へとたどろうとすると、わたしたちに私欲の語りを提供し続けてきた当の本人である著者たちに戻ってきてしまうのです。『諸国民の富』〔全五冊、松川七郎訳、一九五九―一九六六年〕では、私欲の追求こそ社会にとってよいものであることをスミスは主張したかもしれません。しかし、その一七年前のもう一冊の著書、『道徳感情論』〔一七五九年〕〔上下、水田洋訳、岩波文庫、二〇〇三年〕では、人間の動機についてのより複雑でかつ完全な描写が提示されているのです。そこにはホッブズの「自然状態」（State of Nature）という悲観的な見方に対する明確な反論という意味合いもあったのでしょう。[7]「人間がどれほど利己的であろうとも、明らかに人間の本性の中にはいくつかの原理があり、その原理が人間に他人の幸運に対する関心を抱かせる。他人を幸福にすることが人間には必要なのである。もっとも幸せは、その姿を見る喜び以外には、彼にとって、何の得にもならないことなのだが」とスミスは冒頭に記しています。そしてここから、世界で初めて記された十分に成熟した共感の理論へと続くのです。その時代、共感は「同情」と呼ばれもしましたが、スミスは「他人の靴を履く」〔訳注、他人の立場に立つ〕ことができる自然な能力をわたしたちは備えていると主張します。「その感触を通して、その世界を歩く」、つまり想念の上で苦悩する者たちと入れ替わることだという、忘れがたい言葉をスミスは残しました。彼の考えは、同時代のスコットランドの哲学者デイヴィッド・ヒュームによって補強されます。ヒュームは、わたしたち一人一人に「平和の象徴であるハトの粒子が、オオカミやヘビの要素とともに、その骨格（中心）に練り込まれている」と書きました。

　ダーウィンでさえも、わたしたちの日常生活がむちゃくちゃに自分勝手な行動だけで貫かれているとは思っていませんでしたし、もっと情け深い面もわたしたちにはあると十分わかっていたのです。彼は多くの哺乳類に備わる社会性に目を向けました。例えば、犬や馬が仲間から切り離されると、悲しみにくれるように、人間にも奥深い「社会的本能」があると信じていました。自分の命の危険をもかえりみず、見知らぬ他人を救うために燃えさかる建物に飛び込んでいく。そのような行動からも、人間の社会的本能が説明できるでしょう。『種の起源』出版の数年後には、進化の過程において協力し合うことや、相互利益を尊重することは、競争と同じくらい不可欠であるとダーウィンは確信したのです。こうした、より共感側に立つダーウィンの考えは、『人間の由来』(一八七一年)に認めることができますが、残念ながらその当時はほとんど軽視されてしまい、今になってやっと見直され始めているのです[8]。

わたしたちは、深く他人のことを思いやり、自分にとってはしばしば損になることすらも、他の人たちのために行動に移す社会的な生きものであるという、この明らかな事実を、スミスとダーウィンは無視することができなかったということです。彼らは、自身の家族や友人たちに寄せる想いからも、社会的な生きものである事実を感じ取りましたし、また育児放棄に対処する取り組みのような、一八―一九世紀の人道主義的な組織的運動の高まりの目撃者でもありました。しかしながら、社会において強い影響力をもつ人たちは、ホモ・エンパシクス(共感する人)についてほとんど聞く耳をもちませんでした。福祉に最小限の関心しか示さない政治家たちや、低賃金労働者で工場を埋め尽くすことを欲した企業家たち、特にこれらの人たちには、利己心の物語の方がはるかに都合のよいものだったのです。

心理学が確立された科学となり、共感(感情移入)という概念が、本来のそれにふさわしい注目を浴びるようになったのは、ようやく二〇世紀前半になってのことです。英単語の empathy(共感)の語源は、直訳すると「感じ入る」を意味する、ドイツ語のアインフュールンク(Einfühlung)からきています。この言葉は、今では忘れ去られたドイツの哲学者テオドール・リップス(フロイトに大いに尊敬されていた)により、一九世紀に哲学的美学の概念として普及されました。それは芸術作品に自然に感応し「感じ入る」、わたしたちの能力を指します。芸術作品と自然への理性的な感応ではなく、むしろそれらへの情感的な応答のことです。一九〇九年に、アメリカの心理学者エドワード・ティチェナーは、アインフュールンクの英語の同義語が必要な時代になっているとして、(「苦しみ」+「の中で」)を意味する古代ギリシア語のエンパセイアを基に) empathy (共感) という言葉を考え出しました。その時点から、いくつかの解釈を要する複雑な言語学的な継承関係が生まれ、共感の意味は一連の変容を遂げたのです。

心理学者たちは、早々とその語の芸術の分野での使用から、一つの形式の模倣を表示する方向へと変えていきました。一九三〇年代に人気のあった心理学の教科書に、棒高飛びの選手がバーを越える写真が載っています。その下に立っている見物人は、まるで自分が跳んでいるかのように、無意識に空中に足を上げ、顔を歪めて力んでいました。この写真には「共感」と見出しがつけられています。向かい合って立っている話し手の表情を、聞き手はしばしば真似てしまう。例えば、演説者が微笑むと、観客は無意識に微笑んだりするものだと著者は説明しています。これも、共感の代表的な一例として記述されているのです(9)。

しかし、芸術鑑賞型と情感的模倣型としてのこれら二つの初期の意味合いは、一九四〇年代から、わたしたちが今日、心理学の教科書でもっとも一般的に見ることのできる二つのアプローチへと分類されました。一つは、視点の共有としての共感(しばしば認知的共感と呼ばれます)、そしてもう一つは感情的な気持ちの応答を分有する共感(情感の共感として知られています)です。では、それらはいったい何を意味し、その概念はどこからきているのでしょうか。

一九四八年、認知的共感についての考え方に大きな進展が見られました。それはスイスの児童心理学者ジャン・ピアジェが、「三つ山の問題」(Three Mountain Task) として知られる実験の成果を出版したことによります。山の風景の三次元モデルをさまざまな年齢の子どもたちに示し、そのモデルの周りの異なる位置に人形を置き、その人形の視点から何が見えるかについての報告を求めます。四歳未満の子どもたちは人形の視点からではなく、自分の視点を通してモデルを見る傾向があり、それより年上の子どもたちは人形の立場を通して見ることができました。ピアジェによるこの実験の解釈は、より年少の子どもたちには、今のところはまだ、他人の視点から物事を考えることができないということでした。

ピアジェが視覚の先駆的研究から作り上げた、共感研究についての今日的な合意点は、二、三歳の幼児にも自分のそれ以外の視点を想像する初歩的能力があるということです[10]。わたしの双子の子どもたちにもそれが見られました。彼らがおよそ生後一八カ月頃のことです。息子が泣くと、娘が遊んでいたおもちゃの犬を息子に渡して、彼を慰めようとしました。しかし、二四カ月に達してからは、息子が泣いていても、娘はもう自分の小さなおもちゃの犬を渡そうとはしません。それよりも息子が大好きなおもちゃの猫を渡せば、もっと喜ぶことを理解していたのです。これが認知的共感、または視点の共有としての共感(時には「心の理論」としても知られる) のすべてです。これには、想像力をより広げて、他人には自分自身とは異なる趣味、経験、そして世界観があると認めることが必要となります。認知的共感が幼児期に自然に発達するという紛れもない事実——ちょうど自分自身と他人との区別ができ始める頃ですが——、これは、人間には共感脳の回路があり、本質的に社会的な生きものであることを証明しています。『スタートレック』のスポックだけが、他人の心を読み取ることができるというわけではないのです。

二つ目の共感、情感的共感とは、「その人がどこからやってくるのか」を理解する認知能力ではなく、他人の感情を共有し、鏡のように写し取ることです。例えば、自分の娘が苦悩して泣いているのを見れば、わたしもまたその苦悩を感じ、情感的共感を経験することになります。それに反して、もしわたしが彼女の苦悩に気がついても、例えば哀れみのような異なる感情を抱けば（「ああ、哀れな子」と思うかもしれない）、その場合は、共感よりもむしろ同情を示すことになるでしょう。同情とは、概して感情のやりとりが共有されないことを表すのです。

この本の冒頭で、わたしが示した共感の定義は、情感的要素と認知的要素との両方を持ち合わせていることに気がつかれたでしょう。他人の立場に立つこと、他人の想い（情感的な側面）と視点（認知的な側面）を理解すること、そして、その理解を自分たちの行動の道標として活用することなど、共感はさまざまな側面を含んでいるのです。実際、共感の二つの型は密接に絡み合っています。

共感の認知的形態、情感的形態、この二通りの定義があることを認識すれば、ここから派生するよくあるいくつかの混乱を解決することができるでしょう。第一に、共感に対して起こりがちな批判は、それが人々を操作するために使われることがあるということです。ここで懸念されていることは、連続殺人犯が犠牲者たちを死に誘い込むために、犠牲者たちの気持ちに寄り添おうと企てるかもしれないということです。しかし、精神病質的な殺人者がしていることは、他の人の人生（心の中）に認知的に足を踏み入れているだけなのです。犠牲者たちとの想いや感情の共有、そしてその身の安全への配慮などはまったく顧みられていないのです。認知的洞察を使って利己的な目的のために人々を操ることは、共感という言葉の織細かつ正確な定義からも大きく逸脱しています。

二つ目の混乱は、人々がしばしば共感と同情という言葉を取り違えて（同一視して）使うことがあるということです。この二つは、いくつかの点で重なり合いはしますが、共感と同情とはそれぞれ独自の概念から成り立っています。同情（compassion）はその語源であるラテン語、「他の人とともに苦しむ（共苦）」からきています。これは共感とは異なります。共感は苦しみだけではなく、喜びをわかち合うことも含むからです。さらに、同情で強調されるのは、他人の想いを感じることであり、そこにあるのは他人との情感の結びつきです。それには、彼らの信仰や経験や考え方が、自分たちとは異なるかもしれないということを理解するために、自分の認識を広げようとするようなことは含まれません。同情は哀れみや慈悲のような、同情的な情感の反応に言及する際にもよく用いられますが、それは共感の意味とは一致しないのです。これらの違いにもかかわらず、ある文化や宗教的伝統にお

認知的共感とは，他の人の視点から世界を見ることです，ちょうど1950年代になされた建築の実験のように．学生たちは，子どもが大人サイズの部屋をどのように感じ，経験しているのかを理解するために，巨大な家具をデザインしました．

いては、共感と同情とは密接に絡み合っています。例えば、仏教の概念としての慈悲（compassion）は、通常、他人の視点や世界観を共感的に理解することの重要性を強調します。しかしながら、全体としては、同義語として「共感」と「同情」を使うことには抵抗するべきです。

認知的共感と情感的共感との区別は、男性より女性の方がより自然に共感的であるという、よく論争される問題について考える助けになります。心理学者のサイモン・バロン＝コーエンはそうとらえています。標準的な共感実験で、女性の方が男性よりも通常高い得点を取ることがわかってから、「女性の脳は主に共感回路で成り立っている。男性の脳は主にシステムを理解し構築するための回路で成り立っている」と彼は大胆にも言い放ったのです。彼の見解において、女性は人との関係性や感情への対処を得意とし、男性は分析と機械的な仕事に比較的優れている、と。性役割による分断は幼児期から明白です。しかし、滝のように降り注ぐ、ジェンダー固定観念に囚われた玩具の広告や、そして親の接し方と期待などの文化的な押しつけによっても、脳の性差を十全に説明することはできません。[11]

このことの意味するところは、もしあなたが男性なら、共感しようとする意味はないし、あなたが女性であるなら、いずれにしろ共感することに自然に習熟しているのだから、その必要がない。したがって、今読んでいるこの本は投げ捨てるべきであるということなのでしょうか。とんでもない。まず、バロン＝コーエンの研究は、すべての女性がすべての男性より共感することにおいて優れていると言っているのではありません。これはあくまでも平均値です。あらゆる領域で、枠に収まらない一部の女性がいるように、共感にすぐれた男性もいるのです。さらに、大部分の実験は、認知的共感よりも情感的共感の度合いを量るために企図されています。ここでの焦点は、他人の感情に対していかに反応するかという能力に置かれています。したがって、質問は次のようなものになります。「誰かが本当の気持ちを隠そうとしているのかどうかを見抜けますか？」あるいは「ニュース番組などで苦悩している人々を見て動揺しますか？」[12]といった。他人の立場や視点から物事を考える認知能力において、男女間で大きく異なるという証拠はほとんどないということなのです。注意深くジェンダーの差異と向かい合う究極的な理由としては、生まれつきどれほどの共感力を備えているかではなく、真の問題はどこまでその能力を伸ばしていく意志があり、また伸ばしていけるかなのです。他人の立場や視点から物事を見る能力を高めるには、性別など関係なく、どのような歩みを選択していくかということの方がとっても重要なのです。

共感の概念が、どのように現代心理学において発展してきたかという話に戻りますが、ピアジェが人形を使って実験していたのと同じ頃に、感情と社交性は乳児期のあいだにどのように発達していくのかにかかわって、特に情感的共感の能力の発達について、研究者たちは驚くべく、注目すべき発見をしていました。一九四五年に、オーストリア系アメリカ人の精神分析医ルネ・スピッツは、アメリカ合衆国にある二つの非常に異なる児童養護施設において、〔主として母親との交歓の質に起源をもつ〕愛情遮断症候群と呼ばれる情緒剥奪についての世界初の研究を実施しました。一つ目は孤児院で、赤ん坊たちは清潔に保たれ、栄養十分な食事が与えられてはいましたが、その時代の孤児院では一般的なことに、赤ん坊たちと世話をする人たちとのあいだには最小限のスキンシップと感情的触れ合いしかありませんでした。看護師たちは幼児をめったに抱き上げたりしませんでしたし、その上、病原菌の拡散を防止するために赤ん坊のベッドのあいだにはシーツが掛けられていました。人間同士の刺激や温もりもほとんどなく、赤ん坊は一日中完全に一人きりで過ごしていたのです。そしてその結果、身体的にはよい介護を受けていたにもかかわらず、九一人のうち三四人もの赤ん坊たちが、二歳になる前に死んでしまったのです。二つ目の児童施設は刑務所内にあったのですが、そこでは有罪となった母親たちが毎日自分の赤ん坊と会うことができ、抱いたり、一緒に遊んだりすることが許されていました。衛生標準は先の孤児院ほどよくはなかったかもしれませんが、死亡した幼児は一人もいませんでした。二年後、スピッツは映像を使って、この事態をとても生き生きと描写しました。その映画には、孤児院に初めて到着したとき、無邪気にクスクスと笑う明るい赤ん坊が写っていましたが、数週間のうちに、宙を見つめてぼぅーっとし、拠り所もなく心細げに、奇妙に自分の手をしゃぶり続けたりするようになり、体重も減ってしまいました。そして、ほんの数カ月後には、死人のように青ざめて痩せ細り、無表情で、抜け殻のようになってしまっていたのです[13]。

スピッツの衝撃的な研究から、人間の愛情が、生きるためにどれほど重要であるかということが、そしてこれは生存条件の順序から言っても、少なくとも食や住と同じくらいに重要であることが明らかになりました。英国の精神科医ジョン・ボウルビーによる愛着理論は、スピッツの発見を理論的に解明し、おかげでその研究はさらなる一歩を踏み出したのです。一九五〇年代に入ると、幼児の初期段階での母親（またはそれに代わる中心的な介護者）との関係が、感情や精神面での発達に極めて重要であることをボウルビーは示しました。特に生まれてから最初の一年のあいだに、もし幼児が深い愛情を受けることができなければ、「その子の将来の幸せと健康が危ぶまれる[14]」。この時期が、人間らしいコミュニケーションの基本的な技術を学び始める上で、その基礎を固める大切な時期であり、幼児は人の表情を読みとることや、自身の感情を認識したり、統制したりすることなどを学習し始めるのです。幼児が拠り所とする絆を奪われたり、親のような身近な存在を失ってしまう心配があったりすると、将来、不安感や情感的な無関心と攻撃性、そして反社会的習性など、多様な問題行動パターンが出てくる可能性があります。感受性が乏しかったり、感情表現のできない親を幼少期にもってしまったとしたら（例えば、なんらかの苦痛を感じて泣いている赤ん坊を、泣き止むまでほったらかしにする親）、これはストレスに対する感受性に影響をおよぼし、暴力行為に走らせたりすることになるかもしれません。[15]

ボウルビーの研究は、フロイト主義者たちへの明白な挑戦でした。われわれは元来、個人的な物質欲と性欲に駆られ、突き動かされているという考えに、多くのフロイト主義者たちは取り憑かれたままでした。それに対して、ボウルビーは人間の本性についての考え方を変え、ともに生きること、仲間であること、社交性を養うことなどがいかに重要であるか、それはわたしたちが存在する上での基本であることを示唆したのです。精神療法家スー・ゲルハルトは、次のように説いています。「人間は誰しも、情緒的なつながりや、自分の気持ちを敏感に察し、応えてくれ、温かく見守ってくれる大人との絆を求めて、生まれてきている」[16]と。ボウルビーの研究は、メアリー・エインスワースのような他の心理学者たちの研究などとともに、共感への理解を深めるための、二つの極めて重要な洞察を提供しました。第一番目は、幼児が拠り所とする絆の欠如は共感の発達を阻害し、特に情感的共感の基礎である、他人の想いに寄り添い、心から触れ合う能力の発達を妨げるということです。二番目は、子どもたちにとって共感のような情感的な能力を育てるもっとも効果的な方法の一つは、親として共感を示してあげることだというのです。心理学者のアラン・スルーフは、こう説明します。

あなただったら、どのようにして共感力をもつ子どもに育てますか？　共感力をもった子どもを育てるには、共感をするようにと言葉で教え込んだり、戒めたりするのではなく、子どもとともに共感し合うことです。その子にとっての人間関係の理解は、その子が経験した人間関係からしか得られないのです。[17]

ボウルビーの愛着理論は、当時、多くの議論を呼んだにもかかわらず、今日では、児童心理学者や育児専門家たちのあいだで広く受け入れられるようになりました。共感力を開発することに関心を寄せる方々には、それらはいささか合点がいかないニュースかもしれないのですが。もし幼児期に愛情や共感を注がれることがなかったならば、これは一〇代とそして大人に成長したわたしたちにとって、共感力を広げる可能性など、ほとんどありえないことを意味しているのでしょうか？　拠り所とするべき絆という人間関係なしで育ったであろうと推定される三人に一人は、「共感する人」（ホモ・エンパシクス）になるには遅すぎるのでしょうか？[18]

大丈夫。たとえ生後最初の数年が、共感脳を作り上げる上で一番実りのある凝縮された時期であるとしても、歳を取っても、共感力を伸ばすことはまだまだできるのです。対応法や考え方、そして振舞い方など、年を重ねるにつれて身についた習慣が、共感的想像力を働かせる妨げになるので、少々難しくなるだけです。不安定な愛着形態が押しつける限界などを、わたしたちは克服することができ、よい状況に恵まれ、よりよい刺激を受けることで、「ライフサイクルを通して変化は続く」とボウルビーは述べています[19]。わたしたちにとっての有利な条件は、人間の進化の歴史と遺伝子配列に組み込まれた潜在的な共感の可能性を、わたしたちがもっているということです。そして、そこからわたしたちがどのように共感的人間を発見したかという物語の次の段階に導かれるのです。一九四〇代後期から五〇年代に、心理学においてさまざまな前進があったことに続いて、ここのところの過去二〇年のあいだに、進化生物学者と神経科学者たちは、共感の起源と本質に関する劇的かつ、まるで新しい洞察の最前線に立っていたのです。

あなたの内なる猿人に触れてみよう

一九〇二年に、革命的無政府主義者であり、著名な科学者でもあったピョートル・クロポトキンは、『相互扶助――進化の要因』（大杉栄訳『相互扶助論――進化の一要素』春陽堂、一九二四年）という本を書きました。生存競争に関する正統的なダーウィン理論に対して、協力やお互いの助け合いは、人間の進化の段階で、競争と同じくらい重要であるとクロポトキンは反論しました。蟻からペリカン、マーモットから人間と、あらゆる種類の生きものたちが、生き残りをかけ、そして繁栄するために食べ物を分け合ったり、お互いに敵から身を守り合ったりするような、協力し合う傾向があることを、クロポトキンは示したのです。例えば、野生の馬やジャコウ牛は、オオカミの襲撃から子どもを守るために、子どもの周りに輪を作ります。[20]『相互扶助』が最初に出版された頃、クロポトキンは変人であると思われましたが、彼はその時代からちょうど一世紀、先駆けていたのです。今日、クロポトキンの見解は進化生物学者たちのあいだで主流となり、その多くが、彼の『相互扶助』を理解するための鍵の一つは共感であると信じています。その中で特に高名なのは、『タイム』誌に「世界でもっとも影響力のある一〇〇人」の一人に選ばれたオランダの霊長類学者フランス・ドゥ・ヴァールです。しかしなぜ、チンパンジーの専門家がこのような栄誉を授かったのでしょうか？　それは、一九九〇年代半ばからのドゥ・ヴァールの研究が、古いホッブズ主義やダーウィン主義が描いてきた人間性の像を覆したからです。ゴリラ、チンパンジー、象、イルカそして人間と、あらゆる種類の生きものにとって、共感することは天賦の能力であることを示したのです。ドゥ・ヴァールは、この広い惑星の誰よりも、わたしたちに共感する人（ホモ・エンパシクス）の存在をはっきりと気づかせてくれたのです。

なぜそれほどまでに共感の進化に興味を抱いているのかと、わたしがドゥ・ヴァールに尋ねると、「人間が攻撃的であることを誰も否定しません。事実、わたしたち人間がもっとも攻撃的な霊長類であるとわたしは考えています」と彼は答えました。[21]しかし同時に、ただ単にわたしたちが殺人猿に等しいと考えることにも慎重でなければならないと彼は考えるのです。「わたしたちは本質的に攻撃的であり、戦争を勃発させてしまう運命にあるというような無意味なことがさんざん言われ続けてきました」。本当は、わたしたち人間は、平和でヒッピーのようなボノボ〔ヒト科チンパンジー属の類人猿〕に遺伝的に非常に近いと彼は指摘します。チンパンジーのような他の霊長類と比べ、ボノボはより強く共感する特徴を示しているのです。ドゥ・ヴァールによると、「共感は、わたしたちにとっての第二の天性です。ですから共感が欠けている人は、危険で精神障害があるかのように見え、わたしたちに衝撃を与えるのです[22]」と。

ボウルビーやピアジェの心理学研究が明らかにしたように、共感は人類にとって、あまりにも基礎的であり、かつ若年期に発達するものなので、わたしたちの系統が類人猿から分離したときに初めて共感が現れたとは考え難いとドゥ・ヴァールは論じます。同じ先祖をもつのですから、親類である霊長類を研究することによって、共感の、人類にとっての長い進化の歴史について学ぶことができるのです。

他のさまざまな種の生物における共感の証《あかし》は、今日その多さに圧倒されるほどだとドゥ・ヴァールはわたしに説明しました。「一九九〇年代からは、とても多くの研究が、他の人々や、そしてわたし自身のチームによってなされ、そのそれぞれを把握して、ついていくのが難しくなってきているほどです。わたしたちは、チンパンジーによる、いわゆる慰め行動の幾千もの観察結果を集めてきました。仲間の一頭が、喧嘩に負けたり、木から落ちたり、蛇と遭遇したりと難儀するやいなや、他のチンパンジーたちはその個体を安心させるために駆け寄ってきます。仲間のチンパンジーたちは、悩むチンパンジーを抱いたり、キスをしたり、毛繕いをしたりして、落ち着かせようとするのです」。これは、霊長類学者のダイアン・フォッシーが一九七〇年代から八〇年代にわたる一三年間に、中央アフリカ、ヴィルンガ山脈の霧の深い熱帯雨林でゴリラとともに暮らしつつ観察した、ゴリラ同士の情緒的な感受性のかたち、そのものです。しかし、これらの反応が本当に共感に基づいたもので、他の感情からではないと、どうして確言できるのでしょうか？　ここに共感の力が作用していることを、ドゥ・ヴァールはまったく疑っていません。この点について彼は、クーニーという名前のボノボ・チンパンジーの物語で明らかにします。英国のトワイクロス動物園でのことです。檻のガラスの壁に激突して傷ついた鳥を、クーニーが見つけました。クーニーはその鳥を自由にしてやるために、檻の壁の外へと放つ前に、その翼をしっかり広げて羽ばたけるよう、細心の注意を払って木の枝に載せてやりました。うまく逃げることができなかったその鳥が、どうにか安全な場所へ飛べるようになるまで、クーニーは終日見守り続けていたというのです。ドゥ・ヴァールにとってそれは、他人の立場に立って物事を考え、行動するということの完璧な実例でした。「飛んでいる鳥をたくさん見てきたので、クーニーには、鳥にとって、どうしてあげることがよいのだという想念があるようでした」。このように、アダム・スミスの「苦悩する者たちと、想念の上で立場を替える[23]」を類人猿の実例がわたしたちに示してくれたのです。

ドゥ・ヴァールは、また共感によって起こる利他的な振舞いの証を示すことになった、最新の研究実験の一例についても話してくれました。二匹のオマキザルが隣同士に並んでいます。そのうちの一匹は、小さなプラスチック・コインを使って、研究者たちと物々交換するというのです。これは決定的な実験になりました。その猿は、異なる意味をもって塗り分けられた、二枚の色違いのコインを選択しなければなりません。そのうちの一枚は「利己的」、もう一枚は「向社会的」（pro-social）という異なる意味をもっていました。もし物々交換をする猿が「利己的」なコインを取ると、リンゴの小さなかけらを受け取ります。そして、その連れの猿は何も得られません。他方、「向社会的」コインの方を取ると、両方の猿に、同時に平等にご褒美が与えられます。猿たちがいかに互いの幸せを気づかっているかを示すように、猿たちは徐々に「向社会的」な方のコインを選択し始めました。この行動は、周りから反発がくるかもしれないことへの恐れに基づくものではないとドゥ・ヴァールは説明しています。なぜなら、恐怖心をほとんどもつ必要のない、もっとも優位な猿たちが、現実に一番気前がよかったからです。

この実験は、動物の共感力を示す、もっともよく知られた初期の実証の一つに似ています。一九六四年に、精神科医ジュール・マッサーマンは、アカゲザルが、食物をうると同時に仲間に電気ショックがくるという設定では、食物を与えくれる鎖を引くのを拒否すると報告しました。ある猿は、他の猿が電気ショックを受けるのを見た後、一二日間も鎖を引くことを止めました。自分の仲間の一人に危害がおよぶのを防ぐために、自分自身は餓死するほどの空腹に耐えたのでした[24]。

数十年にわたる霊長類の研究を通して、人間における共感について啓発されてきたのには二つの理由があるとドゥ・ヴァールは論じています。第一に、子どもの要求への応答を保障するためです。空腹で泣き叫ぶ彼女の子どもに、もし母親が適切に対処しなければ、その幼児の命は危険にさらされるでしょう。「一億八〇〇〇万年におよぶ哺乳類の進化の中で、子どもたちの要求に応じてきた女性の数は、冷たくそっけない女性の数を上回ったのです」とドゥ・ヴァールは言います。第二に、クロポトキンの言葉を繰り返すことになりますが、個人や団体の生き残りのために必要とされる相互扶助を継続するためにです。例えば、厳しい原始的な環境において、コミュニティの全員に十分な食料を行き渡らせるために、共感の力が人間を協力し合えるようにしたのです。「効果的な協力を可能にするには、他者の気持ちの状態と、他者が目的とするものとが、絶妙な仕方で同調することを必要とします」とはドゥ・ヴァールの観察です[25]。進化の過程において、協力することがいかに重要であったかをめぐるドゥ・ヴァールの考察は、協力が細胞レベルにまで存在するというところにまで証拠を拡大させつつ、支持されてきました。最古のバクテリアのいくつかは、ひも状のかたちを取ります。それぞれの繊維の中のある細胞が死ぬことは、それに隣接する細胞を窒素によって育てるためなのです[26]。

ともあれ、ドゥ・ヴァールは、自分の研究成果を学術誌の論文として埋葬してしまうことには満足しませんでした。人間本性の内なる協力への性向を反映するために、社会はより共同的で、協調的な基盤の上に組織されなければならないと考えていました。前駆者のピョートル・クロポトキンのように、ドゥ・ヴァールもその研究が、わたしたちを繁栄に導いていく社会をいかに設計しうるかを問う上で意味をもつと信じていたのです。

わたしは、アメリカの保守的な人々からの生物学に対する言及のほとんどには我慢がなりません。彼らは生物学を自分たちの政治のために、都合のよい正当化の手段として利用しています。自然界は「生存競争」に基づいているのだから、わたしたちも利己的な行動と競争によってこの社会を作り上げるべきであると主張するのです。彼らは好き勝手に自然を解釈しています。そして、それがすべて間違いであると指摘することが、わたしの役割だと思っています。多くの動物が協力することで生き残っています。そして、わたしたち人類という種は、特に互いに助け合いながら、祖先からの長い歴史を歩んできているのです。共感と団結はわたしたちの中にその血となって受け継がれているのです。わたしたちの社会の設計にも、人類のこの一面を反映させるべきなのです。

彼の見方では、自由市場経済をともあれ自然なものと考えることは誤謬だということになります。事実、「極端な資本家的位置に達するためには、共感を人々から取り除く必要があるのです」と彼は強調します[27]。共感には、この世の中の暴力と人種差別の文化をなくし、わたしたちの道徳的な関与の領域を押し広げる力があるともドゥ・ヴァールは信じているのです。ドゥ・ヴァールによれば、「共感は、見知らぬものを嫌悪する呪縛を剝ぎ取ることができる、人間がもつレパートリーの中でも、もっとも有効な一手段でしょう」。「もしわたしたちが、他の大陸の人々を自分たちの仲間とみなすことができ、自分たちの相互関係と共感の輪の中に彼らを招き入れることができれば、わたしたちは、それに抗うことなく、本来の『らしさ』を築き上げていけるでしょう[28]」。

ドゥ・ヴァールの研究こそ、パラダイムシフト〔その時代や分野において当然のことと考えられていた認識や思想、社会全体の価値観などが革命的に劇的に変化すること〕そのものです。それは一七世紀にガリレオがヨーロッパ社会に与えた衝撃に匹敵します。ガリレオが、「地球は宇宙の中心にあるのではなく、わたしたちの周りを回っている太陽やその他の天体とともにあるのだ」といったように、ドゥ・ヴァールも革命的な事態を白日のもとに曝すのです。人間の本性は、単に自己の利益の周りを回っているのではないことを明らかにすることによって。共感は、わたしたちが何者であるのかということの、その中心にあるのです。

共感する人（ホモ・エンパシクス）は、幾千年ものあいだ、地球をさ迷っていたのです。わたしたちの使命は、共感的なわたしたち自身の繁栄を妨げるのではなく、それを可能にする世界を築き上げることなのです。

共感脳を解剖する

児童心理学者や霊長類学者たちによる洞察のおかげで、二〇世紀のあいだに共感への理解が大きく前進しました。人間性についての従来のホッブズ的な描写は、いまや正当性に欠け、現実的とも思えません。しかし、わたしたちがまだ詳しく触れていない証拠の源泉の一つに、わたしたちの脳内の神経活動があります。一千年紀の変わり目より、神経科学は共感の研究においてもっとも独創的な分野でした。トーマス・ホッブズの脳にさえ共感の回路があったことはいまや明白です。科学者たちは、いったいわたしたちの頭蓋骨の中に、どんな事変を発見したのでしょうか？　そして、彼らの数々の発見は、共感がどのように人類に作用するのかについて何を明らかにしたのでしょうか？　あるいは、何を明らかにできなかったのでしょうか？

一九九〇年八月のイタリア、パルマ大学の実験室、ここが始まりでした。ジャコモ・リッツォラッティによって組織された神経科学者たちのチームが、毛髪ほどの細さの電極を脳に植え込まれたマカクザルを使って実験を行っていました。猿が落花生を拾ったとき、猿の運動前野の特定の部位が活性化したことに、研究者たちは注目しました。次いで、科学の世界における幸運なまぐれあたりである奇妙な瞬間に恵まれ、研究者の一人が落花生を拾うのを、たまたまその猿が目撃し、猿の体は微動だにしなかったにもかかわらず、その猿の同じ脳の部位が起動したことに彼らは気づいたのです。まるで猿自身が落花生を摑み取ったかのように、その脳は反応したのです。リッツォラッティと彼の同僚たちは、それを容易には信じられませんでした。しかし、磁気共鳴映像法（fMRI）を使用した、それ以後のマカクザルと人間の実験も、完全に同じ結果をもたらしました。

彼らは、「ミラー・ニューロン」を偶然に発見したのです。自ら何かを経験したとき（例えば、痛み）、そして同じ経験を他の人が経験するのを見たとき、その両方に活動電位を発生させる神経細胞があるのです。特に感情を共有するという観点からすると、ミラー・ニューロンを多くもっている人の方が、より共感しやすい傾向にあります。「ミラー・ニューロンがわたしたちを、概念的な意味づけを通してではなく、意図的追体験を通して他人の心を理解できるようにする」とリッツォラッティは述べています。著名な神経科学者ヴィラヤヌル・ラマチャンドランは、ミラー・ニューロンの発見をジェイムズ・ワトソンとフランシス・クリックによるDNA二重螺旋の発見と比較し、「DNAが生物学に果たした役割を、ミラー・ニューロンが心理学のために果たす」[29]と予測しました。

現代ミラー・ニューロンの研究においてもっとも重要な人物の一人は、オランダにある神経科学研究所の社会脳実験室所長で、パルマでのリッツォラッティのチームの一員として働いていたクリスチャン・キーザーズです。わたしは、何がミラー・ニューロンをそれほど有意義にするのかについての説明を、彼に求めました。

わたしを魅了する問題は、わたしたちがどのように他人を理解するかということです。わたしはしばしば家内の顔を見ただけで、すぐに彼女の機嫌がどうなのかを感じ取ることができます（自分がごたごたの揉め事に巻き込まれるか否かを、それでうかがい知ることができる……）。ハリウッド映画もよい例です。映画『ドクター・ノー』で、ジェイムズ・ボンドの胸の上をタランチュラ・コオリグモが這っているのを見るや否や、あなたの心臓の鼓動はより速くなり、毛深いクモの足を感じ、手に汗を握り、鳥肌がたつのです。あなたは、ボンドが感じていることを、そのままたやすく感じることができるのです。どうしてでしょうか？　これがミラー・ニューロンの研究でわたしたちが発見したものであり、わたしたちの脳は、他人の心の状態を映すのだということです。他人が何を感じているかを悟ることは、次に、自分は今彼らの代わりに何を感じているかを悟るということになります。神経科学は、共感を発見するに至ったのです。

大胆に言えば、これが告げているのは人間性についての新しい歴史なのです。特に西洋人であるわたしたちは、個々の権利や個々の業績の重視といった個人主義を中心軸に置くように教えられてきました。しかし、脳の状態が自分自身そのものである（わたしはそう思っています）と考えるならば、わたしたちの研究が示すものは、他人の心で起こっていることが、実はわたし自身の大部分を占めていることになるのです。わたしの個性は、わたしの社会環境の結果なのです。他人の運命は、わたし自身の感情、したがってわたしの決断に影響をおよぼします。神経科学は、「われわれ」という概念をもう一度脳に戻しました。保証はできませんが（これには、わたしの妻も同感するでしょう）、わたしのいくつかの行動は、自己中心的でも利己的でもなく、利己心と自己中心性のみの力で脳を指揮しているわけではないことを示しています。わずか一〇年ほど前には、多くの人々はここまでは考えもしなかったのですが、わたしたちは社会的動物なのです。[30]

ミラー・ニューロンの存在が、わたしたちの物理的な皮膚や骨をはるかに超えて、人間である意味とは何かについて、つまり自己の境界について、抜本的な再定義を促しています。もしキーザーズと彼の同僚が正しければ、わたしたちは気づかずにバルカン星人のテレパシーを絶え間なく受け続けているのです。わたしたちの周りの世界に起きていることを吸収しながら、それが泣き叫ぶ子どもの顔であろうが、ジェイムズ・ボンドの胸に這うクモであろうが、それらすべてをわたしたちの脳は絶えず映しているのです。わたしたちの脳神経回路は、「黄金律」を守る能力によるかのように倫理的行動を組み立てていきます。「神経科学は、自然に備わったわたしたちの共感の限界を示しています。『自分が接して欲しいように、他人に接する』という倫理感より、『他人が好むように、他人に接する』という倫理感の方が、それに従うことははるかに難しい」とキーザーズは言っています。

ミラー・ニューロンは疑う余地なく素晴らしいのですが、それは、わたしたちが共感脳を理解する上でのほんの始まりです。たしかに、ミラー・ニューロンはそれにふさわしい程度以上にずっと多くの注目を

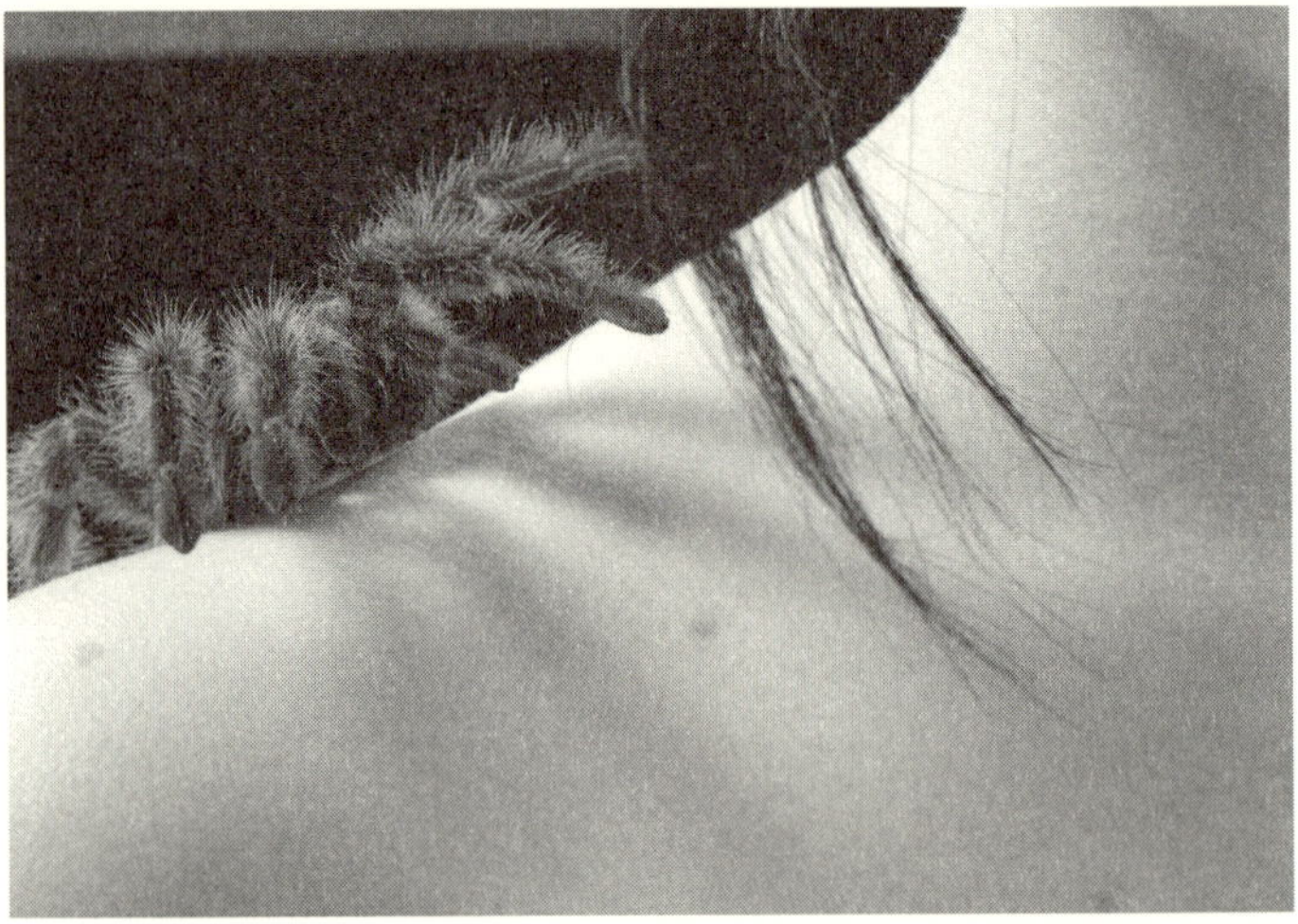

あなたの皮膚の上をはっている，この蜘蛛を感じることができますか．

浴びていると一部の研究者たちは感じています。これは、ミラー・ニューロンの研究は、ある意味で視点の取り替え（認知的共感）よりも、情感の共有（情感的共感）を重要視しているからです。これでは、共感が神経レベルでどのように働いているかということについての偏った説明になってしまいます。しかし、ハーバード大学の心理学者スティーヴン・ピンカーの言葉のように、このことはミラー・ニューロンの発見が、「過剰な盛り上がりと期待」を作り上げてしまったからでもあります。その源は神経科学者と科学ジャーナリズムだったと彼は指摘しています。

言語、志向性、模倣、文化学習、流行とファッション、スポーツへの熱狂、他者への祈り、もちろん共感も含めて、これらいろいろな事例の生物学的な根拠として、ミラー・ニューロンを押し売りしてきたのです。その神経細胞が発見されたアカゲザルが、共感のかけらもないちっぽけで意地悪な種族だということは、ミラー・ニューロンの理論にとって瑣末な問題なのです[31]。

ケンブリッジの心理学者であり、自閉症の専門家でもあるサイモン・バロン＝コーエンもピンカーほど批判的ではありませんが、それでも注意を呼びかけています。「ミラー・ニューロンだけで、共感と同等と性急に考える人もいます」。しかし現実には、ミラー・ニューロンの構造は、「単に共感のための構成要素である」に留まるのですとバロン＝コーエンは言っています。ミラー・ニューロンは、例えばモノマネに関係しています。誰かがあくびをすると、無意識にあくびをしたり、あるいは幼児に食事を与えるとき、幼児が口を開けると、つられてわたしたちも口を開けたりします。しかし、「共感は、このような自動的な鏡像の反射のようなものではなく、それ以上の何かです」とバロン＝コーエンは提起しています。むしろそれは、誰かの感情と心的な状態を理解する上での能動的なつながりであり、他者がわたしたち自身とどう関係するのかを意味しているのです。

バロン＝コーエンの大胆な着想と、そしてすでにその分野での合意事項となったことの一つに、「共感回路」は少なくとも一〇種類の相互に接続された脳の領域からなっており、ミラー・ニューロンはこのいっそう複雑な「共感回路」の一部分であるということがあります。もし、これらの領域のいずれかが損傷したり、あるいはきちんと発達しなければ、わたしたちの自然な共感能力は衰弱してしまうかもしれません。極めて特異な扁桃体損傷があることで知られている脳神経患者のS・Mは、他人の顔色から恐れという感情を読み取ることができません。それ以外は普通の知性をもっているにもかかわらず。同様に、境界線すれすれの人格障害をもった人は、一般に共感のレベルが低いのですが、この事例では扁桃体が平均より小さく、神経伝達物質とセロトニン受容体の一つとの結合が不足しており、眼窩《がんか》前頭皮質と側頭皮質での神経活動がほとんどみられません。[32]

ワシントン大学の神経科学者たちは、共感回路についてのわたしたちの理解度を上げました。彼らは、脳の中核付近が認知的共感や視点の共有と密接な関係にあることを見出しました。そして、それは後帯《こうたい》状《じょう》皮質・楔前部《けつぜんぶ》と右側頭頭頂接合部（rTPJ）として知られている領域で、そこが刺激を与え、活動を促していいます。実際に、例えば一本の指がドアに挟まれることを想像しただけで、脳の特定の部位が反応しているということです。しかし、同じことが他人に起こるのを想像したときには、同じ痛みを感知する脳の領域のいくつかが反応すると同時に、他の認知共感のある局地部位にもスイッチが入れられるのです。研究者によると、自分自身が感じる痛みと、他人の痛みに対してわたしたちの脳が反応するこれらの特異な仕方は、「共感は、自己（Self）と他者（Other）との完全な融合ではない」ことを明らかにしており、これは「他者の苦悩と自己の苦悩との二つに対する共感反応を、わたしたちが区別できるようにするため」[33]なのでしょう。

神経科医で経済学者でもあるポール・ザックが、その状況を研究によってより深く掘り下げています。その研究では、ホルモンであるオキシトシン（母親が赤ん坊に授乳する際に分泌する物質。男性にも存在する）が、共感行動を生み出すことができることを示しています。オキシトシンは、その社会的影響でよく知られています。同じ相手と一生添い遂げるプレーリーハタネズミは、そうでない他の種類のハタネズミより、交尾のあいだ、多くのオキシトシンを放出することが研究によってわかりました。プレーリーハタネズミのホルモン分泌を抑えると、つがいの長期間の絆形成を妨げてしまうのです。人間に関していえば、適度な悩みを抱えた人に会うというある特定の状況では、わたしたちに社会とのかかわりをもたらしてくれる神経化学物質のセロトニンやドーパミンとともに、脳ではオキシトシンの分泌が誘発されます。これらの物質こそ、わたしたちに社会との関与を促してくれるのです。ポール・ザックは、これを「人間＝オキシトシン伝達共感（HOME）回路」（human oxytocin mediated empathy circuit）と呼んでいます。ストレスの多い状況では、オキシトシンの分泌が断ち切られます。この反応はとても理にかなっていると、ザックは主張します。「もし自分が最悪の状況下に置かれていたら、他人を助けることに、そう簡単に時間や力を貸すことはできません」。しかし、普通の状況下では、「オキシトシンは、道徳的な行動がとれるように共感を惹き起こします」。オキシトシンのない人々は、共感への関心などほとんどなく、極度な利己心と私欲とを示します。オキシトシンと共感とには密接な関連があるように見えますが、一部の科学者によればその関連性は状況次第であって、また特定の人に限ると強調しています。ですから、攻撃的な上司に少しのオキシトシンを振りかければ、彼または彼女を共感への導き手に変えられるなどと想像しないことです[34]。

それでは、このような研究はどこへ向かっているのでしょうか？　わたしたちはまず、脳の中の共感過程の複雑さを認識する必要があります。ミラー・ニューロンのような現象は、わたしたちを他人の心と結びつけることのできる、巨大な共感回路のごく一部に過ぎないのです。神経科学はたしかに大きな進展をもたらしました。ほんの二、三世代前には、共感するためのある役割を果たしている人間の脳の部分を、わたしたちが正確に指摘できるとは想像することさえできなかったでしょう。しかし、実のところ、どのようにすべてが作用しているのか、そしてどのように日々の行動に関連しているのかの解明については、まだほんの初期段階なのです。[35] 脳検査機器の装備で、わたしたちは一七世紀の最初の天文学者のように、最新鋭の望遠鏡で新しい星を見ることはできましたが、その星が何でできているのか、どのように動いているのかについての完全な理解を得るにはほど遠いのと似ています。共感する人（ホモ・エンパシクス）についての最大の発見は、まだこれからのことでしょう。

もっと共感的になるように、学習できるのか？

心理学や進化生物学、そして神経科学が蓄積してきた証拠と見識とをまとめると、わたしたちは共感する能力によって社会的生物であるという定義にほぼ疑いはありません。自己本位なホッブズ説の一面をもちながら、同時にわたしたちは別の一面ではバルカン星人なのです。わたしたちは毒をもつヘビであり、平和の象徴のハトでもあるのです。

しかし、煩わしい懸念が心の奥をよぎります。より共感的になること、他人の目を通して世界を見る能力を増し加えることは本当に可能なのでしょうか？　あなたがたまたま生まれもったそのような脳では、共感の能力には基本的に限度があるのではないでしょうか？　または、もしあなたが幼児期に十分な愛情によって育まれることなく、深い共感感情を伸ばすことができなかったとしたらどうでしょう？

これらの疑問に関しては、専門家のあいだでは、個人の共感の度合いは固定的なものではないということで大勢が合意しています。わたしたちは一生を通じて共感の可能性を高めることができるのです。わたしたちの脳は「プラスチック」のように驚くほど柔軟で、神経回路を配線し直すことができます[36]。共感的な能力は少し音楽の才能に似ています。一部は天性で、もう一部は育んでいくものです。一部の人々はまさに先天的な音楽的技量をもって生まれてきているように見えます。彼らは完全な音感をもっており、どんな楽器でも手に取って美しく奏でることができます。しかし、音楽性は学習することができます。若いときから始められたら最高ですが、しかしながら、努力して練習すれば、大部分の人々は四五歳になってても、ギターを学んでかなりうまく演奏することができるようになります。そして、それは共感にとっても同じなのです。

他の人の心に集中する意識的な努力をすることによって、大人たちも眠っている共感の能力を喚び覚ますことができることを心理学者は繰り返し証明しています。アダム・ガリンスキーとゴードン・モスコウィッツによって設計された一つの実験では、米国の大学生の一つのグループが、若いアフリカ系アメリカ人男性の写真を見せられます。そして、その男性の生活の典型的なある一日について、短い物語を書くように求められます。彼らのうち三分の一の比較グループは、それ以外は何も言われず、この指示だけを渡されます。次の三分の一のグループは、それに加えて、この人についてもっているかもしれない何らかのステレオタイプと先入観とを積極的に抑えるように言われます。そして、最後の三分の一のグループは、「彼の目を通して世界を見、彼の靴を履いて世界を歩く、まるであなたがその人であるかのように、その一個人の一日の生活を想像してみてください」と共感への「視点の切り替え」（perspective-taking, 他者の立場に立つことを意味する）という指示を与えられます。その結果は、「視点の切り替え」のグループが主題に対して一番前向きな姿勢を示し、次は「抑制」グループ、そして最後に「比較」グループの順と続きました。実験は初老の白人の写真で繰り返されましたが、結果は同じでした[37]。

「視点の切り替え」（perspective-taking）的な共感の変革力をめぐるもう一つの著名な研究においてC・ダニエル・ワトソンは、学生たちの二つのグループに、両親を最近悲惨な自動車事故で亡くし、悲しんでいる若い女性の録音テープを聞くように依頼します。最初のグループは、録音された事実を客観的に聞くように指示され、第二のグループは、事件に巻き込まれた女性の体験やそのときの想いを想像するように求められます。結果は、第二のグループは、最初のグループより、求められた共感をより高いレベルでその女性に寄せることが示されました。さらに次いで、彼女の生還した弟と妹を援助するための募金を頼んだところ、第二のグループのメンバーたちはより気前よく寄付をしました。三〇年以上にわたる研究を一貫して、ダニエル・ワトソンは、次のことを見出しました。「『視点の切り替え』は赤の他人だけではなく、なんらかの汚名を着せられた人々に対しても、共感を惹き出すのに効果的であることが裏づけられた」と。それは、動こうとしない人々を放っておくのではなく、そのように働きかけることで、道徳的で向社会的な援助行動を生み出しうるということなのです[38]。

若い頃の育ちと生まれつき備わった共感能力によるという考えに縛られることは間違いであると、この種の研究は示唆しています。むしろ、大部分の人々は一生を通して共感能力を伸ばすことができるのです。特に認知と「視点の切り替え」の共感は、他人の感情や経験を注意深く意識しようとする実践行為で高めることができます。

共感能力が高まることは、共感の訓練をする医師たちの研究によって確かめられました。医師たちとは、しばしば臨床上の分析ばかりをこととして、患者への情感的な配慮が欠落していることで非難されている人々です。二〇一〇年、ボストンの病院の医師たちがあるプログラムに参加しました。そのプログラムで患者たちの顔の表情の変化（例えば、怒り、軽蔑、恐怖、悲しみなどを表していないかどうか）に細心の注意を払い、声の抑揚に気をつけ、診察中にパソコンの画面ではなく、患者たちの目を見て向き合うようにするというような、ちょっとした切り替えを行うよう、医師たちは忠告を受けました。わずか一時間のセッションを三回という訓練を終えただけで、このプログラムに通った医師たちには共感レベルの大幅な改善を見ることができたのです。これらの医師たちは、患者がより安心できるように心配りをし、より多くの気遣いと思いやりを示し、自分たちの心配事をよりよく理解してくれたと患者たちは評価しました。医師たちもまた、このことの有益性を理解できるようになりました。このプログラム方式を実践して一日が経過した後、ある病院の医師はこう言いました。診断を下しながら患者に共感することは当初、困難であったが、そのうちにそれが「楽しくなった」人間的な交歓というものを実現することができた。と。そして、それこそが彼女を最初に医療に引き寄せたものだったのです。[39]

神経科学の多くの研究も、共感力の向上に焦点を合わせた「思いやりの訓練」が、脳のある部位の神経形状を変え、より向社会的行動を促す可能性があることを示しています。世界的に著名なフランスの仏教僧で分子遺伝学の博士号を持つマチュー・リシャールによって共同計画された一つの研究では、参加者たちが仏教の瞑想方法に基づく訓練に挑みました。研究集会では、静かに正座し、注意を集中します。まず肯定的な気持ちを自分自身に、次に愛する人に、そして順に特にかかわり合いをもたない普通の人に、難しい対人関係にある人に、最後にすべての人類に対して肯定的な気持ちをもつといった訓練が含まれていました。訓練の結果は、主として人と人とのつながりに関係する脳の領域を活性化させました。被験者が、自然災害や人為的障害のために苦しんでいる人々のニュースやドキュメンタリー映像を見た後の、精神的苦痛の感情を反転させていることも判明しました。この種の研究はまだ初期段階に留まっています。神経科学者たちが積極的に仏教僧とチームを組み、彼らの実践を真剣に受け止めたのは、わずかこの一〇年間ほどのことです。さらに、こうした研究は女性に焦点を合わせる傾向がありますが、女性は一般的に男性よりも「思いやりの訓練」に対してより敏感なので結果を歪めます。それはともかくとして、適切な刺激が与えられれば、わたしたちの脳は驚くほどの順応性を示すことは明らかなのです[40]。

ですから、人間的な共感能力を伸ばす努力を生涯を通して実践すること、これを止める理由は何一つありません。しかしながら、音楽の習得と同じように、やはり若い時の方が学習に開かれていることに疑う余地はありません。子どもたちにヴァイオリンやピアノを教える方法はたくさんありますが、さてそれではいかにして共感を教えたらいいのでしょうか？

ロンドン南部のルイシャム区にある公立の小学校を想像してみてください。八歳の生徒たちが床に座って、教室の真ん中のマットの上の赤ちゃんに夢中になっています。児童たちは赤ちゃんを注意深く観察しながら、その瞬間に赤ちゃんが何を感じ、考えているのだろうか、そしてなぜ突然彼女が泣き始めたのかを話し合っています。その後、彼らは人々が怒っているとき、幸せなとき、怖《こわ》がっているとき、または恥ずかしく思うときに作る表情を真似ることによって感情を読み取る練習をします。子どもたちの作った贈りものを渡された赤ちゃんが帰ってしまうまで、子どもたちはがき大将の役を演じ続けました。

これが世界でもっとも成功した革新的な共感教育プログラムである、「共感の根っこ」（ルーツ・オブ・エンパシー）の教室での出来事です。このプログラムは、育児専門家のメリー・ゴードンにより一九九五年にカナダの慈善団体として設立され、これまで五歳から一二歳の五〇万人以上の子どもたちが参加し、その数は急速に増え続けています。

「共感の根っこ」の独創性は先生が赤ん坊であることです。各クラスは赤ん坊を「養子」として受け入れ、赤ん坊は母親と父親とともに一学年を通して定期的にクラスを訪問します。プログラムのインストラクターの指示に沿って、生徒たちは赤ん坊の成長ぶりを観察し、その感情的な反応と世界観の変化、そして赤ん坊と両親との関係について話し合います。彼らは共感を教材とした美術や演劇も発表します。これは、自分たちの同級生を、そしてより広い地域社会を理解しようとする際の手助けになっています。

「『共感の根っこ』を見て、かわいいと思う」のはしごく当然の反応ですが、「ここにあるのは、かわいいをはるかに超えたものであることは請け合いです」とゴードンは言います。赤ん坊を教育モデルの中心

「共感の根っこ」の教室. 先生はマットの上にいる.

においているのは他に類を見ないことですが、「共感の根っこ」の本当の要点は結果を残していることです。複数の研究が、「共感の根っこ」は学校でのいじめを劇的に減らし、生徒同士の協力を促し、両親との関係を改善し、さらには成績も向上させていることを証明しています。二〇一〇年のスコットランドの調査では、このプログラムが共有や助け合いなどの子どもの向社会的行動を五五パーセントも増加させ、スコットランド政府は、特に低所得地域の学校や、いじめや問題行動に直面している全国の学校に「共感の根っこ」を広げることに力を注いでいました。このプログラムの成功の鍵は、体験学習に重点を置いていることであるとメリー・ゴードンはわたしに話しました。従来の本からの学習ではなく、むしろ人間と人間との真の触れ合いに基づいているというのです。[41]

教育の専門家は、共感する技術を教えることが、臨時の付加的なもので、「あっても、まあいい」というだけのものではなく、読書、作文、そして算数と並んで、教育課程の中核とする価値があると、ますますその認識を深めています。メリー・ゴードンは、共感教育は子どもたちの幸福にとって不可欠であり、情感的知性の基礎となりうると考えています。しかし、彼女はより野心的な視点をもっているのです。子どもの貧困から武装しての暴力まで、世界のあらゆる社会的問題や政治的問題に取り組もうとする新しい世代の市民を地球上に育てるために、共感する技術を教えることが不可欠だと考えています。「ニュルンベルク裁判で、裁判官の一人が戦争犯罪は共感の欠如であると説明しました。共感は、家庭、学園、会議室、作戦室での衝突を解決するために不可欠です。感情をわかち合うことで共通点を見出し、他人の視点を理解する能力は、わたしたちがもっている平和への最善の治療薬です[42]」とゴードンは指摘しています。

心を見直す

わたしたちのほとんどは、学校で赤ん坊に共感を教えてもらう幸運に恵まれませんでした。ですから、わたしたちは共感力の可能性を呼び起こす方法を見つけなければなりません。最初の一歩は、わたしたちの共感脳にスイッチを入れるエートス（習性）を育むことです。それは人間性に対する新しい理解をもつことを意味します。そうです、「自己中心的な人」（ホモ・セルフセントリクス）はわたしたちの中に活動しており、健在です。しかし、科学に追いついて、「共感する人」（ホモ・エンパシクス）もわたしたち人間の一部であることを認識すること、まさに今がそのときです。わたしたちは個人主義と共感力との両方につながっている複雑な脳をもっています。わたしたちの脳の利己的な配線は、三世紀もの長きにわたって強調され、奨励され、最前列に押し出されてきました。さあ今こそ、わたしたちが社会的頭脳の誇り高き所有者であることを認識し、ライバルと肩を並べるにふさわしい機会を共感回路に与えましょう。

わたしたちの目前にある責務は、認知言語学者ジョージ・レイコフが呼ぶところの、わたしたちの心の枠組みを変えることです。枠組みとは、わたしたちの世界観を形作る心の構造です。それらは、わたしたちの無意識的な認知の奥深くに埋もれていて、「わたしたちが求める目標、わたしたちが立てる計画、わたしたちの身の振り方、そしてわたしたちの行動の何が良し悪しと決定とされるのか」[43]に影響を与えるとレイコフは書いています。西洋社会では、人間の本質を考えるときのもっとも有力な「枠組み」は、わたしたちは根本的に自己本位であるという考え方でした。その影響はあまりにも広く浸透して、わたしたちには、それがもう当たり前になっています。児童は競争的個人主義の文化に浸り、他人と協力する能力よりも、個人的な成果に対してはるかに多くの褒賞を与えています。多くの企業は、従業員により多くの金銭的な報酬を与えれば、より一所懸命に働くと、その反対の証拠があるにもかかわらず、決め込んでいます。[44]政府は、もし公共サービスが市場競争に開放されれば、サービスは改善されると主張しています。個人的には、わたしたちの幸福は個人的な野心や生活様式向上の欲求を満たすことにかかっていて、社会的大義や地域社会のプロジェクトへの献身よりずっと大切だと信じています。

わたしたちは今、異なる「枠組み」を吸収して内に取り込む必要があります。その新しい「枠組み」は自己利益と密接にかかわりながらも、わたしたちの中心には共感が存在するという考え方です。より科学的に正確に描かれた人間性のイメージをわたしたちの脳に根づかせるには、どのように思考の枠組みや世界観を変えればいいのかが問題なのです。科学について学ぶことはよい出発点です。しかし、わたしたちの毎日の暮らしの中で、現実の認識を磨くこともまた有益です。効果的な方法は、認知行動療法で使われた方法を利用することです。その方法は、自分や他人の共感的な考えや行動に気がつく度に注意して覚えておくことなのです。もしかすると、あなたの上司が他人の視点から見る努力をするところを目にするかもしれませんし、あなたの子どもたち同士の共感的な協力に気づくかもしれません。「共感探偵」になってみるつもりで考えてください。時間が経つにつれ、あなたの観察によって、いままで支配的であった文化的メッセージを廃し、新しい人間像が作り上げられることでしょう。わたしたちが社会的なアンテナを立てて共感を探せば探すほど、多くを理解できるようになり、そしてホッブズ、スミス、ダーウィン、そしてフロイトの概念から継承した狭い考えの「枠組み」を取り壊すことができるのです。わたしたちはまた、どのような種類の文脈がわたしたち自身や他の人たちに共感をもたらすのかということへの気づきを発展させることもできるのです。ストレスを感じているときや急いでいるとき、わたしたちは人々と共感することが少ないのでしょうか？　家族、友人、または見知らぬ人、わたしたちは誰とより共感しているのでしょうか？　このような自問自答が、共感力は固定的な人格特性的なものではないということを識《し》るのに役立ちます。共感は、状況に応じて現れたり隠れたりしますし、また自分自身を訓練し、共感力を高めることもできるのです。

　わたしたちの共感脳にスイッチを入れること、それはほんの始まりです。人間性に関する新しい物語がわたしたちの魂にしっかりと根を下ろしていくことで、高い共感力をもっている人々の他の五つの「エートス」についての学びを開く準備が整いました。さあ、次は心理学者、生物学者、神経科学者たちの研究室から飛び出し、日々の人間関係の世界へと歩む、そのときがきました。

エートス2　想像力の跳躍を

共感がそんなに有益なら、どうしてもっと共感できないのか？

共感は、今では人間の幸福のためになくてはならない大切なものと認識されています。共感は、人生を意味深いものにする人間関係を作り出す手助けをしてくれ、心の奥行きを広げ、世界に対しても自分自身の生活に対しても、新しい視点をもたらしてくれます。精神分析医のドナルド・ウィニコットは書いています。「心の健全さの指標は、他人の考え、感情、希望そして恐怖に対して、一人の人間が想像力を働かせ、的確に寄り添っていけるかどうかにあります。そしてまた、その人が自分たちに対しても、同じようにできるようにすることです[1]」。

しかし、共感がそんなに有益なものであり、わたしたちが共感脳に深く結びついているというなら、どうしてもっと共感できないのでしょうか？　その理由は、共感的想像力を最大限に発揮することを妨げる四つの基本的な社会的・政治的な障害にわたしたちが直面しているからです。それらの名は？　偏見、権威、距離、そして拒否です。もしわたしたちがそれらを克服するチャンスを獲得しようとするならば、まずどのように偏見、権威、距離、拒否の何が、「他の人の靴を履く」〔訳注、他人の立場に立つ〕ことからわたしたちを遠ざけているのかを把握する必要があります。そうすることによって、わたしたちは高い共感力をもった人に変わることができ、どうすればその障壁を乗り越えることができるのかを発見できるようになります。それが、すねている子どもであろうが、不機嫌なスーパーのレジ係り、または夕方のニュースでちらっと見たアフガニスタンの村の老人であろうが、これらの人々の内面の世界へと、意識的に努めながら想像的な跳躍を果たすことを可能にします。そして、それが高い共感力をもっている人々の秘訣なのです。(2) 驚くべき共感的な変貌を経験した三人の助けを借りて、彼らがどのようにしたのかを正確に説明したいと思います。酒豪で女たらしの実業家、恐ろしい個人的な悲劇に見舞われた母親、そして恵まれた環境を捨て、看護師の仕事を始めた弁護士です。彼らが、わたしたちの想像力を押し広げ、他の人々の頭の中にある想いや考えに注意するように促しながら、わたしたちのガイドになってくれます。

しかし、彼らに会う前に、わたしたちは共感への四つの障害を調査研究し、それらに立ち向かうための準備をしなければなりません。

偏見

この写真をご覧ください。三〇秒ほど、できるだけ注意を集中してください。写真のこの男について、

あなたは何を言うことができますか？　いつ、どこで、この写真は撮られたのでしょうか？　彼は、どのように感じているのでしょうか？　彼は、何に関心を抱き、どんな展望をもっているのでしょうか？
いま、あなたは彼について、どんな判断をもっていますか。さて、それではこの写真の説明書きを明かしましょう。これは一九五一年に、イギリスの報道写真家サーストン・ホプキンスによって撮影されました。タイトルは、「エムリス・ジョーンズ、炭鉱夫にして、ウェールズ・ナショナル・オペラ・カンパニーの主席テナー歌手」。
この説明書きは、大多数の人を驚かせるでしょう。わたしが言いたかったのは、ごくシンプルなことです。大多数の人々は、他人に対する思い込みや偏見をもっています。わたしたちは固定観念に囚われがちで、第一印象に基づいて性急な判断を下し、人々の生活の現実をほとんど知らずに、偏見や先入観の目で何気なく見てしまいます。例えば、炭鉱夫は「非文化的」である、ヘッジファンドのマネジャーは傲慢で自分勝手である、またはユダヤ人はお金に対して締まり屋であるなど、常套的な連想をしてしまいます。こうして作られた偏見は五〇〇年以上も存続してきました。また、しばしば人々の個性を覆い隠すような集合的なレッテルを貼ります。例えば、ヤッピー〔訳注、都会に住み、大学院卒の若手の金融系企業などの専門職や弁護士で、しばしば気取り屋で自己中心的・表面的というニュアンス〕、レッドネック〔米国の南部地方に住み、教養がなく英語に訛りがある〕、パンク〔大音量のロック音楽、反体制、斬新な髪型やファッションを特徴とする〕、オタク、原理主義者〔第一次大戦後に起こった米国のプロテスタントの一派。聖書の創造説を堅く信じ、進化論を排する〕、ナード〔スポーツが苦手で社交性にかけるタイプの人のことを幅広く指す〕などをしばしば使用します。これらのレッテルは他人を傷つけやすく、彼らの人間性や独自性、または一般的な状況の陰にある個人的な物語を見えなくします。それは、都合のよい箱の中に彼らを押し込めるようなものです。

このようなステレオタイプで見ることとの一つの結果として、他人についての判断をしばしば誤ってしまうということがあります。オーストラリアの小説家ニッキ・ジェメルの、あるロンドンの駐車場での出来事の思い出から、例を取ります。

誰もが、ある時点で、共感の欠如という後ろめたさを感じると推察しています。わたしにはあります。それはそれでいい。誇りには思いませんが……。五年前のロンドン、一二月の午後三時、曇り空でした。遅刻しそうで、そして寒かった。イライラしていたのかって？ もちろん。あご髭を生やし、礼服をはおったイスラーム教徒の男性がわたしの方へやってきました。新聞は、祝祭の季節に旅行している観光客を狙った、クリスマスの連続テロをアルカイダが企てているという警告で埋め尽くされていました。その瞬間、わたしは特に心を開いた状態ではなかったと申しておきましょう。身を引いてしまって、睨みつけていたかもしれません。「奥様、わたしの駐車券お使いになりますか?」「何とおっしゃいましたか?」「わたしの駐車券に数時間残っているんですけど、いまから出るつもりなんです。よかったら、使ってください」。まぁー! その優しさに圧倒されてしまいました。わたしはこの善良な男性の顔を今度は心をただして、ちゃんと見ました。イスラーム教徒ではなく、一人の同胞として、思いやりと優しさに満ちて、わたしに接しているとしか見えませんでした。[3]

偏見とステレオタイプの歪んだレンズを通して人々を見てきたせいで、あなたの人を見る目が、どのくらい狂ってしまっていたのか、自分自身を問い直してみてください。吸いがらを拾い、気が狂ったかのようにぶつぶつと独り言をつぶやきながら一日中を費やしている、だらしないかっこうをしたホームレスの男性を、わたしはよく見かけたものです。まさかわたしたちの人生に共通点があるなどとは決して思いもしませんでした。しかし、ある日、わたしは彼(彼の名前はアラン・ヒューマンです)と話し、彼がオックスフォード大学で哲学を学んだことを知りました。わたしたちの共通の関心は、ニーチェとマルクス、それからペパロニのピザでした。[4] そして、友情が始まりました。これは、無知のために何年も目を閉じたままやり過ごしてしまった友情関係でした。もっと多くの事例で、この頁を埋めることができるでしょう。

マルコム・グラッドウェルの『第一感「最初の二秒」の「なんとなく」が正しい』のような何冊かの人気の心理学本では、スピード・デート中にわずか二分、会っただけの人と相性が合うかどうかがみてとれるように、わたしたちは実は他の人について瞬時に判断を下すことにとても長《た》けていると主張しています。本当は自分の本能をもっと信頼すべきだと彼は唱えているのですが、しかし本能は、魂に深く浸透している社会や文化から継承した思い込みなどに安易に影響され、囚われていることもあります。「わたしたちが無意識にとる態度は、意識されている価値感とはまったく相容れないかもしれない」とグラッドウェルは認めています。それは、事実としてこのような現象を説明してくれます。白人のほとんどが黒人に対する偏見をもっていることを認めようとしませんが、証拠としてこれに逆らうかのように、意識的か否かはわかりませんが、白人の雇用面接官は日頃からさまざまな職種において黒人の求職者を差別しています。(5)

おそらくもっとも陰湿な固定観念に縛られているのは、政治的イデオロギーが生んだものでしょう。大英帝国は、アフリカ、インド、オーストラリアのどこにおいても、「文明化された」白人が「野蛮人」の非白人よりも優れているという植民地主義の考え方に基づいて建立されたのです。ナチスは、悪名高い人種分類であるウンターメンシュ（人間以下 Untermensch）を生み出し、そこにユダヤ人とジプシーを位置づけました。ステレオタイプ化した考えは、現代の政治の不可欠な要素として、そのまま居座っています。オーストラリア難民評議会と国連は、事実上、難民申請に違法性はなく、「不法移民」というのは正しい用語ではないと指摘しています。しかし、オーストラリア政界全体が亡命希望者を「不法移民」としばしば呼んでいるのです。オーストラリアの政治論説の専門家ドン・ワトソンによると、政治家が「不法移民」などの言葉を使用する理由は、亡命希望者と難民とを世間の目に曝し、中傷するためなのです。

もし難民の権利を剝奪したいのなら、そして難民たちは権利をもっていないと国民に考えさせておきたいのなら、彼らを「不法移民」と何度も繰り返し呼んだらいいでしょう。もし一番最初にあなたの頭に入ったものが、決まり文句や繰り返し叩き込まれたある種の偏見だとしたら、あなたはその決まり文句が頭から離れない限り、何も他の考えを受け入れる余裕がないこと請け合いです。これらの人々が「不法移民」であると絶えず言われ続けていると、次第にあなたも難民についてそう思うようになるでしょう。それはあらゆる共感の気持ちを遠ざけてしまい、亡命希望者の状況を自分たち家族に当てはめて、思い描くようなことはなくなってしまうのです(6)。

それが、政治、宗教、民族主義または他の弾圧の産物であるかにかかわらず、ステレオタイプ化したものがもっている共通点は、人間性を奪い、個性をもみ消し、わたしたちがその誰かと顔を合わせ、名前を交換するほどの仲になるということを阻止しようとする力です。その結果として、共感が浸透しにくい無関心の文化を作り上げてしまうのです。

残念なことに、わたしたちは他人に対する偏見や思い込みを、電気のスイッチのようには簡単に消せません。なぜなら、それらはおおよそ個人的な心の歩みの、あまりにも奥深いところに埋め込まれているからです。しかし、偏見や思い込みがもつ力からは必ずや抜け出すことができます。共感の想像力をどのように跳躍させるかを議論するときに、このテーマに戻ることにしましょう。

偏見はさておき、共感に対するもっとも大きな障害の一つは、権力に従う人間の傾向です。歴史を通じて、大虐殺、民族浄化、その他の権利侵害行為に関与した人々は、「わたしは命令に従っただけだ」という主張で自分たちを正当化し擁護してきました。その中でもっとも有名なのが、ホロコーストの企てにおいて最高の権限をもつ一人であったアドルフ・アイヒマンが、一九六一年の戦争犯罪の責任などを問われた裁判で、単純に「自分の仕事をしていただけ」で、自分の行動に対しては責任を負わないと彼が主張したことです。政治哲学者ハンナ・アーレントは、彼女の研究『イェルサレムのアイヒマン――悪の陳腐さについての報告』〔大久保和郎訳、みすず書房、一九六九年〕で、彼は精神病質者でもモンスターでもなく、むしろ「義務を果たし」、そして「命令に従うだけでなく、法律にも従った」、まったく普通の一般人であると指摘しました。アーレントによれば、「アイヒマンの問題は、まさに、彼のような人がたくさんいるということなのです。そしてその多くの人々は変態でも残酷好きでもなく、彼らはすごく恐ろしいほどに普通の人だったのです。そして今もなおそうなのです」。権威にただ服するこのような姿勢が、彼女の呼ぶ「悪の平等」を具体的に表現していました。[7]

ナチス・ドイツの時代が、例外的だったのでしょうか？　あるいは、権威に従うことはもっと万国共通の人間的特性なのでしょうか？　心理学者スタンレー・ミルグラムは、このことを明らかにしたかったのです。アイヒマンが裁判にかけられた同じ年に、社会心理学の歴史においてもっとも物議を醸す実験の一つを行いました。ミルグラムは、コネチカット州ニューヘブンのイェール大学周辺の学生と地域住民に、記憶と学習を向上させるための処罰とその影響の調査であるという名目の説明を行い、参加を呼びかけました。灰色の実験服を着た「実験者」の指導のもと、各参加者は「教師」の役割を担い、別の部屋にいる「学習者」が聞こえるように「強い腕」や「黒いカーテン」のような二つの単語の組み合わせを読むように求められました。学習者が単語の組み合わせを繰り返すときに間違えると、彼らに電気ショックを与えるように教師は指示されました。間違った回答が増えるごとに、振動の強さが増やされました。そしてこの実験のすべてが実はなんとでっちあげだったのです。学習者は俳優で、一切電気ショックなど受けていなかったのです。しかしその事実は、参加者には後まで明らかにされませんでした。参加者が電気ショックのスウィッチを押すことに躊躇したとき、実験者は、「正確に手順に従うことが重要です」、または「あなたには選択の余地はない、続けなさい」のように言いました。

ミルグラムはこの実験の結果を信じることができませんでした。それは、学習者が痛みに泣き叫び、実験を止めるようにと、「実験者！　もう耐えられません。わたしをここから出してくれ。わたしは心臓病を抱えていると言っているでしょう」という言葉で懇願しているのを教師たちも聞いたにもかかわらず、六五パーセントの人々は電気ショックを与え続けたのでした。実験が始まってからわずか二カ月後、ミルグラムは彼の結論を明らかにしました。

その結果は、恐ろしく気の滅入るものでした……わたしがまだ世間知らずだった頃、アメリカ合衆国全土において粗悪な政府が、ドイツで維持されていたような死の収容所の国家体制が必要とする人材要件に見合う分別ある愚か者たちを十分に見つけられるものであろうかと考えたものでした。それは必要な人数は、全部このニューヘブンだけで補充することができる、とわたしは今考え始めています。大部分の人々は、合法的な権威からの命令であると認めれば、行動の内容にかかわらず、良心の呵責もなく、言われた通りにしてしまうのです。[8]

共感的な配慮や関心は、権威への服従によって簡単に制圧されてしまうという決定的な証拠として、ミルグラムの試験はしばしば引用されています。[9] しかしながら、わたしたちはこの結論について、急いで早呑み込みすることには慎重であるべきです。最初の結果を見てみると、事実、三五パーセントもの参加者たちは、実験者に逆らって実験の終了前に研究室を後にしました。たとえ彼らには参加することで報酬が支払われたとしても、イェール大学の威厳ある施設で、非常に格式張った様子の研究者の指示のもとにあったとしても、その三五パーセントの参加者たちは権威に逆らったのです。さらに、ミルグラムが実験をわずかに調整すると、結果は劇的に変化しました。敷居の高いイェール大学の研究室ではなく、近くの町のオフィス内で実験を行うことで、服従度は六五パーセントから四八パーセントに低下しました。学習者が隣の部屋の見える所に位置すると、六〇パーセントの人が実験を中断しました。処罰のために電気ショック装置の上に学習者の手を参加者自らが置かなくてはならなくなったときには、中断者の数字は七〇パーセントまで上昇しました。参加者に「教師」の役の仲間に扮した二人の俳優が加わり、その両者が実験者に逆らったときには、九〇パーセントもの参加者たちが実験者に逆らいました。連帯が、彼らに権威に反抗する勇気を与えたようです。痛恨の思いを抱かずに従う参加者はほとんどいませんでした。多くの人が唇を噛み、実験が進行するにつれてうめき声を漏らしました。他の人々は、彼らの共感に基づく懸念をより明白に示しました。電圧を上げるよう実験者から言われると、ある人は「彼が今受けている分の電気ショックを、自分が代わりに受けたいと思います」と答えて、即座に実験を中止しました。

その後、他の心理学者による再実験の試みは、ミルグラムの結果についてもわたしたちは慎重になるべきだと思わせるのです。同じような服従度を示している者もいれば、そうでない人もいます。米国での他いくつかの調査では、服従率が六五パーセントではなく、三〇パーセントと低いことが明らかになりました。オーストラリアでは二八パーセントとなり、被験者がすべて女性の場合にはわずか一六パーセントという数値にまで下がりました[10]。

この数値変動は、権威への服従は単に人間性に組み込まれた先天的特質ではなく、むしろ状況や文化にかなり繊細に影響を受けていることをわたしたちに示しています。これは実のところ、ミルグラム自身の信じている考えそのものでした。「今世紀の社会心理学は、大きな教訓を明示しています。多くの場合、人がどのような人間であるかではなく、どのような状況に置かれているかが、その人がどのような行動を取るかを決定する[11]」とミルグラムは書いています。一方で、権威に従うという気質は、大多数のわたしたちの内に秘められているということを受け入れなくてはなりません。「法律に従いなさい」、「規則に従いなさい」、ただ「行儀よくしなさい」と、それが職場であろうがサッカー場であろうが、数々のするべきことを言い聞かせられながら、わたしたちは親や教師から早い時期に服従の文化を学び、大人になるまでに、ゆっくりと吸収していくのです。わたしたちはみんな、権威への服従をあまりにも簡単に自分の中に取り入れてしまい、わたしたちの共感本能を見捨てています。高い共感性を示す人々を作り出すのは、共感的な行動が必要になったとき、権威に逆らう彼らの意志と能力なのです。

距離

地球は縮んでいるように思えます。都市伝説によると、わたしたち一人一人のあいだにはたった「角度六度のズレ」しかないそうです。わたしたちは、インターネット、携帯電話、衛星受信機などの世界的ネットワークによって、かつてないほど一体化されています。カイロのデモで若い女性が殺されると、ツイッターやその他のソーシャルメディアのおかげで、わずか数時間のうちに世界中の何十万もの人々が彼女の写真を見、また彼女の名前を知ることになるのです。

とは言うものの、空間的な距離は共感の広がりの障害となります。それが見知らぬ人々であったり、彼らの生活が見慣れない遠く離れたところにあったりすれば、彼らに気配りをする包容力に火をつけにくいのです。ピーター・シンガーも含めてですが、多くの哲学者たちがこの問題を議論しています。彼らは、距離はわたしたちの道徳的判断に影響をおよぼさないだろうと主張します。地元の公園で、目の前に溺れそうな子どもを見て、助けようとするのと同じように、アフリカの飢えた子どもを救助しなければならないと感じるはずです。[12]しかし、その他の思想家は、なぜか現実には、距離の隔たりがわたしたちの道徳的な関与の度合いを低下させると認めています。アダム・スミスは、一八世紀にこれに気づいていました。

突然の天変地異のような地震で、偉大な中華帝国がその無限大の数の住民とともに呑み込まれたと仮定してみよう。そして、そんな地球の彼方とのつながりをまったくもたないヨーロッパ人の人間性は、この恐ろしい災害の知らせを聞かされ、どのように震撼されるかを考えてみよう。思うに、まず第一の反応は、この不幸な人々が遭遇した災難に哀悼の意を表するであろうことである。定めなき人の命のはかなさに、大いに気鬱を発するであろう。……そして、こうしたけっこうな哲学が止んだ後、さまざまな人間的情感を一度かなりの程度に表出し終えたのち、自分の仕事や好きな趣味に戻り、あたかもそのような惨事が起こらなかったかのような穏やかさと静寂とともに気分転換をし、落ち着きを取り戻していくのだ。もっともやっかいな災害が彼自身に襲いかかったとすれば、もっと切迫した騒動となる。明日、小指を失うと知っていたら今夜、彼は眠らない。しかし、もし彼が一度も会ったことのない人々に降りかかったものならば、一億人にも達する同じ人類の滅亡を枕にして、彼は心の底から安心し、いびきをかいて休めるのだ。このような夥《おびただ》しい人々の壊滅でさえ単なる一つの出来事に過ぎず、彼自身を見舞う些細な不幸な出来事に比べれば、たいして興味を掻き立てないのだ。[13]

今日でもこれはさほど変わっていません。それが中国で起きた地震であろうが、アフリカの角〔インド洋と紅海に向かって「角」のように突き出たアフリカ大陸東部の呼称〕で餓死寸前の何百万人もの人々であろうが、大多数の人々は遠くの土地で起きた悲劇的なニュースを聞いて、行動に移すのは難しいと感じるのです。同様に、わたしたちが起こした行動に対して、距離がその影響の重大性からわたしたちを遮断するとき、どんなことでもやりかねないのです。一九四五年八月、広島に最初の原爆を落としたパイロットは一四万人もの犠牲者の顔を決して見ることなく、のちにはこう言ったのです。罪悪感や後悔を感じることなく、任務を果たしたのだ、と。(14)

わたしたちの大部分にとって、もっとも強い道徳的かつ共感的な絆は、そのほとんどが家族と地元のコミュニティのメンバーに向けられたものです（しかし、兄弟や親に対する愛情を感じることのない人も、もちろん一部にはいます）。中国の近年の地震による無数の被害者よりも、わたしは自分の幼い双子をずっと大切に思っていることを、ためらうことなく認めます。これは、「仁」あるいは「徳」という儒教倫理の教えに直観的に強く惹きつけられる理由なのかもしれません。この思想では、わたしたちの最大の倫理的義務は血縁者を対象にすべきであり、そこから次第に周辺へと、友人、隣人、そして社会全体、さらには全人類へと、その環を広げていくべきものなのです。そして環の辺縁にいる人々が、わたしたちに慈悲・共苦を求める機会はほとんどないのです。わたしはこれが原則だとはしませんが、多くの人々の倫理感が、実際にどのように機能しているのかについての、おおむね正しい経験的記述であると信じています。

ところで、距離は単なる空間的な現象ではありません。社会的距離は人との共感的なつながりの障害でもあります。例えば、学歴、民族性、宗教など、何らかの点で自分たちと社会的に似ている人々に対してはより共感する傾向があるかもしれません。科学史研究家のマーク・ホニグスバウムは次のように述べています。「正しい道理からは程遠く、共感はわたしたちをしばしば道から外れさせてしまいます。裁判官たちが社会的背景を共有しているホワイトカラーの犯罪者たちに甘い判断をするときのように[15]」。この現象の反転画像なのですが、たとえ隣に住んでいても、社会的背景の違いから、その人々と共感できないことがあります。こうして、見知らぬ人や自分たちの「仲間内」以外の人々の目を通してものを見るための努力を続け、高い共感力をもった人々はこの障壁を克服しようと躍起になっているのです。

空間的かつ社会的距離とは別に、第三の型として「時間的距離」も共感の可能性を弱めます。わたしたちは自分の子どもたちや孫たちの安否を気にします。しかし、その絆は曾孫となると弱くなり始め、今から一世紀も先の見知らぬ人々の前途を考慮するなどということは、ほとんど皆無です。二一〇〇年のベルファストやムンバイに住む一〇代の子どもが地球温暖化をどのように考えたり、感じたりするだろうかなどということを容易に想像することができるでしょうか？　そもそも本当に気づかうことなど果たしてできるのでしょうか？　わたしたち自身を彼らの人生に投影し、奥深い情感的な絆を経験することはとても難しいことです。進化生物学者J・B・S・ホールデンは、半ば冗談まじりに揶揄し、「わたしは三人の子どもや六人の孫のためには、幸せに死ぬことができるだろう」と、時間的な距離の問題を認めています。そして、時を超えて共感するわたしたちの能力は、心理学的進化においてごく初期段階にとどまっています。そして、これは人類最大の倫理的な失敗の一つなのかもしれません。

わたしたちが当面している共感に向けた挑戦は、空間的・時間的・社会的背景において遠く離れている人々を、わたしたちの思いやりの輪に引き込んで、想像力によってもっと容易にその人々と触れ合うことができるよう、可能な限り距離を縮めることなのです。

拒否

あなたは新聞に載っている、遠くの国の飢えた子どもたちの写真や民間人の戦争犠牲者の写真をどのくらいの頻度で見たことがありますか？　それによって情感的または共感的な気持ちが少しでも動いたでしょうか？　この現象の一般的な説明としては、心理的な疲労困憊状態が、地球上のあらゆるところから送られてくる気の滅入るような話題や映像の集中攻撃によって惹き起こされていて、わたしたちは「同情疲労」や「共感疲労」に陥っているということです[16]。文化批評家スーザン・ソンタグが「映像は麻酔をかける」の中で、これに類似する説明をしています。今、わたしたちは飢えて骨が出るほどにやせ衰えた子どもたちの写真を数え切れないほど見てきたため、それはもはや特段のことではなくなっているのです。ピンク・フロイドの言葉を借りるなら、わたしたちは、心地よく鈍化（Comfortably Numb）してきているのです[17]。

社会学者スタンリー・コーエンの本、『拒絶状態』（*States of Denial : Knowing about Atrocities and Suffering*）では、共感疲労のより深い説明がなされています。コーエンは、「拒絶文化」の産物であるわたしたちは、残虐行為や苦難について知ることができるにもかかわらず、それらを遮断し、何の行動も起こさず、「見て見ぬふりをする」と主張します。「不安や脅迫、そして異常な情報を十分に吸収し、公に知らせていくには、人々も、組織も、政府も、あるいは社会全体にも、あまりにも多くのものが氾濫し過ぎている」と彼は書いています。「したがって、情報は何らかのかたちで制止され、否定され、横に押しやられ、解釈を変更されたりします」。わたしたちは知ることと知らないこととのあいだの、どちらともつかない中間地帯に生きているのです[18]。

なぜ、わたしたちはしばしば共感を排除する拒絶状態に逃げ込むのでしょうか？　もしかすると、知ることで恥辱や罪悪感を感じてしまいますが、逆に知らなければ他方に恵まれた生活があるので、知りたくないということなのかもしれません。わたしたちの行為や怠慢さのいずれかによって、何らかの責任が自分たちにあるかもしれないと思うとき、そのことを認めたくないので、ときには目を背けることもあります。他人の苦しみを和らげるための行動を起こす必要はないという好都合な理由を作り上げたりして、人間は自分自身を守ることにとても長《た》けているのです。例えば、バングラデシュの洪水被災者には同情するかもしれませんが、個人的な行動はそのような大きな問題に何の影響も与えないし、または援助機関や腐敗した地方公務員によって寄付金が悪用されてしまうかもしれないと、自分自身に言い聞かせます。高い共感力の持ち主たちは、そのような推論は、罪悪感や道徳的責任から逃れるために仕組まれた拒絶のかたちであり、彼らの共感力それ自体の中心が蝕《むしば》まれてしまうと、強い危機感をもっています。

わたしがここまでに記してきた、偏見、権威、距離、否定という四つの障壁は、大変やっかいな障害物です。ところが、わたしたちの多くにはそれに抵抗する力があり、高度に共感的な人間へと、自分たちを変えることができることにわたしは望みをつないでいます。なぜ楽観的でいられるのでしょうか？　これらの障害は、人間の本質に深く組み込まれた特質ではなく、むしろ主に文化、社会、政治が生み出したものであるという認識があるからです。ということは、わたしたちは個人としても地域社会としても、それらに挑戦していく方法を見つけることができるはずなのです。わたしたちは偏見にまみれた教育を受けてしまっているかもしれませんが、使用すべく暗黙のうちに教えられた非人道的なレッテルを拒否することはできるはずです。共感は、権威の力と頑固に闘わなければなりませんが、歴史書は服従ばかりではなく、異議に満ちています。他国に生きる、見知らぬ人々の個人史を聞けば、わたしたちは距離を克服することができます。拒絶の誘惑に惑わされず、わたしたちの内的な強さ、誠実性、好奇心を惹き出して、苦しみを否定するのではなく、それと向き合うという選択もできるのです。

障害を真っ向から見つめ、いまそれらを乗り越える方法を見つけることに着手するのです。わたしは共感への独創的跳躍を遂げるためには、三つのステップが必要であると思っています。わたしたちは「他者」に人間性を取り戻さなくてはなりません。そしてその次には自分たちが何を共有し、何を共有していないのかを見つけ出し、最終的にわたしたちの敵とも共感する必要があるのです。

「他者」を人間に戻す

他者の人間性や個性や独自性を認めずに、自分たちより劣っている存在として扱っていれば、共感は萎縮《いしゅく》して死んでしまいます。それは自明のことです。しかし、人間として人を扱う、また哲学者が言うように「他者」を人間に戻す、とはいったいどういう意味なのでしょうか[19]? そして、いったいあなたはそれをどのように実践するのでしょうか? その答えはオスカー・シンドラーの人生にあるのかもしれません。シンドラーは、高級なコニャックと色っぽい秘書(彼は浮気の常習者でした)を好む荒々しいナチのビジネスマンから、ホロコーストからの救済者の中でもっとも有名な人物の一人に変貌を遂げました。

シンドラーの事例がとても面白いのは、彼の変身がまったく予想外だったということです。第二次世界大戦の当初、彼は完全なるナチス党員でした。忠実な党員として、折り襟にピンで留めたハーケンクロイツ(swastika 鉤十字)を身に着けた、アプヴェーア(軍事諜報部)のための情報提供者でした。シンドラーは占領下のポーランドで、ユダヤ人企業の強制徴用を利用し、南部の都市クラクフにおいてホーロー製容器の工場を立ち上げ、ドイツ兵士のために機材を生産していました。ポーランドの労働者を雇用するよりはるかに安かったので、良心の呵責も感じず、彼は強制徴用されたユダヤ人労働者を使っていました。彼らユダヤ人の「賃金」は親衛隊(SS)に直接支払われたのでした。シンドラーは、ナチの最高指揮官や官僚たちのご機嫌をとりながら雑談をし、夜を過ごしていたのです。せっせと飲物を勧め、女の子を用意し、軍事契約を手にするために彼らに賄賂を提供したりしながら。それらは彼に莫大な利益をもたらし、高級な太い葉巻やダブルスーツの贅沢な生活を維持することができたのです。

シンドラーは、ヒトラーやゲッベルスのような凶暴な反ユダヤ主義者ではなく、むしろ他の多くの人々のように、ユダヤ人に対して無関心な態度を取り、彼らを自分自身の利益のために簡単に利用できると考えていたのです。戦争終結までに、彼が自分の命を危険にさらし、ユダヤ人の工場労働者をアウシュヴィッツでの虐殺から救済するために巨額の賄賂を払うとは、一九四〇年には誰も予測しなかったでしょう。彼のこの根源的な回心体験を、何によって説明できるでしょうか？　これにかかわった数年のあいだに、シンドラーに極めて興味深いことが起こりました。彼はユダヤ人を人間として見始めたのです。

そのすべては、彼のユダヤ人会計士イツァーク・シュテルンから始まりました。もとは形式的なビジネス上の関係が、ゆっくりと友情へと変わっていきました。トマス・キニーリーの念入りに研究されたドキュメンタリー小説、『シンドラーの箱舟』によれば、「シュテルンは、オスカー〔シンドラー〕の唯一の聴罪司祭でした」。毎日の会話を通して、シンドラーは、シュテルンの人生を見出すことになります。そして、飢えと恐怖、ドイツ軍による銃の乱射、これらが支配するクラクフのゲットーでの衝撃的な経験も。その結果、シュテルンは、シンドラーの目には多くの労働者の一人ではなく、特別な個人へと変化していきました。シンドラーの人間的な個としての存在への気づきは、他の労働者に対しても拡大していきました。彼らの名前を覚え、彼ら自身の迫害の物語を学んでいったのでした。

一九四二年六月八日、クラクフ郊外の丘の上で愛人イングリッドを伴って乗馬しているとき、シンドラーを共感的な顕現の瞬間が襲います。ゲットーを見降ろすと、ユダヤ人のゲットーを一掃するための組織的対応である、親衛隊作戦（SS Aktion）がまさに進行中でした。人々は家から追いたてられ、集められ、犬にひっかかれ、殴られ、そして道端で至近距離から射殺されていました。この酷い虐殺はシンドラーの気分を悪くさせただけではありません。やがて彼は、大混乱の中をさまよっている赤いコートを着、帽子をかぶった小さな女の子に気づかされます。その女の子は、親衛隊の兵士に逆らうかのように暴れ、さまよっていました。その赤い服の女の子は立ち止まり、兵士が男の子の頭を足で踏み潰し、男の子の首の後ろから銃を発射するのをじっと見ていました。シンドラーは、それを目撃します。この女の子は、シンドラーにとってなぜか、クラクフのユダヤ人居住者の個性と人間性を代表するようになり、ナチスの暴力の悲惨さを彼の心に刻み込みました。「この日を境に、思慮のある人はこれから何が起こるかを想像できるはずだ。わたしはこのとき、この体制を打倒するために自分にできる限りのことをすると決心した」と彼はのちに断言しています。

そして、それこそがまさしく彼がやってのけたことでした。街のユダヤ人が一九四二年の秋に、サディスティックな指揮官アーモン・レオポルト・ゲートの支配下にあるプワシュフ付近の新しい強制収容所に移されたとき、シンドラーはその門のすぐ外で自分の工場を続けられるよう、当局に賄賂を渡しました。彼の労働者たちがひそかに余分の食料配給を受けていること、嚙みつく犬や親衛隊兵士の暴行がないことも確認しました。家族が一緒にいられるようにと、弾丸固定具の内部をきれいにすることができる手先の器用な子どもの労働者が必要だと言ったり、片腕を失った男は貴重な機械技術者であると作り話をしたりして親衛隊当局とわたりあったのでした。

戦争終結に際して、プワシュフ強制収容所は閉鎖され、その囚人たちはアウシュヴィッツなどの死の収容所に移送されました。シンドラーは自分の莫大な財産を投げ出し、指揮官ゲートやその他大勢の人々に賄賂を送り、死の収容所ではなく、ブルニェネッツの国境を越えて、チェコスロバキアにあるシンドラーが建設していた新しい軍需工場に、彼の労働者やその家族が送られるようにしました。こうして助けられた一一〇〇名の人々は「シンドラーのリスト」に名前が記されました。これは、スティーヴン・スピルバーグ監督の映画『シンドラーのリスト』（トマス・キニーリーの原作『シンドラーの箱船』に基づいている）で広く知られました。シンドラーの指示のもとに彼らが製造した破裂弾とロケットの薬莢《やっきょう》は不良品でした。ナチスの官僚が電報で不満を寄せたとき、「これは最高の誕生日プレゼントだ。わたしの製品によって貧しい人々が殺されていないことが、今わかった[20]」と彼はシュテルンに向かって叫びました。

ブルニェネッツへの大規模で危険な移送は、最終的にはこの上ない結果をもたらしました。平和がようやく宣言されたとき、リストに載っていた人の大部分はまだ生き残っていたのです。現在、ポーランドには五〇〇〇人未満のユダヤ人が残っているだけですが、シンドラーが助けた、世界中にいるユダヤ人の子孫は六〇〇〇人を越えています。

なぜシンドラーは、リストに載っていた人々を救うために、自分の財産を犠牲にしたのでしょうか？　自身も投獄と処刑の危険性があるにもかかわらず、なぜ彼はクラクフのゲットーからユダヤ人家族を救ったのでしょうか？　ある人にとっては、彼の行動は理解しがたいでしょう。「彼の動機を説明できる者は、誰一人いなかった」と、シンドラーによって救われた生存者の一人は証言しています。[21]その他の多くのホロコーストからの救済者のように、彼は宗教によって突き動かされたのでしょうか[22]？　そうとは思えません。シンドラーは、彼の父のように堕落したカトリック教徒でした。彼の根本的な動機は、行動の説明を求められたときの彼の発言に要約されているとわたしは思います。「わたしは、わたしのために働いてくれた人々を知っていた。知り合いになった人々に対して、人として振る舞うのは当然のことだ[23]」。

いかにも複雑そうに見えて実はシンプルな答えが、その中にはあるのです。それは、人を知るということです。シンドラーの物語は、わたしたちに語っています。共感の行為は、他の人の目をしっかりと見て、名前を知り、そしてその人の個性を認めることから始まるのです。それは、偏見と固定観念に逆らって、彼の人間性を認めることです。中傷しろと命じる権力に従うことなく、拒絶することです。思いやりをもって一人一人の人間と向き合う力は、もっと広い人々の輪とともに共感する足がかりになることでしょう。シンドラーの身に起こったように、シュテルンや他の労働者たちとの個人的な関係が、ユダヤ人の苦しみに対して、シンドラーをして深い同志愛を抱かせるようになったのです[24]。わたしたちの共感する能力は固定したものではなく、一生を通して変化し、そして発展する可能性があることも、シンドラーはわたしたちに気づかせてくれました。もっともそれらしからぬ人々でさえ、適切な状況がそろえば、想像力を跳躍させ、その結果、行動は惹き起こされるのです。

これはシンドラーが、ラウル・ワレンバーグのようなホロコーストからの救済者によく適用されているレッテル、「崇高な聖者」だったことを意味するものでは決してありません。特に戦争の初期に、シンドラーはより利己的な動機をもち、ユダヤ人労働者を使っており、保護していたのは彼らがこのビジネスで利益を上げることに必要だったからに過ぎないのです。そして、一部の若いユダヤ人女性を救ったのは単に彼の好みの女性だったからかもしれません。その意味で、彼の人道的な行為は、個人主義的であり、かつ利己主義的な動機が混在している状態から始まりました。

オスカー・シンドラーは異常な時代に生きた並外れの人でした。しかし、彼の人生が発するメッセージは、今になってこれまで以上に的を射たものになりました。ヨーロッパ全域で今日見られる、右派ポピュリズムの復活は、反ユダヤ主義の古い悪夢や、ジプシー（ロマ）とイスラーム教徒に対する差別を呼び起こしています。さらに、新自由主義的な個人主義と公的サービスの崩壊は、一九世紀以来目にすることのなかった無慈悲な文化を作り出しています。そこでは、子どもの貧困などのような社会的悲劇に対してますます無関心になっているのです。ここで危険なのは、わたしたちが人間の苦しみに対して傍観者になってしまうことです。オスカー・シンドラーは、そのあらゆる欠点や矛盾はあったとしても、傍観者ではありませんでした。

戦後、シンドラーが受けた多くの人道的称賛の一つは、マルティン・ブーバー賞でした。一九三〇年代にナチス・ドイツを逃れたオーストリア生まれのユダヤ人神学者にして哲学者のマルティン・ブーバーにちなんで名づけられた賞です。ブーバーの理念は、二〇世紀の思想家の誰よりも、「他者」を人間に戻す、想像力豊かな共感的行為の真髄をとらえています。

ブーバーの著書『我と汝』（植田重雄訳、岩波文庫、一九七九年）は、わたしたちのかかわることができる二種類の関係性の型について記述しています。彼が挙げるその一つは「我‐それ」、すなわち人間性や個性をもたない「それ」として、言い換えれば他者を物として扱う場合です。特にわたしたちが、蔑視的な固定観念に基づいて人々にレッテルを貼ったり、偏見をもったりする場合にこれは起こります。二つ目に挙げる他者との関係、それをブーバーは「我と汝」と呼んでいます。これは、他人をあなた自身と同じように唯一無二の存在として扱い、彼らの目を通して世界を見る努力をし、彼らの思いや気持ちを理解しようとすることです。他者と「かかわり合う」、そして彼らがいったい誰なのかを発見するための努力として、ブーバーは「我と汝の対話」について語っています。わたしたちは十全に人間になることができます。ただそれは、「我と汝」の概念を取り入れた、「本当の会話」ができたとき、そして他の人々にとっての現実を想像する努力をしたときだけだとブーバーは言います。

わたしはまさにこの瞬間に、他の人が今何を望み、感じ、気づき、考えているのだろうかと、その客観的な内容ではなく、その人の生きている過程であるところの、まさしく彼の現実性を想像する。……自己のもっとも深い内奥における本質的な成長は、人間と人間との関係において成し遂げられるものであって、多くの人が今日考えているように、自分自身との関係だけでは成し遂げられない(25)。

どのようにしてわたしたちは、ブーバーの哲学の教訓をわたしたち自身の生活に活用し、シンドラーのように、他者を人間に戻し、彼らと「我と汝」の関係を築くことができるのでしょうか？　一つの方法は、向かい合って語り合うことです。それが、「我-それ」の障害を打破する助けをしてくれます（これについては、次の章の主題となります）。しかし、他に三つの、この過程に弾みをつける方法があります。

まず第一歩は、何らかのかたちでかかわっているかもしれない、わたしたちの日常生活の陰に隠れてしまっている、そうしたすべての人々に気づく力を身につけること、それによって、わたしたちの人間的な想像力を育てることです。宗教思想家カレン・アームストロングは、仏教に触発された行《ぎょう》を引き受けることによってそれが可能になると提案しています。それは、わたしたちの日常的な行動範囲にいるすべての人に気づき、気配りをするマインドフルな日を過ごすことです。

あなたの敷布のその綿、その綿の苗を植え、採集し、紡いだ人々、そしてあなたが朝に飲むために挽くコーヒー豆、その豆を採取し、処理し、輸出した人々を、あなたが朝、目覚めたとき、思い起こしてください。あなたは彼らの手になる産物を楽しんでいるのです。特に、もし彼らが劣悪な環境で働いているとしたら、あなたは彼らに対して責任があるのです。あなたが仕事に出かけようとするときに使う、道路、車、鉄道、飛行機、電車、地下鉄など、それらを維持している何千人もの労働者やエンジニアのことを深く考えてみてください。この作業を一日中続けましょう。(26)

この訓練に取り組むことは、世間一般の人への配慮を深める方法であるとアームストロングは主張します。「あなたが一度も会ったことはなく、はるか彼方に住んでいるかもしれない人々に、どれほど依存しているのかを正しく理解する助け」になり、最終的にその人々のために行動するように導くのです。

第二の手引きは、空想的「人格ゲーム」をすることです。あなたは今会議に出席しています。そして、見るからに情感の欠乏した冷淡な実業家と対面しています。彼は、あなたが当然のように「それ」として扱ってしまいそうなタイプの人です。このゲームでは、彼を違った風に、もっと人間的な装いに変えて想像する、それだけです。例えば、彼が三歳の自分の息子とかくれんぼをしているところ、高齢の彼の母親を元気づけるために歌ったりしているところなどを空想するのです。そうすることで、あなたの彼に対する話し方や選ぶ話題なども微妙に変わるかもしれません。冷たく堅苦しい外観の陰にいる彼は、もしかするとあなたが空想していたような人に近いかもしれないのです。同じように、一見むっつりした前かがみの一〇代の少女が道端で喫煙しているのを見れば、あなたの偏見は強まるかもしれません。しかし、彼女はびっくりするような次世代のリーダーかもしれませんし、優れた詩人かもしれないことを考えてみてください。創造的な読み聞かせの一形態であるこの応用練習は、人々に人間の顔を与え、わたしたちの型にはまった考え方をあばき出し、つながりと会話を始める新たなチャンスに向かってわたしたちを解放します。

大学を卒業して、シドニーで電話販売員として働いた後に、わたしはさまざまな人格ゲームを思いつきました。わたしの短くて不成功に終わった職歴には、子ども向けの百科事典、レーザープリンターのトナー、税務助言システム・セット、コピー複合機などの販売が含まれていました。わたしはこの仕事が大嫌いでした。勤務中の支配人は、早く取り引きを成立させるようにと、わたしたちを身振り手振りで急き立て、売上目標に到達できていないとがなりたて、常にあたりを行ったり来たりしていました。わたしが電話をした大部分の人々は、彼らの日常生活を乱されたことに苛立っており、わたしは定期的にひどい暴言の的にされました。ですから今、わたしが自分の家でセールスの電話を受けるとき、電話してきた人は、わたしが二〇年前に受けた厳しい扱いと同じような事態に直面しているであろうことを想像するようにしています。彼らの夕方を冷たい電話のやりとりで費やすよりは、多分、システム・エンジニアリングの修士号に備えて勉強するか、彼らの姉妹を訪ね、その生後間もない赤ちゃんと会いたいに違いないのです。受話器の向こう側にいる人の人生を想像すると、無作法でぶっきらぼうに電話を切るよりも、丁寧に彼らを扱おうという気持ちになります。これは顔の見えないデジタル化による分断の隙間を埋めるために、わたしができる最小限のことです。

わたしたちの想像力に人間性を与えるための戦略の最後は、わたしたちが人々に対して抱く思い込みに、いくつかの鋭い疑問を向けることです。そうすれば、自己への意識を高め、心の奥に隠されているいろいろな偏見を、それと同定できるようになります。

* あなたがどんな人間であるかについて、他者はどのような憶測を抱くのでしょうか？　そして、それはどれくらい的を射ていますか？
* あなたの他者に対する憶測や判断が誤っていた三つの例を考えてみましょう。あなたの誤りは、どんな結果をもたらしたのでしょうか？　また、なぜそれが問題だったのでしょうか？
* あなたはどれくらい頻繁に、またどのようなタイプの人に憶測をもつのでしょうか？

最後の質問を考える手助けとして、たとえそれがあなたのオフィスの警備員であろうが、あなたの妹の新しい彼氏で、身体中に入れ墨を入れた男であろうが、四六時中、何の理由もなしに憶測したり、外見で人を判断したりしている自分に気づくことができるかどうかやってみましょう。会議中に沈黙している同僚がいれば、多分興味を惹く意見はないのだろうと推測してしまいますが、そんなときに会話を始めると、彼らの本当の考えやその沈黙の真の原因を知ることになるかもしれません。自分自身が間違っていることを知る、それが共感教育の一番の近道の一つです。

他者の人間性を認めることは、最初のほんの一歩に過ぎません。彼らの人生に、想像的に跳び込む習慣を育てる最初の一歩です。わたしたちは、彼らを自分と同じ一個人として見ることができるようになったかもしれません。しかしながら、希望、恐怖、信念、そして抱負など、その内なる世界の詳細な肖像はまだとらえきれずにいるかもしれないのです。もし、その気持ちやニーズに適切に応えたいのなら、よりいっそう高い共感の正確さを目指さなくてはなりません。わたしたちは二歩目を踏み出さなければなりません。他者とわかち合えるもの、そしてわかち合えないものの両方を見つけ出すのです。

何を共有し、何を共有していないかの発見

アダム・スミスの『道徳感情論』は、おそらく共感の術に関する最初の参考書でした。彼は繰り返し、わたしたちのエゴを捨て、他の人々の感情や経験の微妙な動きに心を添わせる努力が必要だと強調しました。

傍観者はまず第一に、自分自身を他の人の状況に置く努力をできる限りしなければならず、そしてその苦しんでいる人に起こりうる、どんな小さな苦痛の状況も、切実に自覚しなくてはならない。……わたしが、あなたのたった一人の息子を失ったことに、哀悼の意を表するとき、あなたの深い悲しみに触れるためには、ある人格をもつ職業人としてのわたしに、もし息子がいて、不幸にもその息子が死んでしまうようなことがあれば、どんなに苦しむだろうなどとは考えない。しかし、わたしがまさしくあなただとしたら、その状況を交換するだけではなく、人間性や性格までわたしがあなたになり替わったら、どんなに苦しむだろうと考える。したがってわたしの悲しみは、すべてあなたのためだけのものであり、まったくわたし自身のためではない。それゆえ、利己的なものではない(27)。

スミスがここでは言及していないことがあります。それは、わたしたちが他の人たちの精神的な風景に感覚を研ぎ澄まし、一般的な経験において視点を重ね合わせることができたとき、他人の靴を履いてみる能力〔自分を他人の立場に置く能力〕が高められるということです。共感力の高い人々は、たとえその人々が馴染みのない異星人のように見えたとしても、彼らと共有しているものが何かないかと常に探し求めています。わたしたち自身の苦しみは、他の人の人生へのもっとも効果的な導線の一つなのです。たしかに共感は、喜びの集合にも見出すことができます。それは一九九〇年代の狂乱の中で、エクスタシー錠剤を飲んだ多くの人々に起こりました。そのドラッグはダンスフロアーにおいて彼らに、他の人々と共感的につながっているという共有感と多幸感を与えました（奇妙な話ですが、初期のエクスタシー開発者は、その共感感覚を生み出す成分を「エンパシー」と名づけたかったようですが、人気を呼びそうになかったので止めたということです）[28]。しかしながら、痛み、不安、喪失という共通の経験を基《もとい》に、もっとも中核を形成するようなかたちの共感が築かれるということにはほとんど疑う余地がありません。それがまさしく一九世紀の小説家ハリエット・ビーチャー・ストウ（ストウ夫人）に起こったことです。

ストウ夫人は、一八一一年にプロテスタント正統派で知的な宣教師一族の家庭に生まれました。ニューイングランドで成長し、そして西へと移動してシンシナティに移り住みました。彼女は恵まれた環境で育ちました。優雅な家々が立ち並ぶ地域に暮らし、彼女の社会階層では一般的だった、身の回りの世話をする黒人の使用人がいることが当たり前でした[29]。

当時の大きな政治問題は、奴隷制度でした。南部諸州の、特に綿花の栽培地に根づいた奴隷社会の残虐性と非人道性に対して、北部の諸州から反対の声が高まります。ストウ夫人の兄弟のうち何人かは奴隷制度廃止派でした。新聞紙上はこの問題をめぐる討論でもち切りだったにもかかわらず、一八四〇年代になって盛り上がってきた奴隷廃止への動きにも、彼女はほとんど関心を示さず、女性の教育機会を拡大する権利や育児により強く関心を寄せていました。

一八五二年に『アンクル・トムの小屋』〔丸谷才一訳、河出書房新社、一九九三年〕が発表されると、力強く感動的な物語が奴隷制度に反対する政治的パンフレットのような効果を発揮し、ストウ夫人は世間の注目を浴びることになりました。南北戦争の前夜、一八六一年までに、その本は驚くべきことに四〇〇万部を売り上げます。翌年、彼女がエイブラハム・リンカーンと面会したとき、「あなたが、この内戦を勃発させる本を書いた、小さな女性なのですね」という言葉が彼女を苛立たせたと言われています。

それは疑いなく、これまでに書かれたものの中でもっとも広く読まれ、影響力のあった小説の一つです。現在では多くの人々が、この作家の過度のメロドラマ性やアフリカ系アメリカ人をめぐる感傷的な表現を退けつつも、その叙述の力は、人間の売買、血のにじむような強制労働、暴力、虐殺など、奴隷制度をめぐる歴史上の事実に根差していることを認めています。この本が貴重なのはその文学的価値にではなく、「それが現実の世界に真剣に向き合おうとしている作品」だという点にあります。そのため、ジョージ・オーウェルはそれを「良くて悪い本」と表現しました。その価値は、文学的美点にではなく、真剣であろうとしていること、現実の世界を扱おうと挑戦しているところにあるということなのです。

しかし、不可解です。ストウ夫人に『アンクル・トムの小屋』を書かせた動機は何だったのでしょうか？なぜ、アフリカ系アメリカ人との接点は主に彼女の使用人に限られていて、南部にはほとんど行ったこともなかったこの上流階級の白人女性が、抑圧された少数者たちの窮状について、多くの国民が共感できるような小説を書いたのでしょうか？

何よりも、それは一人の子どものためだったのです。チャーリーは一八四八年に生まれた彼女の六番目のお気に入りの息子でした。ストウ夫人はチャーリーを「わたしの誇りと喜び」と称し、隠さずに、他の子どもたちよりもずっと愛情を注ぎ、気づかっていました。しかし、シンシナティ州を襲い、九〇〇〇人もの犠牲者を出したコレラの蔓延で、わずか一歳半のときにチャーリーは亡くなってしまいます。彼女の悲しみはこの上もありませんでした。ずたずたに苛まれ、打ちのめされました。身も心も消耗し、悪夢に悩まされました。苦しみを和らげることもできず、無力に見守るだけの彼女の目の前で、苦しみながら亡くなっていった息子の姿から、逃れることができなかったのです。

しかしながら、チャーリーの死は、彼女を奴隷制廃止論者に変え、『アンクル・トムの小屋』の物語を書く動機を与えました。この稀有な出来事が障壁を打ち破り、彼女を共感へと導いたのです。奴隷州のどこでも日常茶飯に行われていた売買のために、子どもたちを連れ去られた黒人女性の奴隷がどのように感じるかを、彼女はそのとき理解することができました。「子どもの死の床にあって、またその墓標に向かって、わたしは学んだのです。痛ましい奴隷の母親が、子どもが彼女から引き離されるときに感じるであろうことを」と彼女は書いています。日記から見つかった関連する記載で、「わたしは、わたしがした行為を書きました。なぜなら、女性として、母として、わたしが目にした悲惨さと不公平さにわたしは押しつぶされ、悲嘆にくれました。それを書いたのです[30]」と彼女は書き留めています。

ストウ夫人の息子の死が、鋭く耐え難い苦痛に満ちた、共感的な洞察の瞬間をもたらしました。母と子の別れというテーマが、彼女の小説に頻繁に登場することは驚くにあたりません。彼女自身の苦痛の経験を通して、ストウ夫人はさまざまな仕方で正反対の人々の人生の日々のありどころに足を踏み入れることとなり、こうして奴隷制廃止の戦いの中で決定的な役割を果たすことができたのです。

もし、わたしたちが自分の人生を振り返るなら、誰しも深い痛みと悲しみの経験をもっているので、わたしたちは共感の絆を創造し、分断された社会を架橋する手助けができるのです。わたしたち自身も親の

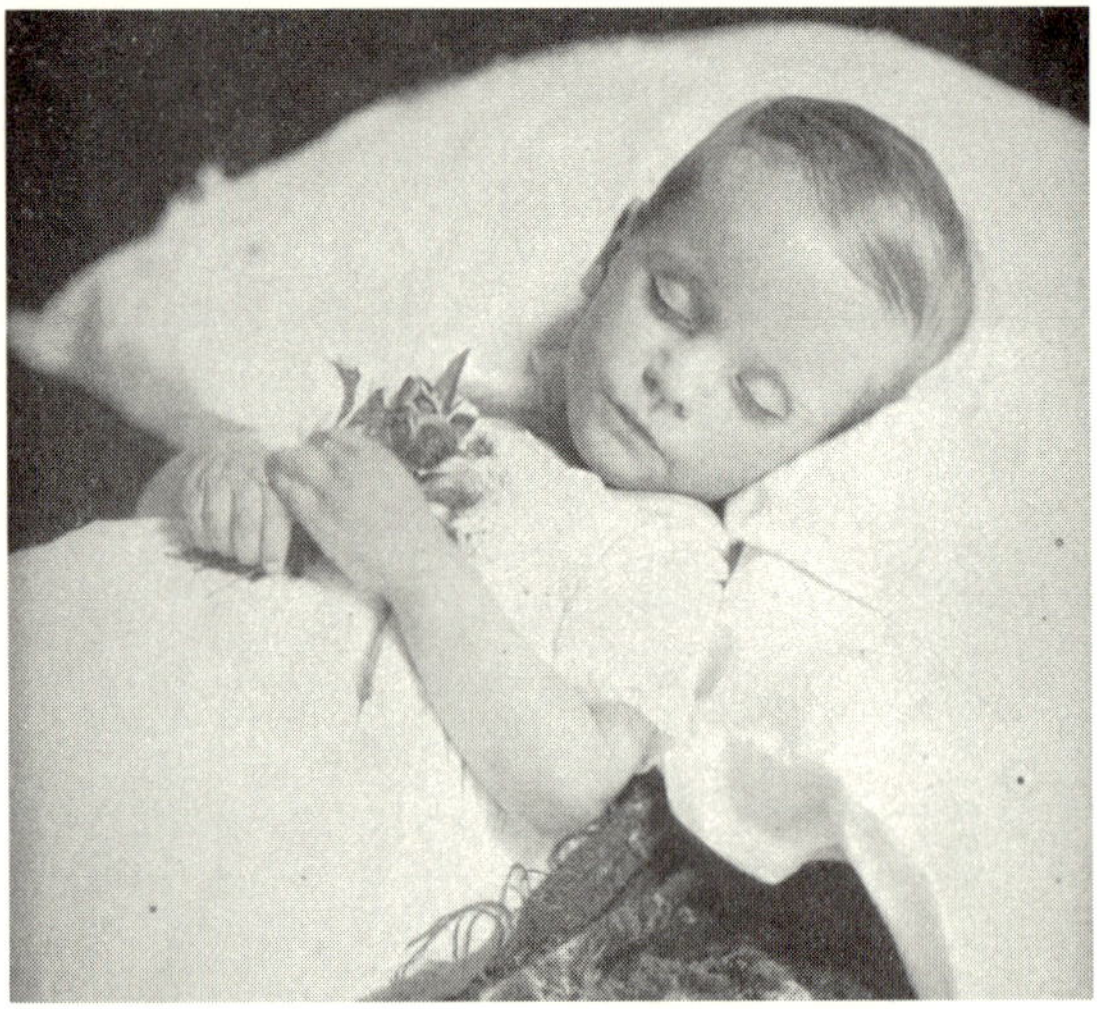

ハリエット・ビーチャー・ストウの息子，チャーリー．彼は1849年，コレラ菌によって命を奪われた．

死などの辛い経験を潜ってきているので、母親を亡くしたばかりの友人を慰めることができるでしょう。もし、わたしたちにも同じようなことが起きていたとしたら、解雇され、否定されたように感じたり、自身を見失ったりした誰かの、他人の靴を履く〔その人の立場に立って考える〕ことができるでしょう。

　こうした経験の共有が、人類史上もっともよく知られている道徳的な金言の一つである黄金律（ゴールデン・ルール）を実践にいかにあてはめればよいのかについての洞察力を、わたしたちに与えてくれます。「自分がして欲しいと思う仕方で、人に接しなさい」。枢軸時代〔紀元前八〇〇―三〇〇年〕には、仏教、儒教、ユダヤ教を含む世界の主要な宗教的伝統はみんな、いく通りかの黄金律の解釈を生み出しました。それはまた『マハーバーラタ』のようなヒンドゥー教の古典にも現れますし、キリスト教思想の中心的な教義でもあります。

　この黄金律はしばしば「共感の原理」と表現されています。[31] しかし、本当にそうなのでしょうか？　特に、共有する苦しみの認識を通じて、わたしたちの感情面の生活や経験が他の人のものと一致しているうちは、それは見事にかみ合うかもしれませんが、他の人の経験、文化、世界観がわたしたち自身のものと大きく異なる場合はどうでしょうか？　こうした場合、黄金律は必ずしも十分ではありません。なぜかといえば、わたしたちは自らに都合のいいように、人々に対するようになるかもしれず、それは彼らの立場からすると完全に不適切なものになる可能性があるからです。黄金律を超える、プラチナ・ルールとして知られるようになってきた、この新しい行動規範を次に考える必要があります。「相手がしてもらいたいと思う仕方で、人々に接しなさい[32]」。

学者にしてジャーナリストのロバート・ライトは、なぜ、あなたがして欲しいようにではなく、彼らがして欲しいように他者に接することが、それほど大事なのかを説明しています。

世界最大の問題の一つのは、特定の人々や集団が、他の人々や集団の視点から物事を見ることができずにいることです。つまり、「他者」の靴を想像上で履くことです。その痛みを感じるなどの、文字通り人々の感情を共有するという意味での共感について、わたしは語っているわけではありません。わたしは、相手の視点を理解し、認知する能力について語っているのです。ですから、アメリカ人にとってそれは、自分がアメリカ軍の占領する国に住み、アメリカからのドローン攻撃に見舞われた状況と同じです。これらの軍事行動が善意からのものであり、社会全体の利益のためなのだ、という多くのアメリカ人による想定談義に、あなたは承服し得ないでしょう。あなたは痛烈に腹を立てるに違いありません。アメリカが大嫌いになるに違いありません[33]。

ライトの叱責は、虐げられた人々の視点がその宗主国によって長きにわたって無視され続けたことに対する備忘録なのです。わたしが一九八〇年代初期にオーストラリアの高校に通っていたとき、例えば英国が一八世紀後半にオーストラリアを「恵み深く植民地化した」と、わたしたちは歴史の授業で教えられました。しかし、オーストラリアの原住民、アボリジニの人々は通常、この同じ出来事を、わたしの学校の教科書では決して目にしなかった「侵略」と表現しています。非原住民のオーストラリア人が、一七八八年の最初の植民船団の到来を、アボリジニの視点から見始めたのはつい近年になってからです。そして、共感的な想像力の展開はもっとずっと後の最近のことと言えるでしょう[34]。

他者が、わたしたちの倫理基準、好み、世界の解釈をわかち合うと考えてはいけないのです。高い共感力をもつ人々は、単に他人と共有しているものを発見しようとするのではなく、共有していないものも積極的に理解しようとするのです。共感の正確さを確実なものにするためのこの二通りのステップは、他の人の心へと想像的に跳躍するための中心軸になるのです。ですから、彼らの洞察に基づいて行動していくと、高度に鋭敏な共感主義者はゴールデン・ルールを当てはめるだけでなく、それを対極にあるプラチナ・ルールで補っていくのです。

プラチナ・ルールは、少し「似たところのあるゴールデン・ルールよりも、より想像力豊かなチャレンジを与えてくれます。それは、わたしたち自身の経験や見解を他の人に押しつけたくなる気持ちを抑えることを求めます。しかし、もちろん両方とも実践する意味はあり、どちらが状況にふさわしいかを識《し》り、学んでいくことに意味があるのです。もっとも簡単な方法は一カ月間の実験を行うことです。あなたが共感をもって行動する度に、ゴールデン・ルールかプラチナ・ルールかのどちらに従っているかを記録するのです。そこである日、一人ぼっちで寂しいだろうことを知っているので、歳を年を取った母親に電話をしようと考えたとします。そして、あなたも多分同じような状況ならば、誰かがあなたに電話をくれることを望むのです（ゴールデン・ルール[35]）。しかし、別の日には、あなた自身は気にならなくとも、あなたの友人がアパートに流れ込むタバコの臭いが嫌いなことを知っているので、彼女のベランダでタバコを吸うのを控えるのです（プラチナ・ルール）。

一カ月が経過した頃には、あなたは何を他人と共有しているのか、どこであなたの視点がその人と異なるのかということの両方を、あれこれ考える習慣が身につき始め、あなたは共感する人（ホモ・エンパシクス）にふさわしいゴールデン・ルールとプラチナ・ルールの両方の回路を備えた卓越した頭脳の持ち主となることでしょう。

敵と共感する

「わたしの人生は、わたしのメッセージです」とおそらく現代史上もっとも革命的な共感主義者のマハトマ・ガンディーは言いました。他の人の靴を履く〔他人の立場に立って考える〕に足を踏み入れることについて、彼の人生は何を教えてくれるのでしょうか？　ガンディーの共感的本能は、看護をめぐる彼の情熱にまずうかがえますが、それは彼が二六歳で南アフリカに移住し、弁護士として働き始めた直後のことでした。一八九九年にボーア戦争が勃発し、彼はイギリス軍のためにインド人一〇〇〇人以上のボランティア救急隊を組織しました。時には二〇マイル以上歩いて、戦場で負傷した兵士を迎えに行きました。そして、ナタールのズールー族の反乱の際、イギリス軍にむち打たれ、置き去りにされたズールー族を彼は看護しました。イギリス軍の常任の従軍看護師たちはズールー族の看護を拒否していました。ガンディーの場合、二つの紛争当事国のあいだに妥当する区別などなかったのです。

ガンディーのより明確な共感的生き方の実験は、一九一五年、インドに帰国してから始まりました。彼の最初の行為は、弁護士のスーツと糊の効いたワイシャツを脱ぎ捨て、貧しい人々の伝統的な衣服である長い腰布ドッティ（dhoti）やふんどし（loincloth）に着替えることでした。ガンディーは、アフマダーバード市の近くに「サバルマティ・アシュラム」を設立します。彼の大志は、「もっとも貧しい人々の人生を送ること」にありました。それは連帯と共感的な理解の行為としての抵抗運動なのです。政治的な演説をし、英国からのインド独立運動の先頭に立ちながら、彼と彼の妻および信者は、もっとも質素な食事をとり、粗末な避難小屋に住み、自給自足をし、自分の着る服まで自分で紡ぎ、やっと凌《しの》いでいる農民のようにして、何年も働きながら暮らします。彼はアシュラム〔ヒンドゥー教の僧院〕のカースト制度を廃止したので、通常は不可触民〔カースト制度の外側にあって、インドのヒンドゥー教社会において差別されてきた人々〕に限られた仕事の一つであった便所掃除さえもしなければなりませんでした。ガンディーはまったく欠点のない男というわけではありません。例えば、信じられないほど頑固な一面も見せました。しかし、彼の共感的な資質は疑いようがありません。(36)

もっとも貧しいインド人の日常生活を自分自身で体験したいというガンディーの野望は、多くの人々から無害な変わり者と見られていました。物議を醸したのは、政治的な敵対者に共感する必要性についての断固たる主張でした。敵の価値観、動機、願望、そして苦しみを的確に認識し、世界を彼らの目を通して見てみることは、平和で寛容な文化を築くために不可欠だとガンディーは信じていたのです。この論点は、ヒンドゥー教徒とイスラーム教徒とのあいだの緊迫した状況が、一九四七年の独立へと導かれるにつれて厳しさを加え、これによってますます的を射たものとなっていきました。多くのイスラーム教徒は彼ら自身の国を望んでいましたが、ガンディーはインド分割の展望を激しく批判し、理想の統一国家インドを掲げていました。敬虔なヒンドゥー教徒でありながら、彼は兄弟愛と相互理解とを求めました。「わたしはイスラーム教徒です！　ヒンドゥー教徒、キリスト教徒、そしてユダヤ教徒でもあります」と。彼の言葉には、敵と共感する必要性についての揺るぎない信念が反映しています。そして、その敵とは実のところ敵ではなく、ただ彼らも自分たちと同様の人生と価値観をもつ、単に別の人間だというだけです。

ヒンドゥー教徒とイスラーム教徒との分割の闘争中に発生した五〇万人の死者は、歴史の激動期に、敵と共感する道徳的行為がいかに大切であるかを示しています。では、ガンディーは理想主義的であり過ぎたのでしょうか？　彼がとても大切にしている共感、その共感の理解を妨げる人間性の暗い側面を認識するべきだったのでしょうか？

敵とされている人々に共感することを主張した彼を、わたしは正しかったと思います。事実、他人の心へと想像的な跳躍をするためには、敵への共感は第三の重要な一歩だとわたしは考えています。わたしたちは、通常の行動範囲を越えて、貧しい人々、社会的に片隅に追いやられた人々、意見を述べる機会や意欲もない人々、無力な人々へと共感力を広げ、他の人々の靴に足を踏み入れる努力にもっと大胆に、冒険的になりましょう。それがパレスチナであろうが、シリアまたはスーダンであろうが、激しい紛争の状況下では、長く持続する平和と和解のために欠かせないのは、リーダーたちの政治的合意だけではなく、隣人として隣り合って暮らす普通の人々のあいだでの共感なのです。同様にわたしたちの個人的な生活の中で、「敵」との共感は、重要な修復の役割を果たし、わたしたちの関係を取り巻く行き詰まりをも解決することができるのです。それはあなたの上司との対立を軽減するかもしれませんし、何年も話していない兄弟との会話を復活させたり、ずっと仲がよくなかった隣人との緊張を和らげたりするのにも役立ちます。

この共感へのアプローチは、二〇〇九年に六つの信仰グループ（ユダヤ教、キリスト教、イスラーム教、ヒンドゥー教、仏教、儒教）の代表者によって作成された国際慈善団体憲章で支持されました。「たとえ敵と見なされる人にさえも、すべての人間に対して思いやりに基づいた共感を育むこと」[37]。わたしたちはそれぞれ自分自身に、この質問を投げかけましょう。誰がわたしの最大の敵なのか、と。そして、三人、あげてみましょう。さらに、わたしたちのあいだの隔たりを埋め始めるには、どのように共感を生かしたらいいのかと考えてみるのです。

ある人にとって、その敵が、彼らの人生を地獄のようにしている支配人のような人であれば、敵と共感するという考えは、あまりにも度が過ぎるように思えるかもしれません。あなたと共感する努力をしなければならないのは彼女の方ではないでしょうか？　そして、彼女は自分を変えるわけがないので、気にする意味など、いずれにしろないのでしょうか？　仏教的な思考の流れによれば、彼女がどのように感じているのかを理解しようとする上で適切な理由は、それは自分がより思いやりのある満ち足りた人生を送るための一歩だということです。禅僧のティク・ナット・ハンは、受け取った難民の少女に関する手紙について語っています。その少女は小さなボートでタイランド湾を越えようとしていたとき、タイの海賊に性的暴行を受けました。彼女はわずか一二歳で、自ら海に飛び込み、溺れ死んでしまいました。あなたは、すぐにでも銃をもってその海賊を撃ち殺したいと思うかもしれませんが、彼の靴を履き〔彼の立場に立って〕、共苦（コンパッション）を示す必要があるとハンは言いました。もし、わたしたちがその海賊たちと同じような状況で成長したならば、わたしたち自身も暴力的な海賊になっていた可能性が高いのですから(38)。

この事例はあまりにも挑戦的過ぎるとわたしは思います。その海賊に共感しようとすることなど、吐き気を催します。しかし、もう一人の仏教思想家ステファン・バッチェラーは、革新的な共感的瞑想を通して、この種の極端な共苦とかかわる勇気を見出すことができることを示唆しています。わたしたち自身を、まずは友人、次には見知らぬ人、そして敵の人生というように順に想像していくのです。

友人から始めましょう。彼女を生まれたばかりの血にまみれた新生児だと想像してみてください。幼児から子どもへ、そして青年へ、若い成人へ、そしてあなたが最初に出会ったその瞬間まで、彼女が成長するように、ゆっくりと彼女を頭の中で追ってみてください。彼女があなたの存在にようやく気づく前の、彼女の希望と憧れがどんなものであったのかを描いてみてください。今の彼女を考えてください。理解に苦しむほど、ちょうどあなたがあなたの考えや思いにしがみついているように、彼女は彼女自身の考えや思いを大切にしているのです。そして、未来を見つめると、彼女が歳をとり、病気になり、老いて、やがて死ぬのをじっと見守るのです……敵や見知らぬ人にも目を向けてみましょう。そして友、見知らぬ人、敵の三人の人間が揃って同席できるまで、同じようにしてみましょう。みんな、生まれるのも同じ、死ぬのも同じなのです(39)。

わたし自身の経験では、敵に共感しようとすることは非常に難しいことでしたが、きわめてやりがいがあり、最終的には満足感が得られました(40)。一九九〇年代後半にグアテマラに渡って博士論文のための研究を行っていたときのことでした。わたしは、グアテマラの寡頭政治（オリガルフ）〔少数の人間が国家権力を掌握して行う独裁的な政治〕の研究を決意しました。ヨーロッパ出身のわずか三〇にも満たない数の親族が経済と政治を牛耳り、グアテマラを疲弊させ、貧困に陥れ続けていました。彼らはコーヒーや砂糖の大規模農園、銀行などの主要産業を牛耳っていました。人口の大多数、その六〇パーセントを占める先住民族であるマヤ族の人々が貧困のどん底で暮らしている一方で、彼らは贅沢きわまりない生活を送り、自家用ヘリコプターを乗り回し、マイアミで買い物を楽しんでいたのでした。グアテマラの最近終結した内戦においても、寡頭政治の独裁者たちは軍に協力していました。彼らが加担した、左翼ゲリラ掃討作戦を企てる軍隊は約二〇万人もの一般市民を虐殺したのです。そのほとんどがマヤ人でした。

もちろん研究を開始したときには、寡頭政治への共感など、わたしにはまったくありませんでした。まるでその逆で、わたしは彼らを軽蔑していました。わたしにとって、彼らは内戦中に労働組合員や、農民の指導者や、ジャーナリストを暗殺するために、非正規の軍事的暗殺集団に資金援助し、恐ろしい犯罪に加担する黒幕の支配階級エリートでした。しかしながら、グアテマラがいつか、より平等で犯罪の少ない社会になるのならば、寡頭政治の独裁者たちと話をし、彼らの精神状態と心の風景を理解し、彼らはどのような動機から実際にあのようなことをするに至ったのかを探ることが不可欠だとわたしは思いました。貧困、内戦、先住民族の土地の権利などの問題について、どのように彼らは考えていたのでしょうか？寡頭政治の世界観を理解しなければ、彼らの権力を減衰させる効果的な戦略を生み出すことは不可能だと思ったのです。

いったん彼らにインタビューを始めるとたちまち、先住民族に対する彼らの人種差別に直面しました。一人の女性はわたしに、「極端に小さく、浅黒い肌で、醜く、媚びる眼つきのインディアン」についての話をしました。別の女性は彼女のプランテーションの、マヤ族労働者の「無知」と「やる気のなさ」を訴えました。覚えが悪く、不正直で、汚らしく、愚かで、怠け者だと、繰り返し彼らのことを表現しました。そのような発言を聞くと、わたしの中のどこかで反論が湧き上がっていたのですが、わたしは口を固く閉ざし、寡頭政治の独裁者たちの靴を履いてみることにしました。彼らの人種差別には別段驚くことはありませんでした。ほとんどの人は小さな閉鎖的エリート社会で成長しました。その社会では何世紀ものあいだそのような教育で育まれ、そうした見方がごく普通だったのです。しかし、彼らと共感しようとするわたしの試みは、ガンディーのような寛容と相互理解に向けたウエーブを惹き起こすことはありませんでした。わたしは、彼らの考え方が嫌でたまらなかったのです。

この状況は、わたしが「共感への異議」と呼ぶ問題を具現していました。考え方や価値観がまったく一致しない人々と、あなたはどのように共感したらよいのでしょうか？　それはわたしたちの日常生活において直面する問題なのです。友人の家での夕食の席で、彼のゲストの一人が反ユダヤ的な冗談を口にするかもしれません。その冗談があなたにとって不快であると伝えるべきでしょうか？　それとも、あなた自身の共感力を呼び起こし、彼の物の見方を理解するために、その心の中を見当違いな喜劇役者の視点で見ようとするべきなのでしょうか？

答えはどちらも可能だとわたしは思います。そして、これはしばしば誤解される共感についての重要なポイントを俎上に乗せます。その人の政治、宗教、道徳律がどんなものであろうとも、共感を実現する過程が、道徳的判断の可能性を破壊することはありません。たとえ信念や原則に同意しなくとも、ある人の世界観への理解を得ることはできます。わたしは寡頭政治の人種差別を決して許しません。しかし、女中や運転手として以外のマヤ人との接触は彼らにはほとんどなく、彼らの世界がどれほど閉鎖されているかを知ると、よりそれを理解するようにはなるのです。

時間とともに、寡頭政治についてのわたしの無知は徐々に改善され、共感の種が芽吹き始めました。「搾取者」や「支配階級」と簡単にレッテルを貼ることはできなくなり、それぞれと面接を重ねるにつれ、彼らは個人としての人間になっていきました。彼らに対するわたしの偏見がもっとも深刻に試されたのは、内戦時に彼らの子どもたちが身代金目的で誘拐され、時にはゲリラや非正規軍によって殺害されたという話を聞き始めたときでした。ある貴族の女性が、出入り禁止の白人居住地にある御殿のような家で、泣きながら息子がどのように誘拐されたかについて話したのをわたし覚えています。わたしは、そのようにして暴露された新事実に対してまったく準備ができていませんでした。戦争がどのようにして、グアテマラの豪族に個人のレベルで影響をおよぼしたのか、わたしはこれまで考えもしなかったのです。彼らは必ずしもマヤの人々と同じ規模で暴力に直面していたわけではないのですが、間違いなく彼らも苦しんでいたのです。そして、ある種の啓示のように、わたしが想像していたほどにはグアテマラは分裂していないことに不意に気づかされたのでした。裕福なオリガリフ〔寡頭政治〕の独裁者たちも極貧の原住民たちも、両者はとても素朴なもの、つまり個人の身の安全を切望していたのでした。言い換えれば、内戦後も、そこには国家が統一され再建されうる共通基盤がありうるということです。

自ら進んでオリガリフの支配者たちの話を聞き、そしてわたしが長いあいだ、敵だと思っていた人々と共感していなかったならば、グアテマラの政治的可能性についてのこのような視点を育むことはできませんでした。もちろん、わたし自身を寡頭政治の擁護者とは考えませんし、依然として彼らの経済力と政治的な力の衰退こそもっとも重要であると考えています。しかし、今は以前ほど彼らについて無知ではなく、彼らの動機や行動に対して、より賢明な判断ができると思うのです。そして、戦場に足を踏み入れ、敵と共感すること、それはいかにも理にかなったことなのかもしれないと考えるようになりました。争いや緊張状態は完全には解決しえないかもしれませんが、間違いなく、わたしたちは深く状況を識《し》り、性急に判断を下さず、他の人々とわたしたち自身との両方についてより賢明になり、紛争のプロセスを脱することができるようになると思います。

コウモリであるとは、どのようなことか?

一九七〇年代に、哲学者のトマス・ネーゲルが『コウモリであるとはどのようなことか』〔永井均訳、勁草書房、一九八九年〕という古典的な論文を書きました。「わたしたち自身の経験が想像力の基本的な素材となっている。したがって、その範囲は限定されている」と彼は議論します。したがって、足で逆さまに吊り下がったまま一日中を屋根裏で過ごすことや、腕に翼の代わりの皮膜をもつことなど想像できないのだ、と。わたしたちが想像できるのは、「コウモリが行動するかのように、わたしならどのように行動するだろうか」ということだけで、「コウモリが、コウモリであることはどういうことか」などは決して理解できない、と。[41] 彼の論点は、他者の心を理解しうる範囲は限られている以上、わたしたちは他の人の靴を履いてみること〔他者の立場で考えること〕などは不可能だということです。自分自身の主観の限界から逃れることは決してできないのだということです。

わたしは、これに同意しません。「他者を人間に戻す」三つのステップを進めることによって、他者と共有するものと共有しないものとを発見することによって、そして敵に共感することを通して、他の人の感情、信条、価値、そして経験について十分な理解を得ることが可能になるのです。人間は互いの生き方について探求の旅を試みることができないほど、互いに異なってはいません。完璧ではありませんが、その旅の過程を通して、共感を妨げるものを克服することができるのです。ハリエット・ビーチャー・ストウは、白人の奴隷商人によって子どもを奪われたことはありませんでしたが、息子の若過ぎる死によって生じた感情的な苦痛は、奴隷の母親の痛みを違わずに見抜く洞察力を授けました。ガンディーはもちろん不可触民（ダリット）にはなれません。しかし、貧しい農民として何年も生活し、そして自分の手で便所の掃除をしながら、わずかながら彼らの生活の現実に寄り添ったのです。オスカー・シンドラーは、クラコフのゲットーで迫害されたユダヤ人の気持ちなどわからないと認めた最初の人だったかもしれませんが、彼は共通の人間性を彼の労働者たちに感じることができたのです。ある人々の人生は、まるでコウモリであることのように、わたしたちにはほとんど理解できないように思われます。グアテマラのシャーマンや、ルワンダの死んでいく子ども、あるいはロックフェラーの跡取り娘の世界観など、自分自身に置き換えることなど難しいと思われます。しかしだからといって彼らの人生の内部を、わたしにできる限り想像してみることを思いとどまらせるものはないのです。完全に成功しなくとも、努力することによってわたしは変わっていくでしょうし、個人としてのわたしの共感不足は、次第にわずかなものになっていくことでしょう。

わたしたちは、どこまでたどり着けたでしょうか？　わたしたちの共感脳には、間違いなく電源が入り、心も他者の世界に向けて、想像上の跳躍をする準備が整ったはずです。共感力の潜在性を解き放つためにに、探求の次のステップは、実験的な共感体験という極限の戯れ（スポーツ）を始める前に、身心をしなやかにすることです。

エートス3　あえて実験的な冒険に挑む

ダニエル・デイ＝ルイスであるということ

『マイ・レフトフット』〔アイルランド、イギリス合作、一九八九年〕の映画撮影のあいだ、アイルランドの画家で作家でもある、脳性麻痺を患っていたクリスティ・ブラウンを演じたダニエル・デイ＝ルイスは、ほとんどの撮影場面を車椅子で過ごし、お茶の休憩時間でさえクリスティ・ブラウンの人物像から離れることを拒否しました。彼は車椅子に乗ったまま映画のセットの中を押し歩いてもらっただけではなく、みんなにも彼をクリスティと呼ばせ、食事もスプーンで食べさせてくれるよう主張したのです。『ラスト・オブ・モヒカン』〔アメリカ、一九九二年〕の辺境開拓者の役の準備のために、一八世紀の道具を使って狩りや罠のかけ方を学んだように、左足を使って絵を描くことを自分に課しました。『父の祈りを』〔イギリス、一九九三年〕の映画を製作しているあいだは、強いて三日三晩寝ずに睡魔と闘い、本物の警察官を雇って彼を尋問させ、彼の役どころの経験を再現することによって、デイ＝ルイスはしてもいない犯罪のために滅多打ちにされ、自白に追い込まれる場面の準備をしていました。『ザ・バラード・オブ・ジャック・アンド・ローズ』〔アメリカ、二〇〇五年〕では、死んでいく男の孤独を理解するために、彼は妻と離れて暮らしていました。『リンカーン』〔アメリカ、二〇一二年〕の製作中は、リンカーン自身の甲高《かんだか》いケンタッキーなまりをカメラが回っていないときでさえも続け、いつでも'Mr. President'として扱われることを要求したのです。

デイ=ルイスは、一九三〇年代にロシアの演劇監督コンスタンティン・スタニスラフスキー〔一八六三—一九三八年〕によって有名になったメソッド演技法の代表的な実践者です。成功に導く役作りの稽古は、演じる役の人生や精神に自らをどっぷり浸らせることだと彼は信じています。彼は肉体的にも心理的にも自分の役を完全に体現しようとしています。「なぜなら、それが仕事で、そこには多くの発見があるのです。お茶をし、舞台係のみんなと楽しむことにも心をそそられるかもしれませんが、そこには何の発見もありません」。その目的は、彼が演じる役柄への洞察を得て、本物の演技ができるようにというだけではなく、自分自身についての発見をするということでもあります。「わたしは、自分自身のそれからとてもかけ離れているような人生に興味があります。そして、そこにある謎が彼の人生へとわたしを引き込むのです」とデイ=ルイスは言います。「隠れたひそかな感覚の中で、あなたは別の人生を通して自分自身を探し求めているのです[1]」。

このメソッド演技法は、共感力の高い人々の重要な習性《エートス》の一つを具現しています。それは、実験的な共感飛行という、離れ業に飛び込んでいく意欲です。デイ=ルイスのように、他者の靴を履いてみるための最善の方法の一つは、彼らの人生を直接体験することで、それは彼らの皮膚と魂にそれを刻み込んでいくことだと共感力の高い人々は考えています。この一連の過程は、個性を完全に消し、人格を同化させることではなく、その生き様に到達することは可能でも望ましいものでもないとしても、むしろ自分の経験や信念や感情の領域から脱出して、外の世界を考える一つの方法だということなのです。演技の世界では、男性が女性の役を、金持ちが貧乏人を、若い人が年寄りを演じることはよくあることです。共感する人は、素晴らしい俳優のように繊細で、融通性があり、想像力豊かになるように努力し、それを追い求めているのです。

実験的な学習は、共感へのもっとも過酷なアプローチかもしれません。会話をしたり、映画を見たりすることに、よりしっかりと向き合わなければならないのですが、最高の成果を生みだす可能性もあるのです。取り組む方法はいくつかあり、それぞれに課題があります。一番端的な方法は、身体的な「没入」(immersion)です。ダニエル・デイ＝ルイスが車椅子で数カ月も費やしてクリスティ・ブラウンの人生を再現しようとしたのと同じような方法です。もう一つは「探険」(exploration)です。共感の旅に出て、わたしたち自身のとは異なる人生や文化を探し出し、しっかり見つめる人類学者のようになってみることです。最後の方法は、「協力」(cooperation)です。他の人とともに協力し、しばしば困難や苦痛の状況の中、彼らとともに共感の一体感を得ることです。他の人と同じ靴を履くというよりも、むしろ同じ船の上にいると想像してみてください。わたしたちの旅のこの実験的な行程の相棒には、草分けの覆面ジャーナリスト、熱烈なアルゼンチンの医者、そしてあなたの地元の合唱団のメンバーが含まれています。

没入、または覆面共感人である方法

わたしたちはどのように学んだらよいのでしょうか？　わたしたちの教育制度では、言葉や画像を使った間接的なかたちで、学習するように仕組まれています。五〇〇年以上にわたって、西洋文化においてはもっとも効果的な学びは、現実に直面する経験を通してなされるものであると認識されてきました。レオナルド・ダ・ヴィンチは自分自身を「経験の弟子」と表現しています。彼は医学書を研究することではなく、死体を解剖することによって解剖学の知識を養いました。一八世紀には、「真の教育は教訓より実践にある。人間は生を授かるとともに自分自身に教え始める」とジャン＝ジャック・ルソーは主張し、二〇世紀の哲学者ジョン・デューイは、「すべての本物の教育は経験を通して生じる」と信じていました。[2]

自己と他者について学ぶ方法として、経験に匹敵するものはまずないでしょう。共感の歴史において、これを理解した最初の人物の一人はアッシジの聖フランチェスコ〔一一八二―一二二六年〕でした。一三世紀前半、ローマのサンピエトロ大聖堂への訪問後、彼はその絢爛豪華さにうんざりし、門口で目にした乞食と服を交換して、むしろの上で物乞いをしながら一日を過ごしました。貧困とともに生きることは、のちに彼が設立した修道会を特徴づけるものになりました。

現代では、ローマでの聖フランチェスコの試みは手本とされていて、秘密調査の覆面ジャーナリストや作家たちが変装し、一定期間スラム街に住み、低賃金の工場で働き、社会の周縁で生き残ろうとしています。「役割報告」（Role Reporting）としても知られているこの共感没入の分野は、一九世紀後半に始まり、その多くの主導者は、社会の不公正、不平等、搾取を暴露したいという強い想いに促されていました。それと同時に、彼らのほとんどが高学歴で中流階級の個人であり、少なくとも表面的には自分とかけ離れているような人生を深く掘り下げて、自分の特権と偏見に立ち向かうことを望んでいたのです[3]。

ここでは、もっとも重要で独創的な四人の覆面共感人について記したいと思います。それを知ることで、試験的な没入を試めしてみる気になってもらえたらよいのですが。

まず第一に、イギリスの社会改革者ベアトリス・ウェッブです。彼女は一八五八年に、成功を収めた実業家で政治家でもある家庭に生まれました。主に独学で、彼女の初期の考えは社会ダーウィン主義者ハーバート・スペンサーに影響されていました。彼女の信念は、自助努力と個人主義のヴィクトリア朝哲学を支えとし、そして貧困の原因は主としてそれに苦しんでいる人々の人格形成の失敗と道徳観の欠如にあるという見方をとっていました。こうした信念は、彼女のように上層階級の環境で育った人々のあいだでは典型的なものでした。

一八八〇年代後半、こうしたウェッブの考え方は根本的に転換します。それは、ロンドンのスラム街におけるチャールス・ブースの貧困調査に、一研究員として参加した経験がきっかけでした。ウェッブは、港で船荷の積み降ろしをしている労働者たちの状況を調査し始めました。女性の喫煙者であるという珍しい習慣も手伝い、彼らが日雇い労働の口を探す波止場で時間を過ごし、労働者のクラブで彼らに入り混じって仲良くなったのです。一八八七年に、彼女がイースト・エンドの織物業の労働搾取工場〔訳注、低賃金で長時間働かせる工場〕に、お針子としての仕事を求め、だらしなく薄汚いスカートとボタンの外れたブーツに扮装して訪れたときから、彼女の研究はより体験的なものとなりました。数え切れないほどのドアを叩いた後に、彼女はユダヤ人が所有する小規模の衣料品事業に、「単純作業員」として雇われました。他の三〇人もの女性や女の子たちと小さな工場内に押し込められ、彼女は出来高払いの仕事を一二時間のシフト制で働きました。しかし、他の作業員と比べたらほとんど役立たずで、いつも失敗ばかり、仕事も遅過ぎてどうにもなりません。

ウェッブの労働はわずか四日間しか続きませんでしたが、ある雑誌の「働く女性の日記から」という記事に彼女が書いたこの実験の記述は世間を沸かせました。きちんとしたブルジョア社会の一員が、それも女性が、貧困層の生活の実体験をしたなどということは前代未聞でした。「どの指もひどく痛み、背中も折れそうなほど痛む」と彼女は、搾取的な賃金水準と、肉体的にあまりにも過酷な仕事について説明しました。仲間のふしだらな道徳観を、やや上から目線の解説と組み合わせ、「ふしだらな性行為」や「貧しい暮らしの、屈託のない楽しみ」について意見を添えました。彼女の冒険の結果、一八八八年五月には上院特別委員会へと過酷な職場について証言するために呼び出されます。

この没入によって、ウェッブは政治的信念も考え直すことになります。「都市に蔓延する貧困に関するわたし自身による調査は、労働者側の実態に目を向けさせてくれた」と自叙伝に書いています。そのときウェッブは働くものの視点から、産業革命は「悲惨な失敗であったことを証明する、巨大かつ残酷な実験」であったことを理解することができたのです。ウェッブは自助という個人主義的なイデオロギーに背を向けて、資本主義と営利企業に対する彼女の「倫理的反感」を表現し、わたしは社会主義者であると宣言しました。彼女は工場の状況を改善し、協同組合と労働組合の動きを支援するために、残りの人生をその運動に捧げました。

彼女は夫のシドニー・ウェッブとともに、社会主義のフェビアン協会の中心人物となり、後に『ニュー・ステーツマン』誌とロンドン・スクール・オブ・エコノミクスを共同創設しました。元ロンドンのブルジョア社会の女性としては、それは桁外れの偉業でした。[4]

ロンドンのイースト・エンドは、ウェッブがそこで針と糸とで精を出して働いたとき以来、次々と覆面共感人たちを引きつけています。一九〇二年、アメリカ人の冒険家ジャック・ロンドンは、座礁して足止めされた船乗りよろしく、そこで八週間を過ごし、その体験をルポルタージュ『どん底の人びと――ロンドン 1902』〔行方昭夫訳、岩波文庫、一九九五年〕に記しました。しかしながら、もっとも高名な冒険家は、やはりジョージ・オーウェルでした。オーウェルは、イートン校をはじめ恵まれた環境で育ちました。のちに、自ら語っているように、この経験が彼を「鼻持ちならない、卑劣なきざ男」にしたと言います。しかしその後、オーウェルはビルマの英国植民地警察部隊で五年間を過ごしました。海外にいるあいだにも、彼は帝国主義の片棒を担ぐそのやり口を激しく嫌悪し、一九二七年に英国に帰国したときには、貧しい人々の生活の現実を、自らの国で再発見することを決意したのです。「徹底的に虐げられた人々に身を寄せ、自分自身を没入したかった。彼らの仲間の一人として、彼らの側に立ち、圧制者に刃向かう」とオーウェルは書いています。彼は大部分のブルームズベリー・グループ〔一九〇七―三〇年頃、ロンドンのブルームズベリー地区に集まった作家、芸術家、哲学者たち。E・M・フォスター、J・M・ケインズ、バートランド・ラッセルほか〕の知識人たちのように、傍観者として貧困を批判しようとしたのではなく、自らそれを生きることを望みました。そこで彼は、イースト・ロンドンの通りで浮浪者になることを決心し、背広を汚れたジーンズと労働者のかぶる布帽子に替え、パンとマーガリンで暮らし、漂流者、乞食、失業労働者たちとともに、ダニだらけのドヤ街で寝泊まりしました。

オーウェルはベアトリス・ウェッブ以上に、より妥協のないやり方をとりました。数日間ばかりの浮浪者体験ではなく、数年にわたって、複数回の地底旅行に出かけました。あるときは、一度のそれが数週間におよぶこともありました。自分のポケットに余分な現金をもったり、サフォークの両親が住む快適な家に逃げ込もうとしたことは決してありませんでした。しかし、その浮浪者体験が単に一時的な課題でしかなく、必要に迫られたものでもなく、ただ自分が選択しただけのものであることは常に認識していました。やむを得ない立場での苦痛、失望、避けがたい苦難、彼が理解しようとしているそれらの本当の苦しみには決して触れることができないこともわかっていたのです。それでも、それは人生の大きな教訓を与えました。『パリ・ロンドン放浪記』〔小野寺健訳、岩波文庫、二〇〇一年〕で彼が結論づけている通りです。

わたしはもう二度と、すべての浮浪者が酔っ払いのろくでなしだなどと思わない。渡した小銭で感謝してもらおうと期待しない。失業した男が無気力であることに驚きもしない。……わたしはもちろん、大部分の浮浪者が理想的な人間だなどと言っているわけではない。わたしは、彼らが普通の人間であると言っているだけだ[5]。

自らの偏見や思い込みに疑問を投げかけながら行ったオーウェルの旅は、新しい友情を育み、異邦人への関心を高め、その作家としての履歴に資する素晴らしい文学的素材を集めることに役立っていきました。言い換えれば、共感の恵みは倫理的であり、個人的でもあるのです。

覆面共感人のほとんどの事例は、オーウェルのように、社会的な階級の壁を越えようとする試みなのですが、ジョン・ハワード・グリフィンはいっそう変わったことに挑もうしました。人種的分断の壁を乗り越えようとしたのです。一九二〇年にテキサス州で生まれたグリフィンは、注目すべき人間でした。第二次世界大戦中、彼はフランスのレジスタンス運動に加わり、ユダヤ人の子どもたちがドイツからイギリスに密航する手助けをしました。一九四五年、彼は爆弾の破裂で盲目になりましたが、一〇年後に奇跡的に回復し、ベストセラー小説を書き上げます。盲目で差別を経験しつつ、ナチスの反ユダヤ主義を目撃したグリフィンは、人種隔離政策をとる米国最南部地域での人種差別に鋭く目覚め、その不正を告発する決意をしました。「白人が黒人の現実についていくらかでも理解しようとするなら、そのための唯一の方法は、ある朝、黒人の肌で目覚めてみることだと黒人たちはわたしに告げた」と彼は書いています。それが、彼のしたことでした。一九五九年一一月、グリフィンは黒い顔料で皮膚を黒く染めました。そして、ルイジアナ州、ミシシッピ州、ジョージア州、サウスカロライナ州を転々と移動しながら、六週間のあいだ、アフリカ系アメリカ人として働きました。

ニューオリンズで靴磨きの少年としてスタートを切ったグリフィンは、たちまちその変装に完全に騙された何気ない無慈悲さに出くわします。「支払いをするときも、まるでわたしが心をもたない石か郵便ポストであるかのようにわたしを見るのです。彼らは目を向けましたが、わたしを見てはおらず、何も見ていなかった」と彼は述懐しています。グリフィンは、人種差別による日常的な屈辱に耐えていました。黒人用のトイレや、一杯のコーヒーのために座る場所を探して、何マイルも歩き回ったのです。彼が経験したのは、人種差別主義者の言葉による攻撃や肉体的暴力の脅威だけではなく、彼が白人男性や白人女性の側を通りかかったときに向けられる「迷惑の眼差し」だったのです。

誰一人として、一人の人間としての資質でわたしを判断せず、わたしの色素をもってわたしを判断していることを瞬時に学びました。そして知りました。偏見というゴミの下にわたしたちを埋めてしまい、彼らはわたしや他のいかなる黒人も、一人の人間と見なすことができずにいたのです。わたしたちは無責任で、性的倫理観も違う、知性も劣っている、でも天賦のリズム感がある、わたしたちは怠慢で能天気だ、それにスイカとフライドチキンは大好物だ。彼らは、わたしたちを根本的なところで違う存在だと見ていたのです。

グリフィンは、自分の経験について黒人の月間雑誌『セピア』の一連の記事や、『わたしのように黒い夜』〔平井イサク訳、至誠堂新書、一九七四年〕に書き残しました。今日でこそ白人がアフリカ系アメリカ人に代わって声を上げることは不必要なことで、恩着せがましくもあり、おそらく非倫理的であることかもしれません。もちろん黒人たち自身が、自らの考えを語ることができるのですから。しかし、その当時は、白人のアメリカ人が人種差別に抗議する黒人の声に耳を貸すことなどほとんどなく、だからこそ『セピア』はグリフィンの本を出版することに同意したのです。それは賢明なことでした。彼の暴露した事実は巨大な反響を呼びました。彼は人種平等の運動家として幅広くメディアの注目を集めました。著名な公民権のスポークスマンとなり、マーティン・ルーサー・キングとともに働いて、米国中の大学キャンパスで講義をしました。しかし、これには大きな代償もともなったのです。彼と彼の家族は、白人至上主義者たちから死の脅しを受け、米国から追放されてしまいました。彼らは一年後に戻ってきましたが、クー・クラックス・クランはついにグリフィンの居場所を突き止め、彼を鎖で殴り、ミシシッピの裏通りに置き去りにしました。運のよいことに、彼は一命を取りとめ、断固として政治的活動を続けたのでした。

今日、『わたしのように黒い夜』は、アメリカ全土の高校や大学の授業計画において標準教科書として存続しています。その中心には、共感することの価値についての、グリフィンの心に響くメッセージがあります。「わたしたちがどのような反応を示すかを見るために、もしわたしたちが他人の靴を履く（他人の立場に立つ）ことさえできれば、差別の不公正や、あらゆる種類の偏見がもつ悲劇的な非人間性にも、わたしたちは気づくことができるかもしれません(6)」。

もし、この共感没入という極限のゲームに褒賞が与えられるとすれば、おそらくそれはドイツの調査報道家ギュンター・ヴァルラフに授けられることになるでしょう。一九八三年三月、彼は次のような新聞広

便所掃除をするギュンター・ヴァルラフ．彼は，1980年代の西ドイツにおけるトルコ人移民労働者として，２年間，共感的経験をした．

告を出しました。「当方、外国人にして強靭。仕事求む。重労働、汚い仕事、どんな種類の仕事も可。低賃金でもＯＫ。358458 まで電話を」。ヴァルラフは、西ドイツの数万人におよぶトルコ人移民労働者が被った過酷な、低賃金の、そしてときには違法な労働条件を、自らその一員になることで暴露しようと意図していました。彼はすでに覆面調査に臨んでいたのです。化学工場で働いたり、精神病院でアルコール依存症患者を装ったり、しかし今回はもっとも無謀な実験になること受け合いでした。わずか数日の扮装ではなく、今度は二年間も身を投じて、彼は姿を消してしまったのです。

暗色のコンタクトレンズと黒髪のカツラ、申し分なくたどたどしい「外国人のドイツ語」、この扮装でヴァルラフは、過酷な移民たちの仕事に飛び込むことに成功しました。尿の中に足首まで浸かり、建設現場の便所の詰まりを除いたり、保護マスクなしで何時間も石油コークスの粉末をシャベルですくったり、製鉄工場の有害なガスに満ちた場所で働いたりしました。そして、ドイツ人の上司や同僚からの人種差別的な冗談と噂話にも、そのあいだずっとしんぼうし続けなくてはならなかったのです。彼はまた、マクドナルドでハンバーガーをひっくり返したり、歯茎から出血してしまうような医療実験の被験者にもなりました。またあるときは、カトリック教会を訪れ、トルコ人に洗礼を施してくれるかどうか試してみたりと、挑発的な行動も取りました（彼が聖書の専門的な知識を披露していたにもかかわらず、ほとんどすべての神父に門前払いされます）。次第に、彼の役柄「アリ」は彼の一部になり始めていきました。「わたしはますますアリの分身であると感じていた」とヴァルラフは、彼の著書『最底辺――トルコ人に変身して見た祖国・西ドイツ』〔マサコ・シェーンエック訳、岩波書店、一九八七年〕に書いています。「夜、眠りについたわたしはよく、たどたどしいドイツ語で大声で寝言を言ったりします」。「わたしは今、思い知りました。ほんの短い時間、それを支えるだけでも、どれほど強い精神力が必要かを。そしてそれは、外国人の同僚たちが生涯ずっと苦しみ続けなければならないことなのだということを」。「わたしたちの民主主義において、まさに今わたしたちのあいだで、ごく小さなアパルトヘイト〔隔離政策。南アフリカ共和国の黒人に対する白人の人種差別政策〕が始まっています」とヴァルラフは最後の仕事を辞めた後、締めくくりました。「わたしは一九世紀の歴史書にしか普通は書かれていないような境遇を体験しました。仕事は汚く、骨が折れ、最後の気力まで絞り取られました。しかし最悪なのは、それに耐えるほかはない屈辱と、いかにも取るに足らない者だという軽蔑でした」。ヴァルラフの本は論争を惹き起こしました。三〇カ国語に訳され、二〇〇万部を越える部数を販売し、違法労働を課していた企業に対する犯罪捜査につながり、ドイツのいくつかの州では契約労働者の保護措置を改善させる結果を生みました。この本の収益は、移民労働者のための無料法的援助財団の設立に提供されました。ヴァルラフにとってこの経験は、ヨーロッパでもっとも冒険的な調査報道の記者としての彼の評判を確かなものにしたかもしれませんが、石油コークス工場での数カ月にわたる労働の影響で、黒い痰を吐き続け、回復不能な慢性気管支炎となって恒久的な傷を負うことになったのです。[7]

ウェッブ、オーウェル、グリフィン、そしてヴァルラフのような人々のおかげで、体験的な共感は社会的不平等を明るみに出すための確立された方法となっていきました。最近では、例えばイギリスのポリー・トインビーやアメリカのバーバラ・エーレンライクなどのジャーナリストが、自ら低賃金労働を体験し、低賃金で生きていくことの実態を明らかにしました。これらがたまさかの暫定的な滞在であって、体験者はその後、より快適な生活に逃亡することが許されているというのは事実です。しかしながら、それらは人の噂や本からの知識ではなく、経験に基づいているという利点を保持しており、冷房の効いた快適な車から、「現地を知ろう」と発展途上国の貧民街を眺めている観光客のごく表層的な行いよりも、はるかに多くの献身と犠牲を伴います。

わたしたち自身の生活に立ち戻ると、自分の共感力を広げるために、ヴァルラフのように製鉄所で数カ月ものあいだ働くことを望む人はほとんどいません。したがって、わたしたちのそれとは対極的な生を直接に経験できる方法を、これほどまでに極端ではないにしても、少しは踏み込んだ方法を考えてみたいものです。道端で夜を過ごし、ホームレス支援団体によって組織される募金活動の一つに参加することもできます。または、"Live Below The Line"(生存線以下の生活)のようなオックスファム〔一九四二年、英国全土で設立。世界九〇カ国で貧困と不正を根絶するための支援活動を展開〕の貧困撲滅キャンペーンのために何万もの人たちと一緒に登録をします。そこでは一日一ポンド〔約一四三円〕で五日間を暮らすことを求められます。それは、世界の一四億人もの人たちが、それに生存をかけている額なのです。

DIY〔Do It Yourself 自分でやれることは自分でやろう〕的なものに打ち込むことを好む人もいます。もし、中流階級の生活様式に慣れてしまっているのなら、一時的に最低賃金や失業手当相当の生活を試すこともできます。これはまさに、シリコンバレーで働いていた銀行投資家ツシャー・バシッシュ、そしてMIT〔マサチューセッツ工科大学〕の工学科卒業のマシュー・チェリアンがやろうとしたことです。二〇一二年に、彼らは出身地のインドに戻り、一日あたりの平均国民所得一〇〇ルピー(二ドル)で数週間暮らそうと試みました。チェリアンは、バンガロールで乏しく生きる彼らの努力は、「一時的訪問者」に過ぎないため、どこかわざとらしいものだと認めましたが、そうは言うものの、十分な食事を取る余裕がないときにどれほど身体的そして精神的に疲労を感じるかなど、多くのことを学んだとわたしに言いました。彼らはまた発見もしました。「共感は民主主義のために不可欠である」とチェリアンは述べました。貧困の中に暮らす人々の靴を履いてみることは極めて重要なことです。そうでなければ、「少数民族や発言権の少ない人々の権利は常に無視されてしまいます(8)」。

そのような「富の交換」実験はあなたの好みに合わないかもしれないので、代わりに「神の交換」によって自分自身を試すことについて紹介しましょう。もしあなたが特定の宗教を深く信じているのであれば、人道主義者の会合も含め、自分とは異なる信仰の礼拝に一カ月ほど出席してみてください。それをすることで、あなたはネルソン・マンデラの足跡をたどることになるのです。彼はメソジスト〔一八世紀、ジョン・ウェスレーによって興されたプロテスタントの一教派〕として育ったにもかかわらず、ロベン島に収監されているあいだにすべての宗教の礼拝に出席したのです[9]。あなたは、イスラーム教徒の隣人とともにラマダーンの断食をすることもできますし、キリスト教徒とともに節食することもできます。あるいは、あなたとはまったく異なる仕事をする友人との「仕事交換」を試してください。彼の分身のように数日行動をともにすれば、車の整備士や操り人形師になる経験を積むことができるでしょう。もし、あなたに歩き始めの子どもがいて、あなたの配偶者がほとんどの育児を担当しているのなら、彼女に休息を与え、一週間一人で子どもの面倒を見てみるのはどうでしょうか？　家事がこんなにもストレスが多く、疲労困憊させられることに衝撃を受けるかもしれません。そして、より多くの家事手伝いを引き受けるのは当然だと決心するかもしれません。

最終的な挑戦として、あなたは「五感の交換」を選ぶことができます。あなたのすべての感覚機能を奪われたとしたらどうなるでしょうか？　ドイツの社会起業家アンドレアス・ハイネッケが設立した世界的なネットワークによる公開展示会「ダイアログ・イン・ザ・ダーク」〔DID。暗闇の中で、視覚以外の感覚を駆使して、日常のさまざまな出来事を体験するエンターテインメント形式のワークショップ〕に行って、試してみてください。来場者は完全な暗闇の中を、視覚障害者のガイドによって体験型ギャラリーに導かれます。

屋台で食べ物を買おうとするときには小銭を手探りし、人通りの多い道を横切るのには長い白い杖による危険予防策だけでは少々うろたえ、真っ暗なカフェの中では細心の注意をはらって飲み物をすることでしょう。ほぼすべての来場者は、闇と向かい合うように、ドキドキさせる、忘れがたい経験だったと述べています。

「ダイアログ・イン・ザ・ダーク」は、大勢の観衆を共感没入に誘う最先端の方法なのです。一九八八年に設立されて以来、移動博覧会は三〇カ国の一三〇都市以上を巡回し、六〇〇〇人の目の不自由な人たちに仕事を提供し、七〇〇万人以上の来場者を迎え入れました。その目的は、とハイネッケは語っています。「健常と障害について、これまでとは異なった考え方をしようとする人々を励ますこと」、そして他なるものに対する理解と寛容を生み出すことです、と。彼が社会起業家のための世界的組織である「アショカ・フェロー」〔社会起業支援非営利組織。八九カ国、三三〇〇以上の社会起業を支援〕の公式会員であることは驚くにあたりません。ハイネッケは、「ダイアログ・イン・ザ・ダーク」の背後にある基本的な理念を説明するとき、共感の哲学者マルティン・ブーバーの言葉を引用します。「学ぶための唯一の道は、人との出会いである[10]」。

探険、あるいは共感の旅はどのようにあなたを変えるのか

ロマンチックな革命家、社会正義のチャンピオン、狂信的なイデオローグ、殺人者とテロリスト、また

はあなたの学生寮の壁に貼られたかっこいいポスター。

エルネスト・チェ・ゲバラは、多くの人々にとって、実に多様なことを意味します。実際彼が、共感の偶像と呼ばれたことはほとんどありません。しかしながら、アルゼンチンで若い医学生だった頃に、ゲバラは彼の人生を変えることになる、南アメリカ一円の旅をし、それまでの狭い上流の中層階級の世界観から自分を目覚めさせ、この大陸特有の貧困と不平等に目を開いたのです。一九五四年に共産主義に転向し、フィデル・カストロのキューバ反政府組織に加わる前のことでした。それは他の人々の暮らしに直接的に没入するだけではなく、ジョン・ハワード・グリフィンが見出したように、旅を通じて他の文化や生活様式を探求し観察することから共感が生まれてくることを明らかにした旅だったのです。しかし、わたしたちがこれから見ていくように、ゲバラの物語は複雑なものであり、共感と暴力との関係における難しい問題が立ち上がります。

一九五二年、二三歳のゲバラは、医師であり生化学者でもある友人アルベルト・グラナドとともに、一年間のオートバイ旅行に向けて、ブエノスアイレスを出発します。その頃、ゲバラにはのちの革命家の面影などまったくありませんでした。「彼の友人や親戚の誰もが、エルネストがマルクス主義者になるとは思いもよらなかった。そして、実際本人でさえ、考えもしなかっただろう」とゲバラの伝記作者ジョン・リー・アンダーソンが書いています。(11)ゲバラは貴族と縁戚関係をもつ家に生まれ、プロレタリア革命などより、むしろラグビーに興味をそそられていました。彼は多彩な読書家でした。マルクスにのめり込んでいましたが、フロイト、サルトル、ホイットマン、フロスト、ハクスリーなども読んでいました。古いノートン・オートバイの「ラ・ポンデローザ」（後にガタガタになり、放棄されました）に座っているゲバラは、大学卒業後の期間を周りの多くの若い男性と同じように、女の子と出会ったり、冒険したり、旅行熱を満たしたりしていたのです。

しかし旅の終わりに、彼は共感的な洞察につながる一連の経験をします。チリのバルパライソでの、必要な薬を買う余裕がないために死にかかっている下働きの老女との出会いによって、彼はとても深い影響を受けました。彼は、訓練途中の医学知識を使って彼女を治療しようとし、彼女にいくつかの錠剤を与えましたが、そんな処置ではすでにもう手遅れであることもわかっていました。ある夜、「凍てつく砂漠の夜に、お互いに抱き合って寒さをしのいでいる」失業中の鉱夫と妻に出会いました。そして、旅の二人はこのゆくあてのない夫婦と彼らの毛布をわかち合ったのでした。「これは僕が今まで過ごしたもっとも寒い夜だった」とゲバラは追懐しています。「しかし、僕にとってはともかく奇妙に思えていたこの人類を、少し身近に感じることができた一夜だった」と。彼は、ペルーやボリビアのアンデス地方で見た先住民の貧困に衝撃を受け、地元の地主たちが彼らに振るう力にも怒りがこみ上げました。(12)

ゲバラとグラナドは、遊びで旅行をしていましたが、医療プロジェクトにも打ち込んでいて、道中、ハンセン病について学ぶために、ペルー地域のアマゾンのハンセン病療養所で数週間ボランティアをするという、もう一つの目的もありました。サンパブロのハンセン病療養所で過ごした時間は、ゲバラに深い影響をおよぼしました。まず、施設が不備なこと、そして多くのスタッフが患者に接する冷ややかな態度に愕然としたのです。それでも彼は、患者の世話をする仕事に集中し、一緒に冗談を言い合いながら彼らと

チェ・ゲバラ（右）とアルベルト・グラナド．1952年，アマゾン河の筏下り．筏はサンパブロのハンセン病療養所から贈られたもの．

サッカーをして楽しみました。ゲバラは南米の旅を振り返り、次のように書いています。

わたしは貧困や飢餓や病気と密接にかかわった。お金がないために治療を受けられない子ども、持続する飢餓や虐待によって、息子が死んでしまっても、たいしたことではないと受け入れてしまうほどに心が麻痺してしまった父親、これらがわたしたちの母国アメリカ〔南米〕の虐げられた階級で始終起こっていることなのだ……わたし自身の個人の努力で、これらの人々を助けたいとわたしは願った[13]。

恵まれた生い立ちから彼には、こうした厳しい現実に対する認識がまったく欠けていました。大陸の人々の窮状に彼を導いたのは、本を読んだり、知的な政治談義を闘わせたりすることではなく、彼のこの旅行体験でした。歴史家カルロス・ヴィラスによると、「ゲバラの政治的・社会的目覚めは、この貧困、搾取、病気、苦しみとの直接の接触と大いに関係している[14]」。

あるいは、オートバイ遠征を終えた後のゲバラはこう言います。「僕は以前の僕ではない。あの僕らのアメリカ大陸〔中南米〕放浪が、想像以上に僕を変えてしまった[15]」と。

ゲバラの旅は、人々の苦しみを和らげるという強い希望を彼に喚起し、それが一つの共感への啓示であったことは疑いようがありません。しかし、共感の年代記に彼を記述することは正当なのでしょうか？彼がその後に関与した行為を、共感的行いと評することはまったくできないと指摘し、ある人々はこれを否定します。ゲリラ戦闘員として武装し、強力な権威主義を築いただけでなく、一九五九年にキューバの革命家たちが権力を掌握した際、もっとも悪名高き、冷酷な「最高訴追者」としての役割を果たし、数百人の戦争犯罪者に銃殺刑を命じ、その命を奪いました[16]。

それにもかかわらず、わたしは二つの理由で、共感の年代記からゲバラの名前を消すことには慎重にならざるを得ません。第一に、若いゲバラの南アメリカ旅行が与えた主たる効果は、ゲリラ戦ではなく、彼がそう呼んでいたところの「社会医学」に専念するよう、彼を鼓舞したことにありました。ゲバラはアルゼンチンに戻り、医学研究を終え、自分の知識を使って、貧しい大陸に医療をもたらすことを決意します。旅行の後、その決意は二年後まで持続するのですが、一九五四年、グアテマラにおけるＣＩＡが支援した軍事クーデターを目撃したとき、彼ははっきりとマルクス主義革命の闘士になることを決意したのでした。民主的に選出された左翼政権の暴力的打倒が、武力闘争こそが社会的・政治的変化をもたらすための唯一の実行可能な道だと彼に確信させたのです。「わたしはアルゼンチンで生まれ、キューバで戦い、グアテマラで革命家になった」とゲバラは言っています[17]。

第二に、そしておそらくより挑戦的な理由は、共感的な目標達成とその想いに到達するために、非共感的な方法を使用することは、場合によっては正当であると考えたのは、ゲバラ一人ではなかったということです。歴史上のある時点において、人間の苦しみを減らし、不正に立ち向かいたいという深い人間的な野望に心を燃やす人々にとって、とりわけ他のすべての選択肢を試して失敗したということであれば、唯一の効果的な方法は銃を手に取ることだと信じたのは当然の成り行きだったのです。例えば、一九三〇年代には、三万人以上の作家、詩人そして政治活動家が――その中にはジョージ・オーウェルもいましたが――、スペインの労働者と農民を支援するために、国際旅団〔外国人義勇兵の部隊〕に加わり、スペイン内戦において、共和党とともにファシスト〔独裁的国家社会主義〕と戦いました。例としてあまり語られることはありませんが、この取り組み方を共有したのがネルソン・マンデラです。

わたしたちは今日、マンデラを共感の偉人として考えています。おそらく、彼のように敵の靴に足を踏み入れて（敵の立場に立つ努力をしつつ）、その敵対者たちに慈悲の心をもって接し、協調する努力をした政治指導者は他にいないでしょう。一九九〇年、刑務所から釈放されて以来、彼は白人の南アフリカ人たちとの和解を絶えず唱え続けました。例えば、一九九五年のラグビー・ワールドカップでは、メンバーはほとんどが白人で、長いあいだアパルトヘイトの象徴として嫌われていたチームであったにもかかわらず、自分たちのラグビーチームとして応援するように、彼は黒人の南アフリカ人に呼びかけました。[18]南アフリカの白人階層への共感は、アパルトヘイト時代以後の国家統一と政治的安定を築き、新たな内戦を何としても防ぐために不可欠であるとマンデラは理解していたのです。

しかし、時計を巻き戻すと、別の物語が立ち上がってきます。若い頃のマンデラは、アパルトヘイト下での同胞である黒人の苦しみへの深い共感に満ち溢れていました。それを支える法制度への強い不公正感とともにです。彼は弁護士としての訓練を受け、法は人種差別に取り組むために使用できる「正義の剣」と当初は見なしていました。しかし、一九四六年に、マンデラとアフリカ民族会議（ANC）青年連盟（YL）の他のメンバーは、立法改革の可能性に幻滅し、インドのガンディーの抗議デモに基づいて非暴力的な直接行動を支援する方向に転換していきました。マンデラは、「法を破ることもいとわないほどでなくてはならず、必要であれば自分の信念のために刑務所に行くことも辞さない」と主張するようになります。

数年のうちに、マンデラはこのアプローチも失敗と見なし、より過激な解決策を必要とするようになりました。一九五〇年代初頭から、マンデラはANCの政治目標を達成するためには、武装闘争もやむなしと主張する中心人物となりました。彼はマルクス、レーニン、毛沢東の仕事を読み始め、アフリカの民族主義者の理想と並んで、階級差別のない社会の構築を夢見ていました。彼はスターリンの写真さえも居間の壁に掛けていました（ルーズベルト、ガンディー、チャーチルの写真も一緒に飾っていましたが）。一九五五年には、ゲリラ戦が唯一の答えであると彼は確信するに至ります。自伝『自由への長い道――ネルソン・マンデラ自伝』（上下、東江一紀訳、日本放送出版協会、一九九六年）に書いたように……。

わたしにとって、非暴力は道徳的な原則ではなく戦略でした。役に立たない武器を使うことに、道徳的な長所はありません……最終的に武装と暴力的抵抗に代わるものを、わたしたちは持ち合わせていませんでした。繰り返し繰り返し、わたしたちは非暴力的な、これまでに蓄えていたすべての対抗手段を使いました。演説、使節団、威嚇、行進、ストライキ、不参加・不買運動、自発的下獄。しかし、何をしても、さらなる力による弾圧に遭いました。自由を得るために闘う人は、闘争の種類を定義するのが抑圧者であり、抑圧された者には他の選択肢がなく、抑圧者のやり方を真似るしかないことを身をもって知るのです。ある時点で思い知るのは、火には火で闘うほかにないということなのです。[19]

まさにマンデラは、失望、怒り、無力感に駆られて革命家になったのです。彼は本当の身分を伏せて、ANCの武力闘争組織である「民族の槍」（Umkhonto we Sizwe. 略してMK）を創設しました。チェ・ゲバラの著書を含む書籍からゲリラ戦術を学び、エチオピアに行き、そこで爆弾の作り方や「兵士の考え方」を学びました。裁判でマンデラが述べたように、彼は一九六二年八月の逮捕までMKの重要人物だったのです。MKは、マンデラが投獄されているあいだの一九八〇年代にも活動を続け、人命の損失を最小に抑えようと努力したにもかかわらず、一般市民を巻き込む破壊活動と爆破攻撃の責任を負うことになります。その結果、アムネスティ・インターナショナル〔国際人権NGO〕は、マンデラ釈放のためのキャンペーンを起こすことはありませんでした。暴力を推奨し、使用する人物を擁護しないためです。[20]

しかし、一九八〇年代後期には、マンデラはアパルトヘイト撤廃後の南アフリカを作るためにもっとも効果的な政治手段は銃ではなく、共感であると考え始めます。彼は、政府との信頼関係を築き、抵抗するよりもむしろ彼らと協力する必要があることに気づきました。以前の敵に対して、深く人間的で共感的な態度を発展させ、これが釈放後の彼の行動を導きました。「牢獄では、白人に対するわたしの怒りは衰えたが、体制に対するわたしの憎しみは増した。わたしたちを互いの敵対に追いやったこの体制を嫌悪していたときも、敵ですら愛していたことを南アフリカの人々に知って欲しかった」[21]。

ネルソン・マンデラとチェ・ゲバラは、まったく異なる人間であり、はっきりと異なる気質をもち、異なった社会正義の展望を描いていました。マンデラは、例えば代表制民主主義（間接民主主義）を信じていましたが、ゲバラはトップダウンの社会主義国家を支持しました。そして、ゲバラに汚名をもたらした政略的な処刑を執行することは、マンデラには確かに一切ありませんでした。しかし、彼らが共有していたのは、政治への実践的なアプローチです。正義の目的を達成するためには、武力闘争が正当であり、必要な道筋であると信じていました。彼らは二人とも共感によって動機づけられてはいたのですが、今日の多くの高度に共感的な人々なら拒絶するであろう戦術を、彼らは進んで使用しました。暴力に反対し、目的は手段を正当化するということを信じない、わたし自身も含めた誰もが、ゲバラやマンデラのような政治家たちの靴に足を踏み入れて〔立場に立って〕みてはどうでしょう。もし同じような極端な状況に追い込まれたなら、共感本能に逆らって、自分自身や他の人々の命の危険に対し、他に選択肢がないと感じ、わたしたちもまた武器を手に取るのではないでしょうか？

世界中を探険しても、旅することを通して、通常はこのようなジレンマは生じません。たいていの旅行の問題点は、革命家になる気持ちにさせられることもなく、意義深い共感的反応もまったく起きてこないことばかりだということです。インドネシア、中国やネパールあたりをめぐる、わたし自身の当初の旅行でも、単に『ロンリープラネット』や『ラフガイド』などの旅行ガイドブックに載っていた月並みな観光コースをたどっただけで、のどかな海岸沿いや山岳を歩き回ったにとどまりました。そのようなガイドブックには、現地の人々の日常生活を理解する方法についてのアドバイスは含まれていません。「共感」という言葉など、見出しのどこを見ても載っていません。これらの旅には挑戦はなく、人生を変えるような出来事もほとんどありません。当時は十分に評価されなかった、先見的な一九世紀の旅行業者であったトーマス・クックは、旅することの最大の恵みは、次のことにあるとみていました。「旅は、おとぎ話の霧を晴らしてくれ、赤ん坊のときから教え込まれた偏見を浄化し、わだかまりを捨て、目と目を合わせて見つめ合うという理想的な姿を実現してくれる」と。[22]

どのようにすれば、わたしたちの共感的なヴィジョンを広げる方法としての旅を確かなものにできるでしょうか？　チェ・ゲバラはその答えを提供しています。理想的には、ナビゲート・プラン企画が必要なのです。ゲバラのプランは、ペルーのハンセン病療養所で数週間、ボランティアを行い、旅の途中にハンセン病の専門家や病院を訪問することでした。それでも彼には女性の気を惹いたり、酔っ払って踊り狂ったりする時間はまだまだたくさんありました。しかし、その研究プランが、彼を地元の人々とその生活に導き、マチュピチュのインカの遺跡に行くよりはるかに多くのものを理解させることになったのです。

わたしも同じようなやり方を試したとき、旅は世界観の狭隘さからわたしを放り出し、共感力の欠乏は減衰し始めました。一九九〇年代半ばに、わたしはグアテマラのジャングルにあった村で、人権擁護団体の監視員として一夏ボランティアをしました（これは、先に記した、この国の寡頭政治を研究するために訪問する数年前のことです)。わたしは衝撃を受けました。それは、大半が内戦に巻き込まれた先住民マヤ族の大半が直面する厳しい貧困状態からばかりではなく、住民たちとの毎日の接触から学んだことだったのです。始めの頃、ベルナベという小さな男の子がわたしの小屋にきて、彼が描いた絵を見せてくれたことを覚えています。その絵の下の方には典型的な緑色のジャングルの風景がありましたが、上方の空は、わたしが今までに見た子どもの絵とはかけ離れたものでした。彼は卵を描き、それが鳥に孵化する様子がその横に描かれ、それが小さな飛行機になり、そして大きな威圧感のある軍用ヘリコプターへと続き、そこからは弾丸が発射されていました。この気味の悪い展開をみせる物語は、最初の真相をみせることで、わたしの周りにいる人々の心の内への最初の洞察を提供してくれました。彼らの精神状態は、たとえ子どもたちであっても、その心には内戦の暴力が染み込み、溢れていました(それはちょうど内戦の最後の月のことでした)。そして、ベルナベは弾けるように蝶の歌を歌い出しましたが、端切れの紙に描いた彼の絵には、それとは異なる物語が描かれていました。グアテマラや他の発展途上国の人権と社会正義の問題に取り組み、それに数年間打ち込もうと決心させたのは、ある意味でこの絵から受けた衝撃でした。

一般的な旅程を避け、ボランティアの機会や短期休暇を共感的な旅に変える他の企画を提供するのに役立つ多くの組織があります。もちろん、タイの海岸リゾートでのんびり過ごしたいでしょうが、少なくともそのうちの数時間を、近くの学校の生徒に英会話を教えることに使ってみてはどうでしょうか? あるいは「トラベル・アイ」という旅行会社のツアーに参加するのはどうでしょうか? 彼らの専門は視力障害をもった人々のための旅行を計画することです。しかし、目が見える観光客が一緒に参加することも歓

休日旅行の中の次の革命.

迎していて、盲目である人々を援助するだけではなく、触覚、聴覚、嗅覚の鋭敏な人々との豊かな旅を体験することができるのです。

わたしはすべてのメインストリートと、すべてのショッピングモールに共感《エンパシー》のための旅行代理店があったらよいと思います。ドアの向こうには何が待っているのでしょうか？　親しみやすそうな添乗員と一時間ほど、人生へのあなたの取り組み方について話すことから始まります。今まで会う機会はまったくなく、しかし会いたいと思っていた人のタイプや、あなたが探索したいと思っている、知りたくてたまらない分野や、無知のままの分野について話すのです。この対話から、彼らはあなたの共感へのニーズと欲望を評価し、あなたに合わせたカスタムメイドの体験パッケージを用意してくれます。冒険の旅は、あなたのすぐ傍らにあるかもしれません。もし、あなたが北アフリカの文化に関心をもっているなら、地元のモロッコ・レストランの厨房で一週間働いてもらうかもしれませんし、難民と移民の支援センターでのボランティアとして派遣してくれるかもしれません。フランチャイズ〔一つの事業形態〕に参画したい人が現れたときに備えて、この革新的な旅行会社の名前とキャッチフレーズをわたしは考えました。共感《エンパシー》への脱出《エスケープ》――それはあなた自身の断捨離《だんしゃり》〔日々の生活から不要なものを捨てることで、生活に調和をもたらそうとする思想〕なのです。

協力《コーポレーション》、地元の合唱団に参加してみるとき

経験的な共感は、旅での直接体験や、いろいろな文化を探索することによってはっきりわかることもありますが、協力から生まれることもあります。同じ目標に向かって働き、他者と経験を共有することで、気遣いと創造というわたしたちのテーマの輪に入り、そうとは気づかぬままに、共感的な一体感を作り出している、まさに今、そうした時代なのです。社会学者のリチャード・セネットによると、協力は、「異なった、また対立した関心事をもつ人々、仲の良くない人々、立場が対等でない人々、または単に互いを理解できない同士を引きつける[23]」力をもっているのです。

協力と共感の関係性を探り始める上で、災害に対する人間の反応を通してみることはとても有効です。文化思想家のレベッカ・ソルニットは、北米とメキシコを襲ったハリケーン・カトリーナ、9・11アメリカ同時多発テロ事件などの自然災害や人為的災害を経験した人々にインタビューを始める際、極めて奇妙なことに気づきました。彼らは自分の体験を話すとき、「ぱっと、幸せそうな明るい顔」で話すのです[24]。

彼らは、その辛い経験や悲劇を語るのではなく、お互いが今まで忙し過ぎて話すこともなかった隣人と力を合わせたり、ハリケーン後の清掃をしたり、仮の給食施設でともに手を取り、助け合ったりしたとき、自分に値打ちがあるという感じや連帯を感じ、命が危険にさらされたにもかかわらず、見知らぬ人々が手を出して困っている人々を助けるといった姿への共感を思い浮かべながら話すのです。

ソルニットは、ツインタワー・ビルが崩れ落ちていくとき、逃げる最中に転んでしまった若いパキスタンからのイスラーム教徒移民と話をしました。ハシド派ユダヤ人が彼の手をわしづかみにし、彼を安全な場所へと引っ張っていってくれたとのことでした。「ユダヤ人の彼が、わたしを助けるなどとは絶対に考えられませんでした」と彼は語りました。「もし彼がいなければ、わたしは粉砕されたガラスや、瓦礫に呑み込まれていたでしょう」。ある若手建築家は、9・11直後、世界貿易センターの跡地で救急隊員に、食糧、ブーツ、その他の生活必需品を手渡したボランティアの一団を覚えています。「人々は本当によく協力して、一緒に働いていました」と彼は語りました。「とにかくさまざまな人種の人々がいました。明らかに英語が母国語でない人々が、日曜日には『ニューヨークタイムズ』紙のクロスワードパズルをしながら過ごすような人々とともに働いていました」。他の人々は、ニューヨークの雰囲気は物憂げなカーニヴァルのようだと気づきました。「誰も仕事に行かず、誰もが見知らぬ人と話していました[25]」。

何度もソルニットは、メディアのお定まりの災害時の書き方が、いかに現実をとらえ損ねているかということに気づきました。報道はパニックに陥り、走り回り、自分の命を救うことだけに夢中になっている人々で埋め尽くされていました。さらに代表的なのは、正式な救助隊が到着するずっと以前から、彼らは地域社会における救援活動が、分権的かつ非階層的な方法で巧みに組織され、互いに互いを助け合うためにいち早く団結していたことです。

地震、爆撃、大暴風などの最中でも、だいたいの人は利他的で、友人や愛する人はもちろん、自分の家族や周囲の人、見知らぬ人や隣人を機敏に気遣い世話をします。災害時の利己的なパニック状態や、または逆行的で不人情な人間のイメージは、ほとんど真実ではありません……災害時に一般に多く見られる人間性は、強靭で、機知に富み、寛大で、共感的で、勇敢なのです[26]。

研究の過程でソルニットは、わたしが「共感的協力の原理」と考えているものに到達しました。すなわち、人々を強烈な共有体験や、遂行すべき共通の大仕事に強く追いやると、共感が開花するのです。当然のことながら、共感力を鍛えられる災害地帯を探しに行くべきだと言っているのではありません。しかしながら、わたしたちにできることは、見知らぬ人たちとの共同のプロジェクトにかかわることであって、そこでは共感構築が第一義の目的ではないにしても、知らないうちに共感はそっと歩み寄り、わたしたちの心の硬い殻をなす、他者への思い込みや無知を打ち破り、予期せぬかたちで共感と出会わせるのです。わたしたちの強い願望と人生が、通常は決して出会わない人々や意識的に避けようとしてきた人々とさえ関係し合っていることを、やがて認識するときがくるでしょう。

この原理のもっともよく知られた一例が、一九七一年にノースカロライナ州ダーラムの町で起きました。

悪名高いクー・クラックス・クランの指導者クレイボーン・ポール・エリスは、市民集会で地元の学校の人種問題に取り組む教育委員会に参加するように説得されました。エリスは、アフリカ系アメリカ人の人権活動家アン・アットウォーターと一緒に仕事をすることを余儀なくされましたが、彼女のことをとにかく毛嫌いしていました。しかし、そうこうしているうちに、これまでには予想もしていなかった多くのものを、彼女と共有していることに気づくのです。例えば、彼らはともに貧しく、彼の方はデューク大学で雑役用務員として、彼女は家政婦として掃除をしながらの生活で、経済的に苦しんでいるという事実でした。彼の目から鱗が落ち始めました。アットウォーターだけでなく、アフリカ系アメリカ人全体に対する彼の見方が変わりました。「黒人と向き合い始め、彼らと握手をし、彼らを人間と見なし始めました……それはまるで生まれ変わったような感じでした」。一〇日後、彼は市民集会で一〇〇〇人もの人々の前に立ち、KKKの会員証を引き裂きました。彼は後に人権活動家となり、用務員労働組合の指導者となりました。そのメンバーの七〇パーセントはアフリカ系アメリカ人でした。彼とアットウォーターは、一生涯の友人となったのです[27]。

より最近の事例では、文化批評のエドワード・サイードと指揮者ダニエル・バレンボイムによって一九九九年に結成された先駆的なアンサンブル（草分け的合奏団）であるウェスト＝イースタン・ディヴァン管弦楽団のことがあります。ディヴァンは中東の若手ミュージシャンを集めているので、テルアビブ出身のユダヤ人チェロ奏者が、ラマラのイスラーム教徒ヴァイオリニストと共演していてもおかしくありません。バレンボイムによると、「平和のためのプロジェクトなどと、随分へつらった表現をされましたが、そうではなかったのです。うまく演奏できるかどうか、それ自体が平和をもたらすわけもありません。ディヴァンは、無知に対して立ち上がるプロジェクトとして創設されたのでした。『他者を知ること、他者が何を考え、何を感じているのかを理解することが、人々にとって絶対に本質的なことだ』という事実に抗うプロジェクトなのです。それゆえここでは、そうした考え方に同意することは必ずしも必要ではないのです」[28]。この仕掛けの眼目は、メンバーを文化的な相違を克服するための共感ワークショップに参加させることではなく、単に音楽をともに演奏することにありました。

それは効果的だったのでしょうか？ そうとは限りません。一部の批評家は、社会的な調和のユートピアというより、名高いバレンボイムのもとでプロとして演奏できる機会を野心的な若手ミュージシャンに与えているだけだと示唆しています。また、他の批評家は、アラブ音楽の演奏にイスラエル人は身を入れて取り組んでいないとか、一部のアラブ人が主張して激論が起こったことなど、ミュージシャン同士の衝突を指摘しました。それは一つの現実的な評価でしょう。共同作業は協力を生み出すと同時に、集団内の抗争も惹き起こします[29]。しかし、図柄は圧倒的に、相互理解を創造する音楽的共同作業の一つというものでしょう。バレンボイムは、イスラエル人とシリア人とが一つの音楽スタンドをわかち合い、同じようにダイナミックに、また調子を合わせてチェロを演奏しようとしている瞬間を思い出させます。そして、こう表現します。「彼らは何かをともにしようとしていたのです。それほどにも単純なことなのです……一つの調子に合わせることで、彼らは共通の経験をわかち合ったのですから、もはやこれまでのようにはお互いを見ることはできなくなったのです」。イスラエル人のメンバーの一人であるヴィオラ奏者アミハイ・グロズは、オーケストラについて、次のように記しました。「他者となんとかうまくやっていく方法を、世界中に表現できる人間の実験室だ[30]」と。イージー・リスニングの枠を越えて、ディヴァンはワーグナーの音楽をさえ演奏しています。その音楽は、ユダヤ人がガス室に送られるとき、ナチスが流していたものです。

あなたが演奏家としての訓練を受けていなくても、おそらく歌うことはできるでしょうし、少なくともそれを楽しめるでしょう。英国では、合唱団、特に地元の聖歌隊は現在、一九世紀以降、最大級の復活を遂げています。きっかけの一つは二〇〇六年、最初に放送されたBBCテレビのシリーズ、「聖歌隊」(The Choir)でした。この番組の形式は、若くカリスマ的で、いささか奇人の聖歌隊長ギャレス・マローンが一風変わった場所に行き、寄せ集めのアマチュア歌手で合唱団を作り、大きな公演のために訓練するというものです。彼は郵便局員、学童、軍人の妻や恋人たち、住宅団地の住民などの団体と取り組み、合唱団はロンドンのロイヤル・アルバート・ホールから中国の合唱オリンピックへと、あちこち飛び回って歌っています。参加している人々はよく、人生観が変わるというように証言します。合唱団は、彼らに自信と個人的誇り、市民としての誇りと地域社会との一体感、そしてよい歌を提供しています。しかし、これらの経験から出現してきたもの、それは意外なことに共感《エンパシー》なのです。

マローンの合唱団の多くは、お互いにそれまで面識のなかった人々、または隣り合わせで暮らしていたり、一緒に働いていても、さまざまな社会的・職業的背景をもち、めったに交流することがない人々で、その人々を団結させたのです。マンチェスターの空港合唱団では、シク教徒〔一六世紀、インドに興った宗教〕

の航空士が、アフリカ系カリブ人やウェールズの血を受け継ぐ荷物係や警備員とともに歌っていました。セバーン・トレント水道会社では、適切なキーを出せずに苦労していた経営幹部たちの隣には、完璧な歌唱力をもつ、水道管を敷設する現場作業員たちがいました。ロイヤル郵便局では、マローンは、「一緒にリハーサルをしたり、演奏したりした結果、絆が形成されました……同じ会社の中でも以前には会ったことのない人々が、いまは友人と呼ぶようになっていることに[31]」気づき始めたのですと言っています。もっとも著しい影響は、ルイシャム病院でのことでした。合唱団が、従業員の抱いていた職位の異なる人々への思い込みを解体し始めたのです。マローンが詳しく述べています。

わたしはアーロンという製薬会社の運搬人と個人的に話をしました。上司たちがどれほどのプレッシャーのもとで働いているかということに、彼は合唱団の一員として接しているうちに気づき、新たな敬意が生まれたことを教えてくれました。乱暴な物言いの血管外科医エディーは、いつもリハーサルでは少しおろおろしているように見えましたが、多分鋭いメスを使って大変な手術を終えたばかりだったのでしょう。合唱団で席をともにすることで、彼ら二人ともに人情味が溢れてきたのでしょう[32]。

これは驚くべきことではありません。それこそが共感的協調の原理がどのように働くかということです。もちろん、ソロを誰が歌うかなどをめぐる合唱団内のいざこざはありますが、目標を共有し、挑戦的なグループとしてやり遂げようとする真剣な努力が生み出す全面的な効果は、壁を打ち破って友情と理解の絆を築くのです。テレビ番組は、参加者のために、この経験のいい気分にさせる一面を強調していたかもしれませんが、事実としての友情と共感がまさしく本物であることを示唆しています。ルイシャム病院の看護師が言うように、「合唱団で最高によかったのは、病院のさまざまに異なる職種の人々を集めたことでした。わたしは新生児や乳幼児も担当なので、普通は外科医や運搬人や言語療法士とはまったく関係がありません。合唱団は、彼らと交流し、彼らが何をしているのかを知り、かつ交際する機会をわたしに与えてくれました。どの病院にも、合唱団がなくてはならないでしょう(33)」。

わたしたちは日々の暮らしの中で、こうした協力と協調の機会をどこで見つけることができるのでしょうか？　わたしたち人間は社会的な動物なので、個人主義的な文化や、西洋の過去一世紀における地域社会の崩壊にもかかわらず、わたしたちの周りには豊かな可能性が残されています。それらはすべて、当たり前の日常活動なのです。地域社会の合唱団に参加し、地元の図書館の開館続行キャンペーンに参加することもできます。毎週日曜日の午後、公園で五対五のサッカーをし、男女に区別のない編み物サークルを始めることもできます。あるいは、さまざまな背景や世代の人々との共感を養える、協調性が育つことで知られているコミュニティ菜園の一区画を借りてみてはどうでしょう。自分の一区画を世話しながら、知らないうちに株式仲買人と種を交換し始め、初老の修道女の結婚式の手伝いをしているかもしれません(34)。

唯一の条件は、共同体間の境界線を強化しようとするプロジェクトや組織に注意する必要があるということです。宗教、民族主義、そして政治的イデオロギーがどれも社会に亀裂を生み出し、人々に互いに敵意を抱かせた暗黒の歴史の数々があります。それらは慎重に扱わなければなりません。「わたしたち」は

「危険な代名詞」だと社会学者リチャード・セネットは言います。だから「彼ら」と「わたしたち」との区別を強化する、と。そして、「社会的な絆」は、「相互依存の感覚から、もっとも自然に生じる」[35]と続けます。合唱団の場合や災害に遭ったときのように、わたしたちが手を携えて作業しなければならない折りが、まさにその時なのです。不寛容ではなく、むしろ共感と社会的調和を生み出しやすい相互依存的な地域社会に、わたしたちが浸っていくのです。一九世紀の無政府主義的な思想家ピョートル・クロポトキンは、人間はすべての動物と同様に、自然に助け合いをする傾向があると主張しました[36]。自己の共感の勢力を伸ばせるように、相互の助け合いや社会的な協調によって共感的な自己が豊かに育まれるように、さらには相互依存的な社会が創造されるように努めなければなりません。

共感の伝達方法を学ぶこと

カナダ人の比較宗教学者ウィルフレッド・キャントウェル・スミスは、マギル大学でイスラーム学を教える際に、彼の生徒たち全員にラマダーンには断食をさせ、イスラーム休日を祝って、夜明けでも祈るために起き、正確な時間に祈りを捧げるようにさせました。何のために？　素朴にその宗教についての書物を読むだけでは、他の信仰を理解することはできないとスミスは信じていたからです[37]。多くの学問分野で、本当の差を作り出すのは経験なのです。かんなの使い方についての文章を読むことで、大工が技術を磨くことはありません。ピアニストは、楽譜を読んでテクニックを完成させるわけではありません。稽古、稽古、そして稽古に尽きるのです。

共感を育むこともまったく同じです。わたしたちが他人の生活を理解するという能力において大きな発展を遂げることができるのは、没入、探険、協調を通じて経験の世界に足を踏み入れることによってなのです。アイスクライミングやスカイダイビングに匹敵するぐらい極限のスポーツは、経験的な共感に取り組んだジョージ・オーウェルやパトリシア・ムーアのような勇気を、あなたに与えることになるかもしれません。おそらく、なじみの薄い文化圏への探険旅行に踏みきったり、または仕事を終えた水曜日の夕方に、ちょっと合唱団の練習に顔を出したりすることがあなたを和やかな気持ちにするかもしれません。

共感を学ぶことは、言語を学ぶようなものです。教科書を見ながら正しいフレーズを繰り返すことで、なにがしかの進歩を遂げることはできるかもしれませんが、もしあなたが本当に他の言語を習得したいのであれば、ネイティヴの人と付き合って毎日話す以外の方法はありません。おそらく最初は単語でつまずくでしょうが、徐々にその言語があなたの第二の母国語になっていくことでしょう。あなたはその言語でものを考えるようになり、その言語で夢さえ見るかもしれません。共感の稽古もこれとまったく変わりません。マニュアルを捨て、体験的な冒険に出かけることで、共感のことをもっともよく知ることができるのです。

エートス4　語らう技《わざ》を稽古する

会話の危機

報道されることは稀ですが、わたしたちは今、会話不在の危機に直面しています。それとともに、わたしたちの人との関係における会話の質は、飢饉的な欠乏状態に陥っています。平均的な英国の夫婦は、互いに語り合うことより、一日約五〇分もの時間を一緒にテレビを見ることに費やし、こうした会話の減少は西洋諸国にあって離婚の大きな原因の一つとなっているのです。(1) しかし他方では、表層的な会話が蔓延していて、その大半は新しいテクノロジーが産み出したとどまることのないおしゃべりなのです。二〇一二年には約一〇兆件のテキストに乗ったメッセージが世界中で交わされましたが、そのうちどれだけのものが人を励まし、慰め、心に触れる会話であったでしょうか？

この危機は共感の未来を損ねるものです。なぜ、でしょうか？　語り合うこと、つまり会話こそが、内面的な感情と他の人の考え方とを理解するための本質的な方法の一つだからです。「他者の頭の中に隠れた思考は、わたしたちを取り巻いている大いなる闇なのです」と歴史家セオドア・ゼルディンは言います。[2]会話を通して、わたしたちはその闇を開くことができるのです。日々に出会う恋人たち、見知らぬ人々、そして敵と友人たちこそが、人間宇宙の心的な部分に光を投げ入れるのです。会話と共感とは密接に絡み合っています。他者の考え方を理解しようと努力することは、さして取り立てて言うほどのこともない会話に命を吹き込みます。それは、会話そのものが共感に強く結びつく力をもっているからです。それらは互いを築き上げ、強固にし、ともに好循環を生み出すことができるのです。これは、会話の危機に立ち向かうとともに、わたしたちの共感欠乏症に取り組むために、とてもよいニュースなのです。

この挑戦は、人々の思考、感情、世界観をより深く理解し、その感情的な絆を深めるために、語らう技《わざ》を再考するところにその目的があります。そしてそのためにこそ、わたしたちは高い共感力を保持する人々の経験から学ぶことができるのです。彼らが会話に、独特の質を生み出していることに、わたしは気づきました。それは、見知らぬ人に対する好奇心、踏み込んだ聞き取り、仮面を脱ぐこと（訳注、隠しごとのないこと）、他者への配慮、独創的な精神、そして端的な勇気です。

これらの特質を保持することを、「テクニック」や「道具」と受け止めないように注意しましょう。会話のテクニックという考え方は、一八世紀の礼儀作法の本にさかのぼります。これは、公爵や枢機卿（もし、あなたが出会った場合に備えて）に正しく対処する方法を教えるものでした。一九三〇年代、自己啓発本の作家デール・カーネギーは、その著書『人を動かす』（加藤直士訳、創元社、一九五九年）の中で、コミュニケーションのテクニックを大衆化しました。彼のアドバイスには、よく微笑むこと、話の中でその人の名前を繰り返すことなどが含まれています。そうすることで、わたしが相手に好感をもっていると思わせ、相手の話をきちんと聞いていることが伝わるというのです。こうした助言や秘訣の類は、いま現在販売されている会話術の本の中にもいまだに見つけることができます。しかし、そのような戦略の問題点は、会話を機械的で堅苦しいものにし、実際上、共感を妨げる自意識に基づく不自然さを生み出してしまうことにあるのです。

高い共感力を示す人々には、会話をテクニックとして考えるのではなく、それを一つの「匠《たくみ》の技」と見なす傾向があります。技は時として、高度な技能と、それを巧みにこなすための修練を要求しますが、それは同時に創造性や個性、自発性を引き出す機会も提供してくれます。陶芸家が作る椀は、どれも少しずつ異なっていて、その固有の美を表しています。それと同じように、わたしたちが始めようとするあらゆる会話も、一組みの規則で構成されたものであるよりは、むしろそれぞれ自身の特質と個性を備えたものであるべきでしょう。

会話の技法を磨くために、わたしたちはどのように実習し始めたらよいのでしょうか？　わたしが、会話と共感に関するワークショップを始めて、はや一〇年以上が経過しますが、そこには企業の管理職、英国放送協会（ＢＢＣ）のジャーナリストから、児童とオーラル・ヒストリー〔口述による歴史〕を研究する歴史家までが参加しました。彼らのように会話に鋭敏に共振し、高い共感力を示す人々に共通する、もっとも際立つ一つのエートスは、見知らぬ人たちに対する尽きることのない好奇心であることがわかりました。

異邦人への好奇心

一八世紀より以前では、好奇心は酷評の的でした。聖アウグスティヌスのような初期のキリスト教教父は、好奇心を娯楽や傲慢とともに、三つの主要な罪の一つに分類しました。自制心の欠如を、それは表すものだったからです（エバは、好奇心を与えられ、知恵の木から林檎を食べるべきではなかったのです）。紀元一世紀、ギリシアの思想家プルタルコスも同様に好奇心を悪徳としました。[3] 他人のことばかりが気になり、何にでも首を突っ込むおせっかいやきと同じだとしたわけです。しかし、啓蒙期のあいだに、好奇心は美徳に変わります。それは科学的進歩と技術的発展の原動力と考えられたからです。アイザック・ニュートンやアレクサンダー・フォン・フンボルトのような科学革命家は、型にはまった考え方を超えて、彼らをとびきりの発見に至らせた、健全な好奇心の持ち主でした。[4]

今日、好奇心は芸術と科学の分野において尊重されています。しかしそれは啓蒙主義の残滓によって限界づけられています。つまりそこでは、好奇心は人々に対して向けられるものではなく、むしろ思想や物質に適用されるべきものだとされているのです。例えば、近年の一つの研究では、好奇心を「わたしたちが知らない物」に対する探険的調査と定義し、「わたしたちが知らない者」についての一切の言及を省略しています。[5] わたしたちは、こうした遺物を超えて、他者に対する好奇心を最高の美徳へと引き上げなければなりません。なぜなら、それが共感への扉を開く鍵だからです。わたしたちは見知らぬ人々に囲まれて生きています。多くの人々は自分の隣人のことすらほとんど知りません。店で毎日のように目にする店員の人生についても、わたしたちはまるでわかっていない。何年もともに働いている人の内面についても謎のままです。好奇心は、彼らがどんな人で、どのように世界を見ているかを発見する手助けをしてくれるのです。社会学者リチャード・セネットが書いているように、共感は「見知らぬ人々が彼ら自身において何者であるのか」についての好奇心という情感と考えることができます。[6]

見知らぬ人に対する好奇心は自然なものでしょうか？　多くの人類学者はそれについては否定的です。ジャレド・ダイアモンドは、ニューギニアの部族のような伝統的な社会では、人々は一般的に三つのグループのうちの一つに分類しうると考えられていると指摘します。「友人」は、信頼できる自分ののバンド〔政治的・社会的組織の最小単位〕または村落の一員。「敵」とは、それと敵対状態にある近隣のバンドや村落の一員。そして異邦人です。彼らは遠くの種族の見知らぬ個人たちです。「もし、自分の領地で異邦人に遭遇すれば、その人は危険であると思われる」とダイアモンドは言います。なぜなら、おそらく彼らは仲間を襲撃し、種族の女性たちを略奪するために偵察しているからです。言い換えれば、異邦人はみんな、潜在的な敵であり、非常に注意深く対処されるべき存在だということです。[7]

現代の文化はこうした態度を反映しており、わたしたちはしばしば見知らぬ人を会話に巻き込むことに用心深くなります。まさか、彼らに槍で胸を突かれるとは思いはしませんが、彼らを鬱陶しいおせっかい者と思ったり、話題が浅薄で知性のない輩と思ったりするかもしれない。つまりは、わたしたちと話すことに彼らが興味を示すはずがないと思いこんでいるだけなのかもしれません。あるいは、単に見知らぬ人と話すことが鬱陶しいだけなのかもしれません。

好奇心が、社会的に受け入れられるかどうかは、文化的な背景によります。見知らぬ人と公園のベンチでおしゃべりをするのは、フィンランドのように住人が無口で控えめであることがよく知られた国においてよりも、アメリカの小さな町での方がより簡単でしょう。[8] いえいえ、それにもまして好奇心を表現することを恐れない社会集団が一つあります。それは子どもたちです。彼らがいかに、見知らぬ人に歩み寄り、彼らと話し始めるかということには驚くべきものがあります。一人が、バスの運転手にエンジンがどのように動くのかを尋ねると、もう一人の子どもは、ポケットに何が入っているのかと訊くのです。「子どもたちは生き生きしていて、好奇心が強く、敏感である。成長することは無感覚になる過程にほかならない」とイタリアの教育者で社会活動家のダニーロ・ドルチは言います。わたしたちの多くが、かつてはもっていた、見知らぬ人に対する幼年時代の好奇心を再発見する道を見出さなければならないのです。

好奇心が決して強張ることなく、ずっとすがすがしいほど無邪気なままだった人の一人が、シカゴのラジオ・ジャーナリストで作家のスタッズ・ターケルです。五〇年のそのキャリアを通して（亡くなる二〇〇八年、九六歳まで、彼は働き続けました）、ターケルは有名な政治家や音楽家から無名の鉄鋼労働者や美容師まで、少なくとも七〇〇〇もの人々の人生について、彼のラジオ番組と本のために取材しました。ターケルは、才能に恵まれた座談の名手でした。人々を安心させ、自分の感情や人生の物語について、隠し立てすることなく話すことができると感じさせたのです。彼は、写真のように正確な記憶力をもっていたので、子どもたちの名前をいつでも思い出すことができ、母親はまだ体調不良なのかとその子に訊くこともできました。しかし、ターケルに与えられていた最大の才能は、そのおおらかな好奇心だったのです。あらゆる立場の人々が、政治や教育についてどのように考えているのか、どのように仕事の労苦に立ち向かっているのか、家族をもっているのか、人生そのものから何を学んでいるのかと、人生航路のあらゆる出会いに彼はただただ魅了されていたのでした。ターケルのラジオ番組の、長年の同僚の言葉によれば、

その年齢にもかかわらず、彼をそれほどにも突き動かしたのは何だったのでしょうか？ それは、たとえ誰であろうと、どんな人物であろうと向けられた、他人に対する彼の真直ぐな好奇心です。そしてそのことは、なぜか自分自身にはまったく無関心だったということと、ぴたりと符合しているのです……。彼の好奇心には終わりがなく、そしていったいどんな人なのだろうという素直な好奇心は、決して嫉妬や羨望によって動機づけられたものではありませんでした。(9)

見知らぬ人に対するこの好奇心が、彼を並外れて共感的な人間に作り上げたのです。それは、しばらくのあいだ、彼が他の人の身に成り代わることを可能にし、その身になって生きることを可能にしたのです。ターケルは、他の人を理解することと、彼らから学ぶことに飢え渇いていました。「誰にも、何かしら話したいことがあるのです。幼少時代がどんなものだったのか、自分の思い出、自分の夢……誰もが自分自身の経験の熟達者なのです(10)」と彼は言っています。彼はほとんど尋常とは言えないほどに人々に公平で、「他人がどのような人であるかを知りたいなら、あなたは彼らに共感する必要がある」と信じていました。

クー・クラックス・クランの一員（彼の本の一冊に登場します）と、どうやって議論ができたのか、逃げ出そうとする代わりに話ができたのかを尋ねられたとき、ターケルは本当に驚いたように、こう答えました。

しかし、わたしは彼を理解することができませんでした。どうして彼のように考えることができるのか理解できなかったのです。そして、彼の言っていることが、わたしの気持ちを傷つけていることにさえ気づいていませんでした。わたしは魅了され、本当の答えを見つけることに夢中になっていたのです。[11]

まさに共感的な好奇心に火がついていたのです。彼のアプローチの真髄、すなわち人々との強いつながりをもつ能力と、彼らをそれほどにも率直に話せるようにする能力との鍵となるものですが、それは彼からのアドバイスのうちの、主要な一つに集約されています。「審問官になるな、熱心な質問者たれ」（捜査官や批評家のように予見と目的をもってみるのではなく、好奇心に駆られた探求者であれ）。「共感する人」であることを熱望する誰にとっても、頂門の一針となる言葉でしょう。

ターケルは、読者と聴衆が、「世の中を動かす、知られざる数百万人」に共感することをいつも望んでいました。歴史書においてはないがしろにされてきた声なき人々、靴磨きの少年、港湾労働者、介護施設に閉じ込められた高齢者、新たな生活を切り拓こうとしている移民たち、彼らに声を与えることを試みていたのです。「言われるところの『とある人』として、歴史の『とある瞬間』に、『とある状況』を生きるということは、どういうことなのでしょう？[12]」この問いに、彼は始終そそられていたのです。

もしもターケルのようになれるのなら、わたしたちはもっと面白い人生を生きることができるはずです。そして、世界中から共感欠乏症を減らせるに違いありません。それは、世界に足を踏み入れて、見知らぬ人々との語らいを稽古する（実際にやってみる）ことなのです。それも天気やスポーツの勝ち負けなどの些細な話ではなく、人生における優先事項について、考え方、希望、そして夢という大事な話に焦点を合わせていくのです。それは、誰をも除外しないことを意味します。彼らの魂に触れる穏やかな方法を見つけることができれば、彼らがどんな見かけであろうが、どこからきていようが、ユニークで魅力的な会話の相手になることでしょう。それは、ともかく一所懸命に聞くことを意味します。彼らの思考を絶えず邪魔することをやめ、しっかりと聞き、あらゆる沈黙の間を埋めようと焦ったりせず、むしろ彼らの方に間をとってあげられるほどの自信をもつことです。まず、「一に聞くこと、二に聞くこと、三に聞くこと、四に聞くこと」とターケルは主張します。「そうすれば、人は話し始めるのです。彼らはいつでも話します。なぜでしょうか？　それは、かつて彼らの生涯を通して、誰一人として彼らに耳を傾けることはなかったからです。おそらく、人は自分自身に対してさえ、聞いてあげたことはなかったのでしょう[13]」。彼が言いたいこと、それはその人の個人的で苦痛に満ちた領域に土足で踏み込むことへの配慮もなく、物語を掘り起こそうとするジャーナリストのように質問することを控え、インタビューであるよりは「とある」会話であるような双方向の対話を創造するために、あなた自身の考えや経験をわかち合おうとすること、それを意味しているのです。つまるところ、見知らぬ人と会話することは、個人的な学習と啓蒙への冒険であって、それはまた自分の考え方に挑戦し、そのこと自体が新しい考え方を発見する道であることを理解することです。言い換えれば、会話はあなたにとってこそよいことであるという点を、しっかり摑むことです。

ターケルはかつて、彼の墓碑に「好奇心がこの猫を殺したのではない」と書いて欲しいと言っていました(14)。もし彼がまだ生きていたら、見知らぬ人に対する好奇心に火をつけるために、わたしたちに何をせよと提案したでしょうか？　ターケルの基本的な処方箋は、少なくとも一週間に一度は見知らぬ人と会話し、彼らの頭にある世界を理解するために本気で努力することだとわたしは思います。その見知らぬ人とは、もしかすると毎朝あなたに新聞を売っている人かもしれませんし、昼食をいつも一人で食べている職場の会計係の人、あるいはバスで隣の席に座っている元気な高齢の女性かもしれません（ターケルはいつも、毎日の通勤バスの中で人々と会話をしていました(15)）。また見知らぬ人と出会う楽しい方法が、ほかにもいくつかあります。大規模な多国籍組織で働くサラという名のわたしの知人である女性は、その建物にいるサラという名のすべての人のメールアドレスを見つけ、彼らをカフェテリアのランチに招待しました。そのサラたち――その中には受付係も経営幹部もいましたが――によるこの集まりは成功し、定期的な集まりを始めることになりました。

ある人は、赤の他人と話すことに怖じ気づいてしまいます。気後れを感じるかもしれませんし、赤の他人と話すなど、会話に自信たっぷりで社交好きの外向的な人により適していると考えがちです。それは理

スタッズ・ターケル．おそらく20世紀最大の会話術師．

解できます。しかし、見知らぬ人に対する好奇心を育むことには、外向的な人格が必要だというのはただの作り話です。スーザン・ケインが『内向型人間の時代――社会を変える静かな人の力』〔古草秀子訳、講談社、二〇一三年〕という本の中で示しているように、とりわけ熟練した聞き手へと成長することが多いのは、まさにより内向的なタイプの人なのです。それは相手を人格的な圧力で抑え込むことがなく、安心させられるからです。彼らはまた、パーティーで交わされる表面的なおしゃべりを避け、一対一の会話を好む傾向があります。このことで、興味深い共感的な話し合いをもたらす可能性がより高くなります。[16] しかし、あなたの個性がどのタイプであれ、ほとんどの人々が、彼らにとって重要な問題について話したいと望んでいることに気づくのは本質的なことです。彼らにその場所を与えてください。きっと彼らは、あなたに心を開いてくれるでしょう。

個人として好奇心を育むことができるとはいえ、会話における好奇心を広範囲に普及させるための新しい社会機関を考える必要があります。幸いにもそれらのいくつかは、すでに存在しています。「ヒューマン・ライブラリー」（人を貸し出す図書館）に行ったことがありますか？　ヒューマン・ライブラリー運動は、偏見をなくし、社会的分裂を超えて対話を創造するために、二〇〇〇年にデンマークで創設され、現在では二〇カ国以上に広がっています。それは、このように機能しています。この「ライブラリー」は、一般的には地元の公共図書館で、例えば一カ月に一度、土曜日の朝に開かれています。もしあなたが訪れたら、本を借りる代わりに、会話をするための人を借りることができるのです。ヒューマン・ライブラリーはボランティアで溢れていて、あなたの好きな話題をめぐる約三〇分の会話のために、彼らを借りることができます。ある人は海軍士官であるかもしれませんし、亡命者、はたまたナイトクラブの用心棒かもしれません。要するに、あなたの日常生活では、通常決して接することのない人々と話すわけです。

世界屈指の会話専門家の一人であるセオドア・ゼルディンと、彼が設立した組織の「オックスフォード・ミューズ」（Oxford Muse）で、わたしは数年を過ごしました。見知らぬ人と話す力というヒューマン・ライブラリーの活動の信念を、わたしたちは共有しています。ゼルディンの信念でもあり、わたしも傾倒していることは、もしも異なる生い立ちの二人の人間が引き合わされ、仮面を捨て、人生の一部をわかち合い、一対一の会話をするように励まされ、そしてお互いに目を見つめれば、それで平等と相互理解の小さな瞬間を創造することができるということです。そして、このような会話を増やすことで、たとえ芥子粒のような世界といえども、実効性のある社会的変化を作り出すことができるのです。一つの語らい（会話）ごとに、世界が変わっていくのだというように考えてみてください。

オックスフォード州立小学校での「語らう会（食事会）」．テーブルに置かれたメニューの最初の質問は、「あなたにとって大切なものの順位を，何年にもわたってどのように変えようとしてきましたか？」．

わたしたちがこの哲学を実行に移した主要な方法は、「語らう会（食事会）」（Conversation Meals）を催すことでした。それは古代のギリシア人によって催された饗宴や討論会にも似ています。わたしが組織した、オックスフォード州立小学校の体育館での一つの食事会を思い出します。わたしは、その市のあちこちからさまざまな経歴をもつ約六〇人の人々を招待しました。会社役員、浮浪者、大学教授、自動車工場の労働者、学生、中国人社会の中で生まれ育ったお年寄り、パキスタンのカレーハウスのウエイター。そこで彼らは長いテーブルに、見知らぬ人と二人一組で座ります。そして、彼らのあいだには食べ物のメニューの代わりに、会話のメニューが置かれます。そのメニューには、「人生で、愛のさまざまについて、あなたは何を学びましたか？」「どんな風にして、あなたはもっと勇敢でありたいのですか？」といった類の二〇ほどの問いが記されています。議論に添えて簡単な食事が供され、それぞれのペアは自由に、自分たちのやり方を探りました。質問は、人々が上っ面のおしゃべりを超えて、あらゆる文化の異なった世代に属する個人にとって重要な、人生の大きな問題点に取り組めるように意図されたものでした[17]。

オックスフォード・ミューズでの食事会は、せわしない出会いとは対極にあります。一分ではなく、たっぷり一時間、誰かと話をするのですから。それはまた、「異教徒間の対話」のような会話のモデルとはおよそ違ったものです。というのも、そこでは世間一般が関心を寄せる話題を取り上げるよりはむしろ、そこに参加している人々に特化した話題（例えば、公共教育における宗教の役割といったような）について、その概要に取り組もうというのですから。イギリス、フランス、中国、チェコ共和国やその他の国々で開催された「語らう会」は転換へのきっかけとなりました。そして、それらは新しい友人関係や地域のプロジェクトへと導き、偏見を打ち破ることになりました。そして当然ながら、時折は恋愛関係すら芽生えもしました。「語らう会」の成功は、独特なやり方によるだけでなく、参加者が互いに心を開いて語り合うことを許すような共有の場所を創造したことに根差しています。あなたの愛の哲学について見知らぬ人と議論を交わすことは、それがもし、あなたとまったく同じことをやっている他の何十人もの人々の中に座っているのであるなら、なんら奇妙なことではありません。実際、それはとても爽快なものです。

会話のメニューのアイデアは、いまやロンドンの「人生の学校」（School of Life）のような他の組織にも広まり、見知らぬ人に対する好奇心を育み、社会の分断をつなぐ共感を作り出しています。こうした食事会のどれか一つに参加するのは刺激的ですが、自分の食卓を囲んで友人たちと試してみるための、あなた自身の質問メニューを作ってみるのもいいでしょう。オフィスから、新しい隣人の中から、たまたま出会った見知らぬ人たちから、参加を募るのです。すでによく知っていると思っていた人々についての、新たな発見の数々に、あなたは驚愕するはずです。まずは始めていただくために、ここに質問の見本があります。わたしたちみんなのうちに隠れている、子ども時代の好奇心を再燃させることに役立つものです。ただし、心にとめておいてください。急いではいけません。そうしないと、会話は消化不良に終わってしまうかもしれないのです。

＝会話のメニュー（参考）＝

- あなたの経験では、よく生きるための最善の方法と最悪の方法は何ですか？
- あなたの愛の哲学（philosophy of love）に則って、もっとも変えたいのはどんなことですか？
- あなたの野心は、あなたの人間性にどのように影響しましたか？
- 過去、現在、あるいは未来のうち、あなたがよりくつろげると感じるのはどれでしょう？
- あなたが得意なのは、笑うこと、それとも忘れること？
- あなたが自信をもてるパーソナルヒストリー（個人的な体験）は何ですか？　それは、あなたに何を教えてくれましたか？
- あなたは動物、植物、地球そのものに対して共感できると思いますか？

●あなたの理想的な歳のとり方は何ですか？　そして、あなたに手を貸してくれるのは誰ですか？

ディープ・リスニング（深い聞き取り）

共感的な会話には多くの障害が伴います。ある人は、議論が緊迫したり、白熱したりすると喧嘩腰になりがちです。またある人は、すぐに他人を責め立てて罪悪感を感じさせてしまいます。もう一つのよくある弊害は、ナルシスティックに人の上をいってしまおうとすることです。友人の片思いの打ち明け話を聞くと、多くの人は我慢できずに、自分のもっと悲しみに満ちた話で打ち負かそうとするのです（「ひどいと思うでしょう、まあわたしの話を聞いてください……」）。

これらの障害を乗り越えるためにもっとも有効な手法の一つは聞くことです。スタッズ・ターケルはその熱烈な支持者でした。自己啓発の指導者スティーブン・コヴィーも指摘しています。何年もかけて、読む、書く、話すことを学ぶのに、そのあいだ、ほとんどの人はよりよい聞き手になるための時間は費やすことがない、と。[18]しかし、いかに聞くべきなのでしょうか？　見知らぬ人に対する好奇心とは別に、共感度の高い人々は、わたしが考えるところの「ディープ・リスニング」（深い聞き取り）に徹する習性《エートス》があります。これは、人が言っていることに共振する、極めて特殊な方法なのです。

もっとも過激な聞き手の一人は、「非暴力的コミュニケーション」（Nonviolent Communication：NVC）の創案者であるマーシャル・ローゼンバーグです。これは、不安定な結婚問題から暴力団同士の抗争まで、いろいろな抗争を解決するために特別に設計された会話方法です。「わたしたちの自然に備わっている思いやりをフル稼動させる[19]」というものです。彼は当初、一九五〇年代に「人道主義的」、または「患者中心の」心理学を創始したカール・ロジャースとともに、心理療法士としての訓練を受けています。患者に共感すること、耳をすますことを最優先するよう、彼は心理療法士に勧めました。ローゼンバーグの見方は、共感は専門の療法士に限定されるべきものではなく、日々の生活の中で誰もが実践するべき技能であるということでした。

ローゼンバーグの考え方の土台は、「共感的に受け入れる」という発想です。彼はこれを、次のように要約しています。「ある人が特有の感情や要求を経験しているまさにその瞬間、リアルに進行しつつあることに居合わせる力量こそが本質的なのです[20]」。これが「ディープ・リスニング」（深い聞き取り）のすべてです。第一の要素である「存在」は、あなたの才を空しくして、全身全霊で人の話に耳を傾け、予断と判断を捨て去るのです。ローゼンバーグは、これがどれほど難しいことかを強調するために、フランスの哲学者シモーヌ・ヴェイユを引用します。「苦しむ人に注意を向ける度量は、稀にみるもので、それほどにも困難なことなのです。それはほとんど奇跡です。いえ、まさに奇跡です」。第二の要素は、他人の感情と共振することに意識的に集中することであり、第三は、彼らの要求を理解するために一致団結して取り組むことです。ローゼンバーグによると、会話が崩壊する主な原因は、相手の要求を理解することの失敗と、自らの要求を彼らに理解させることの失敗です。「わたしが幾度も幾度も経験したことですが、互いの悪いところを指摘し合うよりも、彼らには何が必要なのかを語り始める瞬間から、みんなの必要を満たす方法を見つける可能性は飛躍的に高まる」[21]と言うのです。

その意味するところを正確に説明するために、ローゼンバーグはかつて一度、パレスチナ難民キャンプを訪れたときのことを物語ります。「非暴力的コミュニケーション」（ＮＶＣ）をめぐるワークショップで教えるための訪問でした。途中、彼はいくつもの空の催涙ガス缶に気づきました。その前夜、イスラエル軍によってキャンプに撃ち込まれたその缶には、Made in U. S. A とはっきり書かれていました。彼が聴衆に話し始めると通訳が言いました。「あなたがアメリカ人だと彼らはささやいている！」ちょうどそのとき、一人の男がさっと立ち上がり、大声で叫びました。「人殺し！」あっという間に、グループ全員が繰り返しています。「暗殺者！」「子殺し！」「人殺し！」ローゼンバーグは、次に起こったことをこう述べています——

対話1

わたしを人殺しと呼んでいた人に尋ねました。

マーシャル・ローゼンバーグ（以下Ｍ・Ｒと略）わたしの政府が、その財源をもっと違ったことに使って欲しかったと、怒っているのですか？

男　当たり前だろ、怒っているよ！　わたしたちが催涙ガスを欲しがっているとでも思っているのか！

わたしたちには住む家が必要なんだ！　われわれの国が必要なんだ！

M・R　だからあなたは猛烈に怒っていて、あなたの生活条件を改善し、政治的独立を獲得するための、なんらかの援助を望んでいるのですね？

男　子どもたちも含めてわたしたち家族全員がこの地に二七年ものあいだ、暮らすということがどういうことなのか、あなたにわかるか？　わたしたちにとって、それがどんなものだったのか、あなたにはおよそ見当もつかないはずだ？

対話は続きました。二〇分近くも苦痛を訴えるその男に耳を澄ませながら、わたしはそれぞれの発言の背後にある感情とその要求とを聞き取ろうとしました。わたしは賛成も反対もしませんでした。すぐに自分が理解されていると感じたその男は、このキャンプにきたわたしの目的についての説明を聞いてくれました。わたしを人殺しと呼んでいた同じ男が、一時間後には、わたしをラマダーンの夕食に招待してくれたのです。[22]

バラク・オバマは、感情や要求と共振するということについて、難民キャンプよりもより日常的な状況に移して、似たような話をしています。オバマはハワイで育ちますが、高校時代は大麻を吸い、パーティーでは大酒を飲み、一緒に住んでいた祖父にさえ反抗的な態度をはばかりませんでした。例えば、車を借りたらガソリンを満タンにして返すなどの、彼に課せられていたささいな家庭の規則をも拒否しました。

そして、議論に弁舌の才を振るい、祖父をギャフンと言わせることに喜びを感じていました。しかし、高校の最後の一年間に、オバマの態度は変わり始めました。「祖父との関係を通して、わたしは初めて共感の完全な意味を理解し始めました」とオバマは回想しています。彼は、祖父の観点を見出し、それに配慮する努力をしました。祖父の人生は苦闘と落胆の連続で、せめて自分の家の屋根の下では尊敬と感謝を感じたかったのです。「彼の規則を守ることは、わたしにはなにほどのことでもないが、彼にとっては重大な意味があると気づきました。わたしは理解したのです。時として彼が本当に核心をついているということを。その思いや要求を顧みず、いつも自分のやり方ばかりを押し通そうとするとは、わたしはどこかで自分自身を見失いつつあったのだ、と」。結果として、家庭ではより大きな調和が、祖父とはより強固な人間的な絆が生まれました[23]。

ローゼンバーグの方法の挑戦的な側面は、他者の話にじっくりと耳を傾けなくてはならないということに加え、彼らに対する、わたしたちの理解を示さなければならないという点にあります。それは、ちょうど今、彼らが言ったことを言い換えて、彼らの伝えたいことを反映しながら、中立的な（非評価的な）言葉を使い、疑問形で返すのです。ローゼンバーグが、パレスチナ人の男にこう尋ねたときにも、それは成し遂げられています。「だからあなたは猛烈に怒っていて、あなたの生存の条件を改善し、政治的独立を獲得するための、なんらかの援助を望んでいるのですね？」あるいは、こう想像してみてください。あなたのパートナーが、最近子どもたちの面倒をあなたが十分にみていないと文句を言っている、と。この場合、慌てて自己防衛に移る代わりに、「育児の分担方法について、君が僕に腹を立てているように感じるんだけど、そうなの？」と言うこともできます。あるいは、「僕が先週、ずっと遅くまで事務所で仕事していたことが不満なの？」ローゼンバーグは、注目に値する統計に基づいて、その主張の正しさを説明しています。「労使交渉の研究では、発言に応答する前に、その直前の発言者の言葉を正確に反復することを各交渉人が承認すると、争点解決までの時間が半分に短縮されることが示されています(24)」。

わたしは、「非暴力的コミュニケーション」（ＮＶＣ）の公式な訓練を受け、わたし自身の感情や要求ばかりではなく、他の人々のそれに真剣に集中することの大切さに目を開かれました。しかし正直にいえば、わたしは個人的には、言い換えのテクニックというものは、ややもすれば機械的なものになりがちだと思っています。パートナーや他の大人たちとの難しい対抗的な会話を、直に試してみましたが、自意識過剰で、やや技巧的な感じがします。おそらくわたしは練習不足なのでしょう（実際にわたしのトレーナーは、「非暴力的コミュニケーション」を自然に、わざとらしくなく受け入れ始めるのには六カ月かかることもあると言っていました）。ところが、わたしの四歳の子どもたちに適用してみると、とても簡単だということがわかり、そしてその驚くべき結果にも気づきました。わたしの息子か娘が癇癪を起こしたり、突然大泣きしたりしたとき、何度もわたしは彼らの感情や要望を見つける手助けをしました。「今遊んであげられないので、イライラしているの？」あるいは「ヴィデオを見終える前にコンピュータの電源を切ったので、怒っているんでしょう？」と。すると、奇跡に近いことが起こります。彼らは泣くのを止め、うなずいて、鼻をすすりながら自分がどんな風に感じているのかを教えてくれ、わたしの見方を説明する機会も与えて、すべてが落ち着くのです。これはある意味で、根本的なことのように思えます。彼らはただ聞いて欲しい、理解して欲しいと思っているだけなのです（でも、わたしたちみんなが、そうですよね？）。このような共感的な聞き方の対策は、今ベストセラーの『子どもがすすんで耳を傾けてくれる話し方&子どもがすすんで話してくれる聞き方』（*How To Talk So Kids Will Listen And Listen So Kids Will Talk*）といった多くの子育ての手引き書に見られます。それは彼らの気持ちを受け入れ、明確に表現するための手助けをするように、子どもたちの立場に身を置くことを、両親にはっきりと忠告しています。[25]

ディープ・リスニング（深い聞き取り）のさらなる問題は、他の人の気持ちや要求の存在に本気で心を開くと、その経験に圧倒され、精神的苦痛と不活動状態に陥るかもしれないということです。例えば、誰かの子どもが亡くなった話などを聞くと、あなたは信じられないほどに動揺し、彼らの苦しみに耐えられそうにないと感じるでしょう。心理学者はこれを、「共感疲労」（empathic overarousal）と呼んでいます。他の誰かの想像力に「深入り」し過ぎたと結果だと考えることができます。特にこれは、末期症状の子どもの世話をする看護師、人道援助隊員、および性的虐待を受けた依頼人をもつ療法士など、極度に情緒的で、衝撃的な状況で働いている人々のあいだに観察されています。[26] わたしが話した一人の療法士は、最終的に彼は、なんと職業を離れることになったことを説明しました。

それなりにまともな心理療法士になるためには、わたしは自分の目の前にいる人の人生と感情を正確に想像することができなければなりませんでした。実際に仕事をしていたときには、わたしは没頭し、満足感を得ていました。人々がわたしにトラウマと痛みの話をしたとき、わたしはそれを心にとどめ、自分の感情などを自制し、うつ状態を何とか乗り越えていけるすべを身につけてもらえるように手助けをしました。問題は、わたしの仕事を、わたしが恐れていたことにありました。日曜日にはわたしは次の週を恐れ、仕事がある日の夜には、よく眠れませんでした。わたしが彼らのトラウマを拾い上げてしまい、わたしが彼らのうつ状態を抱え込んでいるようなものでした。恐怖の感情が達成感を支配し始めました。限界点にくるまで、わたしはおよそ三年間、それに取り組み続けました。結局、わたしは燃え尽きて、職を断念したのです[27]。

このような共感の過重負担に、厳密に言ってどれくらいの人が苦しんでいるのか、また他の人に代わって行動を起こすことを、それがどの程度妨げているのか、これらを明らかにする組織的な調査があることを、寡聞にしてわたしは知りません。しかし、共感は人口に対して「標準的に分布」(正規分布曲線に従って分布)していると仮定するなら、公平に推定してみても、平均的な人口の約四―五パーセントの人々に影響をおよぼしているということになります。人口過密なところではもっと高い分布を示すであろうと思いますが[28]。

これにかかわって、あなたに何かできることはあるでしょうか? 一般的なアプローチとしては、他者の苦しみから受ける感情の強度な緊張から身を守る自己防衛の仕組みを作り上げることです。わたしが国際援助活動家であったあいだに気づいたことは、彼らの多くが、とても毒のあるユーモア感覚をもっているということでした。それは日常的に直面せざるをえない悲嘆に対処するための心の防御壁を作り出す助けとなるのです。心理療法士は、心に深い傷を負った患者の数をよく制限していますし、難しいケースについては療法士自身も必ず誰か相談できる人を確保しています（これはスーパーヴィジョン「監督」と呼ばれます）。これに対する一つの有効な戦略は、自分の境界線がどこに引かれているのかについての気づきを育てることです。そうすれば、共感の限度を越えてあなたを追い込む会話や状況から抜け出すことができます。心理療法士のフィリッパ・ペリーがわたしに説明してくれたように、「共感の過重負担で燃え尽きないように、限界に達する前に境界を設定しなければなりません。言い換えれば、他の誰かを助ける前にあなた自身が酸素マスクを着用することです」。自殺予防センターで長い電話に付き合ったときには、必ず休憩をとり、同僚とそれぞれが受けた電話について報告会を行いました。こうしてまず、必ず十分な酸素を補給してから、彼女は次に電話をかけてきた人への共感を試みていくのです[29]。

共感疲労は深刻な問題には違いありません。しかし、限られた人々にしか影響を与えていないという点に留意しておく必要があります。より大きな社会的脅威は、衰弱に至る共感過剰よりは、わたしたちの大多数が共感欠如に苦しんでいるということなのです。

仮面を外す

わたしは、共感的な聞き取りには大賛成です。しかし、そこには聞くことが儀式のようになっていく危険性があることも事実です。典型的な会話術の本（特にビジネス本の棚にあるもの）を開くと、聞き取りを繰り返し強調しますが、それと対であるべき真反対のことには一切言及しません。それは聞き取る側が仮面を外して、自分の立場を相手と共有するということです。仮面の陰に正体を隠し、ヴェニスの毎年恒例のカーニバル参加者のように、わたしたちはよく行動してしまいます。わたしたちは感情を抑え、恐怖心を隠し、不安を心の中に秘めたままでいます。しかし、共感的な人間関係は、自分自身をさらけ出し、絆を求めなければ、容易に育むことなどできません。共感は、相互交換の上に築き上げられるのです。もし、わたしたちが他の人に心を開けば、彼らはもっとわたしたちに心を開いてくれることでしょう。

そこでわたしたちは相互理解を作り出すために、会話を双方向の対話として考える必要があります。セオドア・ゼルディンが示唆するように、

……そもそも会話とは、相互にやりとりするものなのです。会話とは何でしょうか？　話し合いでも、取り立てて言うほどのことでもないおしゃべりでも、受け身の聴衆に情報を伝達するだけのコミュニケーションでもありません。それ以上のものなのです。会話はわかち合い、互いに育み合うもので、それが人間をして信頼と知恵、勇気と友情を生み出し、またそれらを取り交わすことができるようにしているのです。過去に、人間が暮らし方や考え方を変えたいと思ったときは、会話の主題と方法を変えてきました。会話は個人としても、職業人としても、人生の両方において決定的な役割を果たしており、お金では買えないものであり、両方の人生を豊かなものにする上で、お金と同じく重要な伝達手段になっています。[30]

共感力の高い人々には、わたしたちが仮面を外すことを怠り、絶えざる自己検閲をやめてしまうと、結果的にその会話が無意味なものになり、くどくどと反復的になり、信頼性が失われてしまうことはわかっています。ヴィクトリア朝時代の小説に登場する男、そう自制心に富み、感情表現の乏しいあんな人物のようになってしまう危険性にわたしたちは当面しています。わたしたちは、もっとフロイト革命の恩恵に浴してもよいのでしょう。性錯倒から孤独や苦悩の痛みに至る本当に悩ましい問題について、人々がもっとオープンに話せる社会的なゆるみができたのですから。

傷つきやすさ《ヴァルネラビリティ》（無防備さ）を、不安を露呈したり、感情的なリスクを冒すことを失敗とみなし、ほとんどの人がそれをむしろ避けるべきことと考えるような文化に馴染んでしまったことが問題なのです。感情について研究するブレネー・ブラウンは、無防備さとは実際にわたしたちにとってよいものなのだと、これを根本から覆すような主張をしています。

わたしたちは、両親をモデルとし、そして教えられ、傷つきやすさとは弱いということだと、そして武装せずに世界に飛び込むことは、むざむざ傷を負うことを根っから求めているようなものだと、そう信じて育ちました。しかし、少なくともわたしにとっては、無防備さは弱さではなく、わたしたちの勇気を測る最高の物差しなのです。(31)

彼女の研究は、無防備さの道場に足を踏み入れることから生まれる、疑いのない成果を明らかにしています。おそらくさまざまな関係の中で、あるいは職場で、「人生に目的と意味をもたらす経験をする」のは、わたしたちが無防備さをさらけ出した、まさにそのときなのです。何かしらきわどいことをする、例えば、助けを求める、あまり受けのよくない見解を共有しようとする、恋に落ちる、自信を喪失し、怯えていることを認める、これらはわたしたちをいかにも無防備にさせるかもしれません。しかし、それはまた同時に、望外の結果をもたらすことができるのです。より深い関係を、創造的な突破を、無上の喜びを、不安の解消を、そしてさらには共感的な絆を[32]。

無防備さの威力を実際に目にしたのは、ロンドンで五〇〇人もの群衆を前にしたステージに立って、ブレネー・ブラウンにインタビューしたときのことです。わたしが彼女を紹介した後、彼女が最初にした発言は、満席の会場に振り向いて、「なぜだかわかりませんが、すごく緊張しています！」でした。ほとんどの著名人は、その不安を露わにするなどという危険を冒しはしないでしょう。しかし、その効果たるや、瞬時にして聴衆に、彼女への共感と温かな気持ちを感じさせたのです（彼女が言ったことは、ごく自然に彼女の口を突いて出てきたもので、計画的ではなかったことを、わたしは確信しています）。

後に交わした議論の中で、わたしはブラウンに内なる自分をどこまでさらけ出すべきかと尋ねました。仮面を外す際には、どのような限界線を設けるべきでしょうか、と。すると一方では、彼女はわたしにこう言いました。無防備さは「率直にすべてを話す」ことと考えるべきではありませんし、「個人情報の過剰な共有」や、単純にあらゆる感情を他人にぶちまけることは避けるべきです、と。また他方では、こうも言いました。わたしたちの念願は、「無防備であり過ぎた二日酔い状態」を経験することにあります、と。あなたが本当に大きな一歩を踏み出し、誰かとの会話で無防備にすきを見せたとします。すると、翌朝目を覚ましたあなたはおそらくこう思うでしょう。「なぜ、あんなことまで言ってしまったのだろう？　いったいわたしは何を考えていたのだろうか？」しかし、もしあなたがどんな意味でも無防備さによる二日酔いを感じなかったとしたら、あなたにとってそれはおそらく十分なものとは言えなかったでしょう。あなたが最後に、無防備さによる二日酔いで目覚めたのはいつだったでしょうか？

多くの人々は、パートナーや親しい友人には無防備に振る舞えると感じているでしょうが、一つの場所、つまり職場ではそれはタブーと考えています。わたしが「人生の学校」（The School of Life）で行っているコースでこの話題をめぐって議論すると、いつもは教室の約半数が心の内の感情や恐怖を職場で露わにすることには消極的であることを認めます。会議の場で、このプロジェクトを仕切る自信がないと、実際に言えますか？　あなたの上司に、報告書の提出が遅れているのは、最近彼女に捨てられて弱気になっているからだなどと白状できますか？　特にあなたが男臭い環境で働いている場合は、「絶対ありえない」というのがもっともな答えでしょう。意志が弱い、無能な役立たず、チームリーダーとしての気迫が足りないと人々に思われることが気がかりでしょう。おそらくは仮面を外すことで、昇進の機会を逃す可能性があると、たぶんあなたは気が気ではないかもしれません。

そうした懸念をもつのには、いくつかの正当な理由があります。多くの職場は共感に欠けている荒涼とした砂漠なのです。心理学者のオリバー・ジェイムズは、特にビジネス界では、「ダークトライアド」（三つの負の人格特性）を抱える人々が異常に高い割合を示していることを主張しています。それらは、マキャヴェリアニズム（権謀術数主義的な性格）、ナルシシズム（自己陶酔的な性格）、サイコパシー（精神病質的な性格）です。彼が表現する「他人に対しての共感欠如で、極めて衝動的にスリルを求める人」のような精神病質の傾向は、「普通の従業員よりも、上級幹部のあいだでの方が四倍も一般的です[33]」。もし、たまたまあなたがゴードン・グッコ（「昼飯なんて、弱虫が食うものさ」とうそぶいた、映画『ウォール街』に登場する無慈悲な企業乗っ取り屋）のような浅薄な感受性をもった人物と机を並べるとしたら、あなたは無防備さなど微塵もけどられたくないかもしれません。

ブラウンの応答は、無防備さと共感とが受け入れられるだけでなく、積極的に賞賛されもする職場文化を築く必要があるというものでした。共感こそがそれを生み出す手助けをする、と。彼女が、わたしにこう説明したように……。

職場で、無防備さが大目に見てもらえないなら、そこでは革新、創造、契約などはどうでもよいということなのです。それらはすべて無防備さの関数だからです。無防備で人間的であるということと、よい仕事をこなすこととが、互いに両立しないなどということに、わたしは絶対に納得できません。わたしは、その議論の根拠を受け入れません。それは間違った二分法です。

彼女は、起業家の頂点に立つ人々を例として論じ、問題点を明確にしています。彼らはこう言います。

斬新なビジネスのアイデアを走破する上での最大の障害は、馬鹿にされたり、嘲笑われたり、同僚たちにけなされたりすることへの恐れなのだ、と。革新的なアイデアこそが、馬鹿馬鹿しく思われることは事実なのです[34]。ですから、無防備さと創造性とはともに手を携えていくのです。マーシャル・ローゼンバーグは、職場における無防備さをめぐる事例についても注目しています。あえてリスクを負う人々に対して、驚くべき数の人々がその感情の開放性と誠実さに心を惹かれ、たびたび肯定的な反応を示していると主張しています[35]。さらに、もしあなたも確信があるわけではないことを素直に認めれば、他の人々にも同じようにしてもよいのではないかという気を起こさせることができます。そして、おそらくはあなたの冷徹な上司も、あなたと同様に心弱く自信がないのだということを発見するでしょう。

　こうした観点は、ビジネスの思考における新しい動向の一部なのです。情感的知性、開放性、そして感受性を保持することが、今日の互いに緊密に関連し合い、目まぐるしく変化するグローバル経済における成功の鍵でもあるということです。わたしたちは、組織を機械としてではなく、人間関係のネットワークとして考えていく必要があります。共感《エンパシー》や無防備さ《ヴァルネラビリティ》などの特性を行動に移すと、冷酷な、陰口をたたく同僚たちによって踏みつけにされると思うのは間違いです。むしろ彼らは、あなたが困難を乗り切って活躍するのを助けてくれるでしょう[36]。アショカ〔訳注、一九八一年に創設された、社会起業支援非営利組織〕の創設者である、世界的に有名な社会起業家ビル・ドレイトンは、よいチームワークと組織のリーダーシップにとって共感は、絶対の必要条件だと主張しています。

共感の応用を通して、彼または彼女の行動を道案内する複雑な社会的技能を十分に習得できない人たちはみんな、取り残されてしまうことでしょう。チームが成功するには、チームワークを習得しなければなりません。それは要するに、共感の応用力にかかっています……もし、あなたが共感を応用する手段を幼いときに与えられていなかったのなら、わたしたちはそれを非難するべきではない。わたしたちは自分を非難するべきなのです。すべての若者が共感を実体験し、それを実践できる方向に向かわくてはならないのです。そして、これはわたしたちがやり遂げなければならない基本となる革命なのです。[37]

わたしたちが「共感というコミュニティ」に身を置くことができれば、職場であれ、どこであれ、わたしたちの弱さ、無防備さを露わにすることが容易になります。仮面を外すことは、恥じらいを伴いがちです。わたしたちは小さく、弱く、颯爽としておらず、何をしても不十分です。しかし、ブレネー・ブラウンが指摘するように、「恥じらいに対する解毒剤は共感です……もし共感と理解をもって応えてくれる誰かと、わたしたちの物語を共有することができるなら、恥ずかしさは持続不可能です[38]」。ここでのメッセージは、わたしたちに共感の耳を傾け、心配事や不安を聞いてくれる人々に目を向けなければならないということです。言い換えれば、自分自身を共感で包み込めば、わたしたち自身の共感をもっとも広く伸張させることができるということです。社会的支援ネットワークの地図を書くとして、あなたが必要とする共感を、あなたに本当に提供できる人は果たして何人いるでしょうか？　今こそ彼らを探し出すときではないでしょうか。

他者に対する気遣い

仮面を取り、あるいはよき聞き手であろうとする意志を示すことはたしかに可能ですが、他者を前にして自分の個人的関心事ばかりを先に立てると、自己中心的で功利的な会話で終わってしまいます。それはあなたが自分の望むものを獲得し、自分の感情的要求を満たし、人を制御したり巧みに操作したりする手段として、コミュニケーションをとらえているからなのかもしれません。共感力の高い人々は、語らいの中に他の人を気遣う姿勢を込め、自分自身のことばかりではなく、他者の関心や幸福（wellbeing）に焦点を合わせています。

この特性の重要性は、いわゆる「共感マーケティング」をめぐる論議を通してはっきりしてきます。過去一〇年間に、共感は広告業界やマーケティング業界でよく知られた概念になりましたが、そこでは純粋に「手段」を示す語彙と思われがちです。ベストセラー『説得力——人を動かすために本当に必要なこと』（*The Art of Influencing People*）の中で、ジェイムズ・ボーグは共感することについて説明しています。とりわけ対面する会話において人々の感情を正確に読み取る技能は、重要なセールス技術として、「あなたを強く際立たせ、あなたが望むものを手に入れることを助け、あなたに競争力を与えます」、「もっとも成功した人々の行動や考え方を検討すると、共感の役割を十二分に理解していることは明らかです」とボーグは述べています。[39] 膨大な数があるマーケティング・ウェブサイトでは、顧客を誘惑するための共感的なコミュニケーション戦略を使う方法を提供しています。例えば、相手の心理状態に同調する方法として、個人的なつながりを作るために家族のことを尋ねてみること、話をするときには必ず相手の目を見ること、あるいは身ぶり手ぶりや声の調子の観察者になること、といった具合です。あるマーケティング・コンサルタントは、「共感的なコミュニケーション手法の効果は明らかなのに、わたしの顧客はいつもその活用を怠って……結果として何十億ドルも手にし損ねている」と観察しています。[40] 現在は共感マーケティングに特化した企業もあり、本当に耳を傾けてくれたと顧客に感じさせるための訓練を、通信販売の従業員たちに課しています。[41]

ビジネスにおける共感の役割の高まりについて、深い洞察を示す批評家は、政治学者のゲイリー・オルソンです。共感マーケティング、または彼もまたそう呼ぶところの「ニューロマーケティング」*は、ビジネスが消費者の欲求と願望に応える方法として、消費者がどのように考え、そして感じているのかについて洗練された理解を深める試みを通して、好意的な語彙で表現されることが多くなると彼は記しています。しかしこれは現実には、売り上げと利益を上げる巧みな戦略以上のものではありません。彼らにとって、「要するに、他人の靴を履くことは、別の一足を彼らに売るためのテクニックなのです」[42]。この解釈のもとでは、共感に備わる倫理的な内容は根こそぎ剝ぎ取られていることになります。マーケティング業界が、消費者の幸福感に関して、偽りのない配慮を示すことなどないからです。

＊〔訳注〕商品を認知したり購入したりする際の消費者の脳の反応を測定することで消費者の心理を解明し、脳に心地よい商品を開発するなどのかたちでマーケティングに生かそうとする脳科学的な研究。

共感マーケティングは、オルソンが主張するように悪質なものなのでしょうか？　共感的なコミュニケーション技術を使用している企業は、顧客の関心事に敏感になっているのではなく、喰い物にしているだけなのでしょうか？　マス・コンシューマリズム（大量消費主義）の興隆を思えば、彼は正しいのでしょう。しかしながら、共感の概念は実業界でこそ新しいかもしれませんが、マーケティングの専門家には、実質上ほぼ一世紀のあいだ、実用されてきました。共感マーケティングの最初の偉大な指導者は、一九二〇年代に米国で広報産業を設立した、ジークムント・フロイトの甥エドワード・バーネイズでした。バーネイズは、叔父の精神分析における数々の発見を十分に吸収しましたが、さらにそこに資本主義的なひねりを加えたのです。製品を販売するもっとも効果的な方法は、それがよい品であることの合理的な理由を消費者に並べるのではなく、消費者が抱えている無意識の欲求や感情を組み合わせ、それを巧妙に聞きわけること、さらに深く掘り下げることであると彼は認識していました。つまり、消費者に共感することです。

一九二九年に、バーネイズのアプローチの有効性は、ニューヨーク市で見事に実証されました。女性の喫煙タブーを打ち破り、この巨大な新規市場を開拓するために、彼はアメリカン・タバコ・カンパニーに雇われました。そこで彼は戦略を練りました。市の毎年恒例のイースター・パレードの期間中、上流社交界の娘たちの小さなグループに、公衆の面前でラッキーストライクに火をつけるよう説得しました。一方で彼は報道陣に断言します。この若い女性たちは婦人参政権論者であり、男女平等の象徴として、「自由の聖火」に点火したのだ、と。彼の戦略は目覚しい成功を収めました。国中の女性が喫煙を始めたのです。アダム・カーティスがドキュメンタリー・シリーズ『自己の世紀』で説明するように……。

バーネイズが創出したのは、喫煙すれば、彼女たちはより強く、独立した女性になれるという感覚でした。この感覚は今日でも根強く残っています。それは、製品を感情的欲求や情動に結びつけると、人々を説いて非合理的な行動へと促すことが可能になることを、彼に気づかせることになりました。喫煙が現実に女性をより自由にしたという感覚は完全に非合理的でしたが、しかし彼女たちに、より独立した女になると感じさせたのです。[43]

これが共感マーケティングのすべてです。つまり、他人の靴を履き〔他人の立場に立ち〕、彼らの物の見方を理解し、その洞察に則って製品を販売することです。バーネイズの時代以来、これがタバコ産業の常套的な手法となったとオルソンは指摘しています。一九九四年にフィリップ・モリスは、公共の場での喫煙に対して高まる反対の声に直面していたにもかかわらず、ベンソン&ヘッジスのブランドに対し、内部では「共感キャンペーン」と称されていたことを実行しました。彼らのマーケティング計画は、「共感ポジショニング」〔製品やサービスの比較優位を実現するために、「共感」を商品の位置づけの軸として立てる戦略〕にあからさまに関与するものです。「ベンソン&ヘッジスは、一九九〇年代の喫煙者に対する社会的な圧力と制約とを理解する（共感）」というアイデアを発信したのです。キャンペーン広告は、タバコを楽しむために正気とは思えない危険を冒しているという人々のイメージを映し出しました。その一つに、喫煙者の集団が空高く飛んでいる飛行機の翼の上でタバコをふかしている図で、見出しには「すべての喫煙席が全部キャンセルされてしまったことに気づかれたでしょうか?」と添えてありました。キャッチフレーズは、「喜びのためにどこまでも」です。(44)

共感の威力を理解しているのは、タバコの宣伝キャンペーンだけではありません。わたしの子どもたちが成長するにつれて、広告業界が共感を用いて、子どもたちにとって必ずしもよいとは言えない、あるいは確実に危険の多い商品を買うようにどれほどそそのかしているか、このことに気づかされます。露骨な例はファーストフードの広告です。そこには、ハンバーガーやフライドポテトを食べることは、肥満や心臓病への一本道というより、そこにあるのは楽しく、また健康的なことと納得させるために、指人形やアニメや笑いはしゃぐ子どもたちです。広告者たちは、どうすればわたしの子どもたちの心を刺激し、食べたくてよだれが出そうにさせられるのかをきちんと心得ているのです。マクドナルドは、一九五〇年代以来、子どもたちを広告キャンペーンのターゲットにしてきました。今日、ロナルド・マクドナルドの優しそうなピエロ顔を認識できない子どもたちが、果たして何人いるでしょうか? 創始者のレイ・クロックは、こんな論理で説明しました。「わたしたちのテレビCMを愛してくれる子どもは、その祖父母をマクドナルドに連れてきてくれます。さらに二人の顧客を、与えてくれるというわけです」(45)。

得意先や顧客の靴を履いてみる〔相手の立場に立ってみる〕という共感的コミュニケーション手法を使ってのマーケティングにおいて、昨今強調される点は、したがって貸借対照表上の利益のために共感を酷使してきた、長く、それなりに役には立った慣例をさらに持続させることのようです。しかし、この結論は単純化し過ぎています。わたしたちは、こう問わねばなりません。企業の共感への欲望はどこからきたのだろうか、と。状況証拠が、動機の連続的な広がりを明らかにします。低い共感値を示す側のどん詰まりには、顧客の幸福への本当の気遣いからではなく、第一に彼らの金銭的利益のために、人々の心を理解しようと試みる企業があります。言い換えれば、彼らは情感的な共感の能力は欠けているが、認知的な共感には長けている精神病質者に似ています。(46) ここには、馬券売り場やカジノだけではなく、タバコ、甘いお菓子、高カロリーで栄養価の低いジャンクフードなどの商品を販売している一群の企業を見出すことができます。

しかしながら、高度の共感値を示す側の頂点には、人々の欲望を巧みに操るよりも、彼らの要求を理解し、満たすことを試みて、人々の生活の質を向上させるという意図をもって、共感的な方法を使用する企業が存在します。損益計算書上の純利益を示す最後の行以上の、他の動機で動かされている企業もあります。パトリシア・ムーアが台所用品を設計していたとき、手の関節炎を患った人がジャガイモの皮剝き器を使うとはどんなことなのか、その模擬体験をするために彼女の手を添え木で固定しました。彼女の第一の目的はコンサルタント料を最大にすることではなかったのです。むしろ、高齢者が日常生活において使い勝手がよいと感じる製品を作るという本質的な欲求を、彼女はもっていました。(47) 同様に、わたしがいささか誇らしげに、新生児の双子を双子用ベビーカーに乗せて押し歩いていたときに、わたしのような親の要求を満たすためにそれは設計されていたということが明らかになりました。わたしと向き合えるようにするために簡単に席を回すことができ、でこぼこした地形を移動できるように作られており、下の方にはおむつや買い物袋を保管するのに十分なスペースがありました。この会社は、新米の親たちが実際にどんな機能を望んでいるかを知るために、小さなグループに焦点を合わせて、多額の予算を費やしたに違いないのです。顧客に共感しようとするこの努力をしてくれたことを、わたしは人間としてとても嬉しく思います。

比較的高度の共感を示す側にいると言える企業は正直なところほとんど存在しないのです。大部分の企業は、消費者の健康を増進し、生活を向上させることよりも、利益率を健全に保ち、株主を幸せにするために、共感的なコミュニケーション手法を利用しています。共感は、狭い金銭的な意味で、企業をどうにか成功へと導くだけの道具に成り下がっています。そのような場合に、「共感マーケティング」という用語を使用するのは誤りであり、それは普通の昔ながらの「マーケティング」以上のものではありません。

共感マーケティングは、わたしたち自身の生活の中で、会話の技法にどのように取り組むべきかについて警告を発してくれます。わたしたちは、他者とコミュニケーションをするとき、自分の意図するところに油断なく注意を払い続けることが必要です。もしわたしたちが利己心に流れたら、会話は人を支配し操作して、自分の思い通りにしようとする手段になり、わたしたちは共感の原理を裏切ることになります。他方で、わたしたちの会話が他者に対する配慮によって導かれるならば、共感することは誠実さの刻印を帯びるでしょう。

創造的な精神

会話がもっとも輝くのは、冒険という形式においてです。ソクラテス式対話という観念のように、もし異なる視点と経験をもつ二人の人間を引き合わせれば、その出会いは彼らのあいだに予期しないものや新しいものを作り出すことがあります。これがまさに一九五〇年代初期、フランシス・クリックとジェイムズ・ワトソンに起こったことでした。彼らは遺伝学について、それぞれの異なる学問的な展望から終わりのない議論に没頭しました。そうした議論の結果が、ＤＮＡの構造の発見につながったのです。セオドア・ゼルディンは書いています。

会話は、異なった記憶や習慣を有する心が出会う場です。心が出会うとき、心はただ事実を交換するだけではありません。心はそれらを変容させ、新たに作り変え、それらから異なった含意を引き出し、新しい一連の思考を生み出していくのです。会話はカードをシャッフルするだけではありません。新しいカードを作り出すのです……満足のいく会話というものは、今まで決して口にできなかったことが言えるような会話なのです。(48)

高度に共感的な人々の五つめの特徴は、彼らがこうした創造的な精神をもって会話に取り組んでいることです。彼らは、異なった人の世界観を探求し、彼ら自身のそれもあわせてわかち合うことで信じるのです、その経験によって、たとえわずかであれ変わることができるということを、そして新鮮な思考と展望を提供してくれる共感的な洞察が得られるということを。これをわたしたちの生活の中で実現するためには、皮相なことにあれこれとこだわり、もっとも重要な関心事や優先事項の表面に次々と触れるだけの対話のパターンを壊す必要があります。そうすることには大きな利点があるのです。アリゾナ大学の研究では、人生への満足度と「幸福感」が高い水準にある人は、満足度の低い人に比べて、本質的な会話（例えば、愛、宗教、政治についての）をする機会が二倍あり、雑談（ゴシップや天候についての軽いおしゃべりなどの）にはほんの三分の一の機会があるだけだということを明らかにしました。[49] この研究は、共感と同様、語り合い（会話）もわたしたちにとって極めて有益であることを示唆しています。

創造的で本質的な会話の機会をより多くもつようにするにはどうしたらいいのでしょうか？　語り合う人生を深味と面白味のないものにしてしまう原因の一つは、型通りの質問に安直に落とし込んで対話を始めてしまうことです。元気？　天気はどうだった？　何をしてるの？　週末は何してた？　このような質問は、それなりに大切な社会的潤滑油にはなるでしょうが、それ自体では、どうしても魅力的で豊かな共感的交換を弾けさせることはできません。「元気だよ」や「大丈夫よ」と答えて、廊下を後にするのです。

会話の始まり方は、会話がどこに行くのかを決定する主要な要素です。そこで、冒険的な幕開けを実験してみる価値があります。同僚に「調子はどう？」と挨拶する代わりに、「今朝、どんなこと考えていた？」

あるいは、「週末にかけて、一番すごくびっくりしたことは、何？」のような、何か少しだけ普通ではない、異なった方向で会話を始めましょう。あなたの人格にふさわしい種類の質問を見つけ出さなくてはなりません。要点は、あなたの会話を活発なものにし、記憶にも残り、共感的な発見の媒介となるように、会話の慣習を打ち破ることです（「もし、あなたがどんな動物にでもなれるとしたら、何になりたいですか？」のような陳腐な決まり文句は使わないことを勧めます）。ともあれ、質問が大胆なものであっても、少しだけ風変わりな人物と思われるくらいで、人々はあなたが狂っているとは思わないでしょう。それどころか、彼らは感謝さえするかもしれないのです。

本当の勇気

共感的に他の人の心に飛び込むために不可欠な、究極の語り合いの習性《エートス》があります。そして、それはわたしがすでに論じてきたことに対する共通分母となっています。それは本当の勇気です。自分よりも他人の関心事を重視し、仮面を外し、人々の感情や要求に真剣に耳を傾け、見知らぬ人に対しての好奇心を発揮するなど、創造的な第一歩を実験するには勇気が必要です。さらに勇気は、わたしたちができることなら避けたいと思う、極めて難しい会話を可能にしますし、それは共感的な愛着を固めるために、最大限の機会を与えてもくれます。勇気ある会話とはどのようなものでしょうか？　ジョー・ベリーは知っています。

ジョー・ベリー（右）の隣に立つ，彼女の父を殺した男，パット・マギー．

一九八四年、ジョーが二七歳のときに、彼女の父である保守党の下院議員サー・アンソニー・ベリーが、ブライトンの党大会においてアイルランド共和国軍（ＩＲＡ）の投じた爆弾で殺害されました。一九九九年、爆弾事件で有罪判決を受けたＩＲＡのメンバーの一人パット・マギーが、聖金曜日和平合意（ベルファスト合意）の条項のもとで刑務所から釈放されます。直後のジョーの反応は、彼に面会したいという切望でした。自分の父親を殺した男と関係を築こうと試みることが、彼女の苦悩と怒りを克服するために必要だと感じていたのです。彼女は言います。「わたしは敵を確かめるためにパットに会うことを望みました。そして、一人の人間としての彼を確かめたかったのです」。パットは彼女と話をすることに同意し、最初の顔合わせから実に五〇回以上も会うことになりました。苦心するところも多かったでしょうが、徐々に爆弾事件をめぐるお互いの見解を理解するようになりました。「わたしにとって問題は、心を開いてパットの物語を聞き、その動機を理解することで、彼を咎めたいという欲求を捨てることができるかどうかということです。あるときにはそれができ、またあるときにはできなかったというのが本当のところです」とジョーは説明しました。ジョーは、パットを許しているかどうかを頻繁に尋ねられます。そんなときの彼女の応答は「許し」は正しい言葉ではないということです。本当に重要なことは共感なのですと彼女は言います。

わたしは「許し」については話しません。「わたしはあなたを許します」と言うのは、ほとんど恩着せがましくさえあります。それは、わたしが正しくて彼が間違っているという、「わたしたちと彼ら」の脚本にあなたを閉じ込めてしまいます。そのような姿勢では何も変えられません。しかし、わたしは共感を経験することができます。時折、パットに会っているとき、わたしは、彼の人生において許すべきものなど何もないことをはっきりと理解しました。紛争のどちら側に立っているかにかかわらず、わたしたちがそれぞれの人生を互いに生きていたとしたら、誰かがやったことは、わたしたちの誰もがやっていたかもしれないということを、わたしは実感しました。言い換えれば、わたしがアイルランド共和国というバックグラウンドをもっていたら、パットがしたのと同じ選択を、わたしもきっとしていたかもしれないのです[50]。

敵と共感するジョーの勇気は、彼女の人生に大きな衝撃を与えました。彼女は思いもかけず、驚くべき友情を築き、父親の死をめぐる絶望に対処する方法を見出し、「平和の架け橋」（Building Bridges for Peace）という組織の創設に動きました。暴力的な紛争の平和的解決を推進するために、対話と非暴力を目指す組織です。

ジョーの物語は、共感はもっとも極端な文脈において出現するだけではなく、個人の人生を変え、社会の変化に貢献する力をもっていることを示しています。これはまた問いも惹起するでしょう。ジョー・ベリーが、パット・マギーと話す勇気を見出すことができたのですから、わたしたちそれぞれが数カ月間、いや何年ものあいだ、先延ばしにしてきた数々の難しい会話に乗り出す勇気を見出せないことはないでしょう？　自分自身に挑戦状を突きつけてみてはどうでしょうか？　次の二四時間に、これらの会話のうちの一つを始めるとして、さてどんな行動を取ることができるでしょうか？　ひょっとすると、あなたは電話を取り、あなたの娘とあなたとを遠ざけていた問題について、彼女と話そうとするかもしれない。あるいは、あなたが傷つけた、ないしは裏切った人に手書きの手紙を書くこともできるでしょう。その選択と好機は、あなたの手の中にあります。

あなた自身への共感？

見知らぬ人（異邦人）に対する好奇心、ディープ・リスニング（深い聞き取り）、仮面を外すこと、他者への気遣い、創造的な精神、そして本当の勇気と、ここまで語らう技（会話の技法）の六つの要素を詳しく調べてきました。ここで、他の人間たちの心へと共感的な跳躍をする上で、他者と話す（語らう）という単純な行為がいかに威力を発揮するかを認識することができるでしょう。しかし、会話の潜在能力を最大限に発揮させるには、それらをただのひと組みの技法へと変質させることには注意深くなければなりません。それぞれの要素を活かすためには、チェックリスト――何を言ったらいいのか、厳密にどのように、そしていつ言うべきか――に従うのではなく、あなたの会話の哲学を再考する必要があります。自由で無理のない自然な態度とともにのみ、共感的な会話が十分に花開くのですから。

しかし、語らう技（会話の技法）には七番目の要素があるのではないしょうか？　過去二〇年にわたり、ますます多くの思想家たちが、とりわけ会話において、共感を他の人々に向かって広げていくのには、それ相当の「自己共感」を必要とすることを示唆してきました[51]。自分自身に共感ができないなら、他の人と関係をもつために必要な心理的基盤が失われているということなのではないかと思うのです。自己共感の支持者は、型通りにこう説明します。自分自身の感情や要求に気づくこと、自分自身を責め続けるのはやめること、自分自身に厳し過ぎないようにすること、と（例えば、自分自身を責めることなく、罪悪感を感じたり、挫折感によって打ちのめされることなく、と）。いくつかの基本的な道は、自己共感とはあなた自身に優しくあることであり、あなたがあなたであることを好きになることなのです。

その人気は高まってきていますが、わたしは自己共感という観念に疑いを抱いています。その一つの理由は、そこにある概念的な亀裂が、わたしには突き刺さってくるからです。共感の中心的な意味は、過去一世紀以上にわたり、自己の境界を打ち破り、他の人々の感情や視点を理解することにありました。それは、内なる自己から始めるのではなく、彼らの目を通して見ることです。つまり、共感は「内観・内省」（イントロスペクション）にではなく、「外観・外省」（アウトロスペクション）にかかわっているということです。二つ目の理由は、自己共感が共感の意味をあまりにも拡大し、曖昧なものにしてしまうことです。ひとたび共感が、わたしたち自身の自尊心と心の内の感情的な起伏の諸々が全音域的にかかわり合ってしまうと、個人と社会の変革の明確な指導理念としての分析的な切れ味と潜在的な力とを無くしてしまう危険があるのです。「共感」という言葉は、優しさや日々の寛大な行動と単純に同一視されるべきではないと信じますし、「自己共感」として記述されるさまざまな側面を覆い隠すために手加減すべきではないと思うのです。

しかし、自分自身についてどのように感じているのかということが、他の人と共感的につながるわたしたちの能力にとって、大切ではないと言っているのではありません。ただ、わたしたちには別の言葉が必要だということなのです。その候補とはなんでしょうか？　一つには、「自己共感」に似ていますが、「セルフ・コンパッション」（自己への思いやり）が一九九〇年代から、わたしたちの個人主義的文化の産物として現れました。これは、より強固な概念的基礎をもっているかもしれません。慈悲という仏教的概念を参考にして、心理学者のクリスティン・ネフは、セルフ・コンパッションを三つの要素からなると定義づけました。一つは、「『自分への優しさ』（self-kindness）――厳しく自己批判するのではなく、苦しみと失敗に遭った時には自分自身を優しく理解しようとすること――、二つ目は、『共通の人間性』（common humanity）――自分の経験を分離し、孤立したものと見るのではなく、広い人間的な経験の一部と感じること――、三つ目は、『マインドフルネス』(mindfulness)――痛ましい想念や気持ちを、それに過剰に自己同一化せずに、均衡のとれた気づきをもって受け入れること――[52]」。しかし、自己共感と同様に、セルフ・コンパッションはどこか混乱した着想です。なぜなら、「コンパッション」(compassion)の語源は、他の人の苦しみをわかち合うことなのですから。ネフの定義の第二の要素は、他の人々の苦しみに触れますが、第一または第三のものは触れていません。

わたしが望ましいと思うのは、古代ギリシア語の「フィローティア」(自己愛)という言葉を復活させることです。古代ギリシア人は、利己的で自己陶酔的な、自己の富と権力と栄光を追求することのみに関心があるという、自己愛の否定的な側面をすでに認識していました。しかし、「フィローティア」のより前向きで健康的な解釈もありました。それは、あなたが自分自身を好きで、揺るぎない安心を感じるならば、それは他を気にかけ、大切にする内的な感情の強度と自覚の深い源をもっているということだとの考えでした。アリストテレスはとりわけ、情け深い自己愛の型の重要性を認識していました。「他者に対するあらゆる親愛の情は、ある男の彼自身への情感が伸張したものである」と書いています[53]。

もし、アリストテレスが今日生きていたならば、「フィローティア」の熱心な主唱者であったとわたしは思います。自信のない人々や、それ相当の自己嫌悪を心に宿した人々が、他者の感情や要求、世界観と関係することに苦労するであろうと信じて、彼は「フィローティア」を共感を理解するために必要な基礎としてとらえたのでしょう。あなたが他の誰かの皮膚をもとうとするなら、あるがままの自分を心地よく感じることが必要なのです。

自己愛という良薬の一服とともに、わたしたちはみんな〈会話術〉のよき開業医となります。そして、わたしたちを取り巻く、隠された思考の大いなる闇を貫くのです。

エートス5　肘掛け椅子の旅

リビングルームから世界を変えることができますか？

「自分の世界を超えて、ほかにも世界があることを初めて認識したのは本を通してでした。そして最初に思い描いたのは、それはまるで別の人になってみようとすることかもしれない」と小説家のジュリアン・バーンズは書いています。[1]小説を読むことは、自我や個人的経験の枷《かせ》を外し、共感的な地平を拡大する助けになるかもしれないという、これは魅惑的な考えです。しかしながら、多くの現代の文学理論家は、この考え方を明らかに小馬鹿にしています。心理学者のスティーヴン・ピンカーによると、「彼らはこの考えを、あまりにも大衆向けで、治療法のようでもあり、安っぽく、感傷的で、いかにも『オプラ・ウィンフリー・ショー』〔訳注、オプラ・ウィンフリーが司会を務めた一九八六年から二〇一一年まで放送のトーク番組〕に登場しそうな内容だ[2]」と批評家たちは言います。読書は、それがどんなに感動的な物語であっても、わたしたちの実際の行動にほとんど影響を与えず、むしろ読み始めたときよりも偏見が増しているかもしれない、と。しかし、文学、絵画、映画その他の芸術形式は、たしかに想像上の旅へと誘い、自分たちのものとは根本的に違う人生へと導く力をもっていて、これを裏づける証拠も増えています。そしてまた小説を読み終えたとき、映画館を出るとき、他者のために共感的行為をしたいという気持ちが喚起されていることについても。

高度に共感的な人々は、たとえ言葉や画像が本物ではなく、間接的な経験を提供しているに過ぎないとしても、お手軽な共感手段として捨ててしまうのではなく、真剣に受け止めるに値するものだということを理解しています。なぜでしょう？　芸術は長い輝かしい歴史を刻んでいます。それは何世紀にもわたって、児童労働に反対する闘争や反戦運動に共感する自己を行動へと押しやってきたのです。書物や芸術作品の鑑賞において、ただ楽しむだけではなく、その作品と共感的にかかわるには、わたしたちはどのような眼力を備えればよいのかを探ることが必要なのです。

わたしはこれを「肘掛け椅子の共感」と考えます。リビングで居ながらにしてできる、旅の一つのかたちです。揺り椅子でくつろぎながらも、あなたの側には本があり、手にはDVDリモコンが、そしておそらく手の届く範囲にはラップトップやスマートフォンがあるでしょう。SNS、ヴィデオゲーム、チャットルームや他のかたちのオンライン文化は、肘掛け椅子の共感を追求する新たな可能性を広げ、この惑星のどこかにいる何百万人もの人々とつながることを可能にしたのです。デジタル時代の到来は、共感の未来に重要な問題を投げかけています。フェイスブックなどのネットワークは、意味のある人間関係を築く助けになっているでしょうか？　それとも表面的な交信をあおっているだけなのでしょうか？　本来のホモ・エンパシクス（Homo empathicus）の性質より、ナルシスティックな面を増幅した「e-パーソナリティ」を生み出してしまったのではないでしょうか？　理想的な「共感アプリ」とはどのようなものなのでしょう？

インターネットの可能性が誇張されていることをわたしたちが見破っていくにつれ、それはグローバルな共感革命の最大の脅威の一つとして立ちはだかるものと判明するのかもしれません。しかしながらまずは、デジタル時代から鉄器時代に戻り、古代ギリシアの劇場の世界を鑑賞してみましょう。

演劇と映画——敵の目で見る戦い

紀元前四七二年の春、アテナイの民衆は、ギリシア悲劇の創始者であるアイスキュロスによって書かれた最新の戯曲を観るために列を作っていました。作品『ペルシア人』は、単にありふれた神々の伝説を扱うばかりではなく、むしろ史実に根差した並外れた作品でした。観衆に本当に衝撃を与えたに違いないのは、それが彼らの宿敵ペルシア人の視点から語られていたことです。ペルシアはわずか八年前に、アテナイとサラミスの海戦を戦ったばかりでした。

それはペルシアの君主クセルクセスが送った遠征軍の話です。そのペルシアの侵略者たちが、その敵ギリシアのアテナイに打ち破られた様子が物語られていきます。使者が、サラミス海戦における軍の、そして海軍までもの敗北の悲報をもたらしたとき、ペルシアの長老議会は号泣しました。「なんということだ、この上ない悲しみだ！　聞きおよぶすべてのものの胸が張り裂けるだろう。なんという非情、思いもかけない悲痛」。アイスキュロスは、アテナイ軍の栄光を讃えるのではなく、ペルシア兵士の妻たちに注目します。彼女たちはひとしく、「虚しく、傷ましく、一人取り残され、孤独な人生に涙している」。観衆は、軍事上の敵である人物の人間的な悲しみに触れ、征服された蛮人たちの視点から戦いを見つめて、引き込まれていきました。

悲劇が明らかにされるのを見ながら、一部のアテナイ人は無慈悲にも他人の不幸を喜び、自らの勝利にほくそ笑んでいたかもしれませんが、アイスキュロスが求めたのは勝利したと同時に、破れた敵に対して積極的に共感行動を起こすということでした。さらに驚くべきことは、劇作家自身が以前、兄弟を殺されたマラトンの戦いでペルシアと戦っていたという事実です。おそらく戯曲を書きながら、この戦いで死んだ一九一人のアテナイ人と、他方殺された六四〇〇人ものペルシア人を偲んでいたことでしょう。「その日、古代ペルシアの数多の女たちが寡婦となり、ギリシアより多くのペルシアの母親たちが息子を失ったという事実は、彼をとらえて離さなかっただろう」と古典学者のピーター・スミスは述べています。以来、アイスキュロスは、彼女たちの想像上の叫び声に取り憑かれ、悩まされてきたことでしょう。(3)

例えば、『ペルシア人』などの悲劇は、変革の神であるディオニュソスの恒例の祭りで上演されました。実際、古代ギリシア人は、戯曲が観客に変革をもたらすものだと信じていました。今日、社会的に孤立して家でDVDを観るのとは異なり、ギリシアの劇場では、役柄がこうむる人間的な苦しみと道徳上のジレンマに応えて、ともに嘆くという経験が市民の絆を強めていった、極めて共同的な行為なのでした。アリストテレスは、悲劇が感情を育てることを観察しています。それは、より広い視野で人々に自身の問題を見つめることを可能にさせ、自己中心的な人たちに他の人への思いやりを感じさせるよう促したのです。カレン・アームストロングが示唆するように、観客がペルシア人のために涙を流し、ヘラクレスの狂気の爆発に、自らその妻と子どもたちを殺した後の彼の悲しみに心を動かされ、彼らは……。

> 戯曲を見る前にはおそらく不可能と感じていた、共感し、根深い先入観の「殻をやぶる」、ディオニュソスのエクスタシー（脱魂）に到達したのです。……悲劇の戯曲は、芸術がわたしたちの共感を広げる上で果たす役割を思い起こさせます。演劇、映画、小説は、わたしたちが他の人生に想像力をもって入り込むことを可能にし、わたしたちの経験とはまったく異なる経験をもつ人々に共感（感情移入）することができるのです。[4]

古代ギリシアでは、演劇は本当に人気のある芸術様式でした。囚人でさえ、一時的に刑務所から解き放たれ、ディオニュソスの祭りのあいだは悲劇の競作を観賞することができました。現在、わたしたちは戯曲を観るよりも、映画を鑑賞する可能性の方がずっと高いでしょう。しかし、どれくらい頻繁にわたしたちの映画体験は、おのれの殻をやぶる、共感的なエクスタシー（脱魂）をもたらすでしょうか？　答えは、わたしたちそれぞれの個人的な好みによって異なるでしょう。アクション映画、空想冒険物語《ファンタジー》、喜劇《コメディー》映画を観ることに、容易に何日も費やしてしまいます。そんな中でも、突然に他の人の視点に立つ状態へと突き動かされることは滅多に起こりません。しかし、映画監督たちの努力によって創作された、影響力のある長編映画は驚くほどの数あり、ギリシア悲劇に匹敵する共感的な没入を創造しています。

その起源としての『ペルシア人』のような戯曲にさかのぼる特に効果的な様式は、敵の兵士の視点から物語られる戦争映画です。第二次世界大戦の硫黄島の戦いについて、二〇〇六年に公開されたクリント・イーストウッド監督の映画もその一つの例です。映画『父親たちの星条旗』〔二〇〇六年、アメリカ〕は、戦争の悲しみをかなり公平に描いたもので、米海兵隊の目を通して戦闘を描いています。もっと珍しい『硫黄島からの手紙』〔二〇〇六年、アメリカ〕は、まったく同じ血まみれの戦いを、日本人兵士の視点から描き、すべて日本語で語られます。特に敗北の苦難と屈辱を「敵」の立場から見せることによって、映画は民族主義、愛国主義、勝利主義という単純な概念に疑問を呈し、「わたしたち」と「彼ら」とのあいだの障壁を打破しているのです。イーストウッドがその映画について語ったとおり、「日本人であろうがアメリカ人であろうが――国籍にかかわらず――、母親が息子を失ったときの反応は、それが結局はいつも同じ情念であるということを発見するのです[5]」。アイスキュロスも、もちろん同意したことでしょう。

もし忘れ難いディオニュソス的なエクスタシー（脱魂）の体験をお探しなら、このジャンルで見るべき映画は一九三〇年版の『西部戦線異状なし』〔ルイス・マイルストン監督。一九三〇年、アメリカ〕です。エーリッヒ・マリア・レマルクの小説に基づいた、ドイツの歩兵ポール・バウマーの物語です。第一次世界大戦でフランス軍と戦うために、学生たちが愛国心をかき立てられて入隊した、彼はそのうちの一人でした。ドイツ軍の視点から描かれた反戦映画が、休戦からわずか数十年後にハリウッドで製作されたことは驚くべきことです。それ以上に偉大な達成は、そこに映画史上もっとも強力な共感的シーンが含まれていることです。「わたしたちが知るべき、戦争の無意味さ、その一切合切を教えてくれる」とスタッズ・タークルが考えたように。[6]

ポールは砲撃に取り囲まれ、塹壕に飛び込んで、その身を隠します。少し遅れて、フランス軍兵士も同じ塹壕に滑り込み、その身を沈めます。考える間もなく、ポールは短刀を抜き、彼の胸を突き刺します。兵士は致命傷を負いますが、まだ息をしていました。ポールは自分の手についた血を洗い流し、兵士は彼の面前で身悶えしながら、ゆっくりと死に至ります。銃撃は続き、一晩中塹壕に避難していなければならなかったポールは、兵士の存在から逃れることができません。最初は、あえぐように息を引き取ったそのフランス人に苛立ち、不快感を感じましたが、時間が経つにつれ、彼は自責の念に打ちのめされます。ポールは敵に少しの水を捧げ、「あなたを助けたい」と懇願します。しかし、もう手遅れで、兵士は死んでいました。ポールは悲痛な思いで独り言をつぶやきます。

わたしはあなたを殺したくはなかった。わたしはあなたを助けようとした。もし、あなたがここにまた飛び込んできたら、わたしはあなたを殺しはしない。あなたがここに飛び込んできたとき、あなたはわたしの敵であり、わたしはあなたを恐れていた。わかるでしょう。あなたはただ、わたしと同じ一人の人間であるだけなのに、わたしはあなたを殺してしまいました。同胞よ、許してください。その許しの言葉を口にしてください。わたしを許すと言ってください！……なんてことだ、あなたは死んでしまっている。あなたはわたしよりましです。あなたにとってはすべてが終わり。今はあなたにこれ以上誰も手を出すことはできません……。ああ、神様！　わたしたちの身になぜこんなことが起きたのでしょうか？　あなたもわたしも、ただ生きていたかっただけなのだ。なぜ、わたしたちは互いに戦うために送り出されなければならなかったのでしょうか？　もし、これらの銃や戦闘服を投げ捨てていたら、あなたとわたしは兄弟でいられたかもしれないのに。

これは、「他者」を人間に戻そうとする古典的な例です。軍司令官や政治家たちによって、彼もまた歩兵の駒として扱われた仲間、一人の人間であると、ポールは自分の敵対者を新たに認識し始めたのです。しかし、共感的認識の最終的な瞬間はまだこれからやってきます。ポールは、兵士の上着のポケットの内を探り、身分証明書を引き出します。彼はジェラール・デュヴァルという名前をもち、その妻と娘の写真が入っていました。戦友であるというだけではなく、感情をもち、家族もいて、自分と同じように帰る家がある、唯一無二な一人の人間を殺してしまったことを、ポールは今まさに認識するのです。「おれはあなたの奥さんに手紙を書くよ」と彼は死人に告げます。「手紙を書きます。そして、彼女が困らないようにすることを約束する。そして、おれは彼女、そしてあなたの両親の面倒もみる。ただおれを許してくれ。おれを許してくれ。おれを許して……」。ジェラール・デュヴァルの硬直した体の足元で、頭をうなだれ、泣き崩れたのです。

『西部戦線異状なし』は、一九三〇年にアカデミー賞の最優秀賞を受賞し、世界中の何百万もの人々が観た国際的な大ヒット作になりました。その共感的な反戦メッセージは，映画館をはるかに超え，衝撃的な効果をもたらしました。映画史家のアンドリュー・ケリーは，「『西部戦線異状なし』を観て，わたしは平和主義者になった」と記しています。他にも何万もの人たちが，同じように転向しました。ポールを演じた俳優のリュー・エアーズでさえ，この役を演じた一つの結果として良心的兵役拒否者に転じ，第二次世界大戦で戦うことを拒否しました。エアーズは，この映画の非常に大きな影響を振り返っています。「人々は，計り知れない，馬鹿でかい何かに呑み込まれていただけで……ドイツ人もあなたやわたしと同じ価値観をもっているというところを見せました……『西部戦線異状なし』は，普遍性の最初の声の一つとなりました……この世界で，［言われるところの］共働が可能であることを教えてくれました[7]」。

塹壕で，彼が今，刺したばかりのフランス軍兵士を介抱するポール（『西部戦線異状なし』1930年より）.

『西部戦線異状なし』が公開された当時，この映画は影響力が強過ぎて扇動的であると見なされ，多くの政府機関は反国家主義と反戦感情をあおっているとして、上映を阻止しようと動きさえしました。『西部戦線異状なし』は、オーストリア、イタリア、ニュージーランド、ソ連、中国では禁止され、オーストラリアやフランスなどの他の国々でも厳重に検閲されました。特にドイツでは論争の的になりました。ナチスの新聞は、それを「ユダヤ人の嘘」、そして「ドイツ兵を中傷する差別映画」と表現しました。ベルリンでの初演の夜には、ナチスの活動家たちは館内で白ねずみや悪臭弾を放ち、騒動を巻き起こし、ヨーゼフ・ゲッベルスは外で街頭デモを行いました。そして初演から六日後には、全国的に禁止されてしまったのです。(8) ヒトラーが一九三三年に権力を握ると、レマルクは迫害を避けるためにドイツからスイスに逃亡します。レマルクの妹は不運にも、一〇年後、兄の逃亡への復讐として人民法廷で裁判にかけられ、首を刎《は》ねられてしまいました。

この映画は、わたしたちの中にある共感する人（Homo empathicus）に火をつけるに違いありません。さらに『シンドラーのリスト』〔スティーヴン・スピルバーグ監督、一九九三年、アメリカ〕やオーストラリアのドラマ『裸足の一五〇〇マイル』〔フィリップ・ノイス監督、二〇〇二年、オーストラリア〕などの映画を通して、迫害された少数民族の生を旅することができます。『裸足の一五〇〇マイル』は、白人の政府当局が運営する一九三〇年代の再教育キャンプでの強制収容から脱出しようとする、いわゆる「盗まれた世代」（Stolen Generations）の一部である二人の混血先住民の女の子に関する実話に基づいています。これに代わるものとしては、『エレファント・マン』〔デヴィッド・リンチ監督、一九八〇年、イギリス・アメリカ〕があります。これは恐ろしい病気で外見がひどく損なわれてしまったヴィクトリア朝時代の浮浪者ジョゼフ・メリックの物語です。あなたは彼の叫びを忘れることはないでしょう。「わたしはケモノではない。

わたしは人間だ！」他の映画も、わたしたちが知らない遠い文化に旅立たせてくれます。若い男の子としてカブールの街路で成長していくことのジレンマを撮った『君のためなら千回でも』〔マーク・フォースター監督、二〇〇七年、アメリカ〕、あるいは、例えばろう者のような、人生の試練に直面している人たちの経験を伝える『愛は静けさの中に』〔ランダ・ヘインズ監督、一九八六年、アメリカ〕や貧困の物語『怒りの葡萄』〔ジョン・フォード監督、一九四〇年、アメリカ〕があります。一部のディレクターは、他の人間になったような臓器感覚を伝えようと努力しています。例えば、ジュリアン・シュナーベルの『潜水服は蝶の夢を見る』〔ジュリアン・シュナーベル監督、二〇〇七年、フランス〕での巧みな撮影技術は、左のまぶたを動かす能力を除いて、完全に麻痺した男性の体内に閉じ込められてしまう、とても耐え難いほどの感覚を作り出しています。

しかしながら、過剰な映画マジックが邪魔をして、映画のもつ共感力の衝撃を台無しにしてしまうこともあります。最近の例では、政治学者のゲイリー・オルソンが「第一流の危険なほどの共感映画」と述べている、ジェイムズ・キャメロンのＳＦ映画の祭典『アバター』〔ジェイムズ・キャメロン監督、二〇〇九年、イギリス・アメリカ〕があります（オルソンにとって危険であるとは「政治的にラディカル」という意味での肯定的な要素なのです）(9)。キャメロンは、青い皮膚をした身長一〇フィートの自然を愛するナヴィの人々と共感することをわたしたちに望んでいます。彼らの惑星は人間たちと匿名の企業群によって破壊されていて、これはわたしたちの現在の環境や先住民居住地の環境悪化への明白な隠喩です。主人公の海兵隊員ジェイク・サリーは、文字通りナヴィ人の体を乗っ取り、彼らの靴を履いて歩く〔彼らの立場を生きる〕

ことによって、彼らの目的のために戦い、彼らの生き方をもって生きる方向に変わっていきました。問題は、この映画の共感的なメッセージが、巨大な宇宙ドラゴンと威嚇的な火器を装備した宇宙船とのあいだの壮大な空中戦に、また特殊効果と高性能の小道具を使った来襲劇の中に埋もれてしまっていることです。対照的に、『西部戦線異状なし』のような映画が備えている情感的な力をもって、人間的で共感的な瞬間を引き出す劇場的と言ってよい質の高さは、『アバター』には稀薄です。[10]

わたしは、共感脳を活性化させない、あるいはそうした試みに取り組もうとしない映画を排除すべきだと言っているわけではありません。そうではなく、直接経験や会話を通しては知ることができない人々の靴に足を踏み入れる〔その人の立場に立つ〕チャンスを、映画は提供してくれるというのがわたしの論点なのです。映画にはわたしたちを楽しませる力だけではなく、より共感的な感受性をもって思考し、行動するよう触発する力があるのです。だからこそわたしたちはみんな、映画を尊重し育むことができます。そこで、一つ提案があります。私設の共感映画同好会を作るというのはどうでしょう。何人かの友人を集めて、誰もが関心をもつ老化のあがきや刑務所内の人生など、共感しうる情感的なテーマをもつ映画のリストを作成しましょう。鑑賞し、話し合った後に、それをオンラインで共有することもできます。

写真――共感的映像の政治的な影響力

中世以来、十字架のキリストの画像は、十字架上のイエスの苦しみを肉体的現実として伝えるために使われてきました。初期の作品はかなり優雅なものだったのですが、一六世紀には、釘が肉体を突き刺し、傷口が大きく裂け、血が滴り落ちる、はるかに残酷なものになります。見る者は、キリストが何を耐え忍んだのかを目にし、なんらかの肉体的苦痛すら感じるとることができるようになりました。例えば、マティアス・グリューネヴァルトの一五一五年の『イーゼンハイム祭壇画』では、キリストのねじ曲げられた状態で伸ばされた腕や上に向けられた指先が、十字架に釘付けにされる前に尋問台の上で責められていたという印象を与えています。複製を見るだけで、わたしの指はひきつり、手に汗がにじみます（そして、わたしのキリスト教信仰の欠如にもかかわらず、少し鳥肌が立ちます）。このような共感的な伝達効果は完全に意図的なものであると、美術史家のジル・ベネットは示唆しています。

中世後期から、霊感を与えられた信仰の表現力とともに生まれてきた画像イメージは、言葉をイメージに変換するという意味においては、単なる「文字によって記されていない聖書」ではありませんでした。むしろ、それらはキリストの共感的な模像を用い、それを増幅することによって、キリストの犠牲の本質、苦しみの意味を伝えていました。(11)

絵画の共感的な効果は、宗教的および世俗的の両面で、神経美学（neuroaesthetics）という新しい科学分野の研究によって確認されています。ミケランジェロやゴヤの作品の研究から、わたしたちの脳内のミラー・ニューロンが「自動的な共感反応」をしているとされます。このプロセスでは、「具体化された刺激」と呼ばれる過程を通してイメージの情感的な内容を直接に体験するのです[12]。しかしながら、絵を見ることが、どのくらい神経ネットワークを刺激するかということだけではなく、実際に個人的行動や社会的マナーにも変化をもたらすのでしょうか？　二〇世紀初頭に、絵画に代わって、静止画像の主な媒体として登場した写真にその答えを見つけることができます。共感欠如を崩す、写真の潜在的な力を理解するためには、初期の社会的ドキュメンタリー写真の時代に戻り、ルイス・ハインの革新的な作品を見る必要があります。

二〇世紀初頭のアメリカでは、児童労働が蔓延していました。一五歳未満の子どもの約六人に一人が産業や農業に従事しています[13]。一九〇四年、未成年労働者の使用を禁ずる新しい法律のために闘う主要な慈善団体として全米児童労働委員会（National Child Labor Committee）が設立されました。そしてその戦略の一環として、一九〇八年から二四年のあいだの、全米の児童労働の事例を記録するために、ニューヨーク市の元教員だったルイス・ハインが雇われました。これは挑戦的な任務でした。工場主がもっとも嫌がることは、わずかな賃金で必死に働きまわる、裸足の子どもたちの証拠写真を集めるために、カメラマンがあちこち嗅ぎまわることでした。しかし、ハインはそこを何とか言いくるめて、中に入ることができるのでした。あるときは機械のセールスマンや消防設備の点検者を装い、工場内を歩きまわりながら工場主に不利な証拠写真を撮りました。長年にわたって彼の被写体になったのは、繊維工場の巨大な紡績機の織り糸を修復している六歳の子ども、黒い砂ぼこりにまみれて炭鉱で働く若い男の子たち、朝の三時に缶詰工場で牡蠣の殻を剥く幼い少女たち、そして綿花畑や搾取工場やガラス工場で働かされていた何千人もの彼らと同じような児童労働者たちでした。

ハインの衝撃的なイメージは、全米中の新聞や雑誌と、全米児童労働委員会発行の数々の出版物に掲載されました。彼の写真は、漸進的に改革を進めようとするものの空想上の産物ではなく、搾取的児童労働が現実のものであるという否定しえない証拠でした。写真は大衆の激しい抗議を惹き起こしました。アラバマ州、バーミングハムでのハインの作品展を見たある新聞記者は、次のように書いています。

児童労働法の必要性について、これ以上説得力のある証拠はありません……。これらの写真は、苦しみ、腐敗、人の道に外れた権勢家を、これらの哀れな最低賃金労働者の生命の中には健全さのかけらもないことを写し出しています。これらの写真は書かれたどんな作品よりも雄弁に多くのことを語っています。それに正対することすらも恐ろしく、文明社会にこのようなことが存在していることを認めるのもむごたらしいほどの過酷な状態が、現実に存在することを表現してあまりありません。(14)

文化歴史家のアラン・トラクテンバーグによると、ハインの写真を説得力のあるものにしたのは、見当はずれな統計数値と違い、視聴者の「写真に写った他者への想像的な共感」を目覚めさせ、「その被験者の内面的な人間性への共感的反応(15)」を惹き起こしたことでした。ハインの写真は個人的レベルで人々に強い衝撃を与えましたが、社会秩序にも変化をもたらしました。彼らは「精神的に打ちのめされ、米国には児童労働に関する法律が必要だと人々に確信させたのです」と歴史家のラッセル・フリードマンは書いて

ルイス・ハインの写真「小さな紡績工」(サウスダゴタ州ニューベリーのモロハン紡績工場にて，1908年)．彼女は何を思うのだろう？

います。一九一二年には、児童労働の防止活動に熱が入り、これが連邦政府機関である米国児童局の設立に貢献しました。これらは半ばハインの写真のおかげであり、米国の児童労働者の数は一九一〇年から二〇年のあいだに半減したのでした[16]。

ハインの時代から、社会的ドキュメンタリー写真は、その共感的影響力を再構築するいくつかの特徴的な段階を経過してきました。一九三〇年代の大恐慌の最中、空腹の子どもたちを連れ、季節労働に疲れ切って、死に物狂いの様子の母親、アラバマ州の小作農民の悲壮な眼差しなどの映像を通して、何百万ものアメリカ人に、農村部の貧困の中にいるとはどのようなことなのかを理解させうる映像をドロシア・ラングとウォーカー・エバンスが制作しました。一九六〇年代、ベトナム戦争の写真は、政治変革を惹き起こすほどに、暴力のイメージがもつ威力を明らかにしました。ニック・ウットのナパーム弾を浴びた裸の少女の写真は、米国中の反戦運動が結集することを助けた写真の一つです。そして同時に軍と政府関係者に、世間の目にさらされる映像はもっと厳密に管理する必要があると確信させました。そのような写真は、見る者に、犠牲者への共感を生み出すだけでなく、恐怖、怒り、道徳的嫌悪、罪悪感を惹き起こすことによって、大衆の力を惹き出したのです[17]。これは、一九六〇年代後半に登場した、発展途上国の飢饉の映像でも同様でした。例えば、ドン・マッカランの有名なビアフラで飢死するアルビノ少年の写真があります。

一九七〇年代半ばには、写真評論家は、貧困と暴力の映像がまだ重大な社会的そして共感的影響力をもちうるのかについて疑問を呈するようになりました。その批判の急先鋒はスーザン・ソンタグでした。その強烈なエッセイ『写真論』〔近藤耕人訳、晶文社、一九七九年〕で彼女は、人々は新聞、雑誌、テレビで多くの苦しみや窮乏のイメージを見過ぎているために、その影響力が薄れていると論じています。「撮影された残虐行為の衝撃は、繰り返し見ることで麻痺させてしまう。この数十年のあいだ、（社会的関心の高い）写真は少なくともわたしたちの良心を喚起するよりも鈍化させてしまった[18]」と彼女は書いています。それ以来、ソンタグが掲げるポスト・モダンの多くの信奉者たちは、悲惨さ、社会的不正、人権侵害についての映像イメージがあまりにも過剰に使われているという主張を強めています。配給を奪い合っている難民や、カメラのレンズをにらみつけている少年兵などの新聞写真を見ることで、わたしたちは時に衝撃を与えられたり、哀れみの感情を誘発されたりもしますが、通常はこれが持続的な共感行動を生み出すことはほとんどありません。わたしたちは情感疲労の犠牲者になっていることを、これは示唆しているのです。[19]

そこまで本当に無関心になってしまっているのでしょうか？ 社会正義の問題に取り組んでいる何千もの団体も明らかにこれには賛同していません。彼らは人間の苦悩を人々に喚起するため、その目標とすることへの支援を得るために、写真を引き続き使用しています。地雷で吹き飛ばされ、腕を失った少女や、地震で瓦礫と化した家の脇に立ちつくす家族のイメージなどによる慈善の訴えが、あなたの郵便ポストに届くのを少し想像してみてください。人道的活動組織は、そのパンフレットをそのままゴミ箱に捨ててしまう人もいれば、寄付やその他の行動をとる人もいることを、その調査結果を通して認識しています。

過去一〇年間に、民衆への訴えに使用される写真の種類には注目すべき変化があります。文化的な生活をする上で共感の重要性が増していることは明らかなのです。過去には、国際的な開発慈善団体は、草も生えない干からびた殺風景な背景に、心細く立ちつくす骨と皮だけの子どもの傷ましい写真を見せていたかもしれません。これらの映像は、無力感と苦悩を、そして子どもの純真さへの侵害を伝えるために使用され、主な効果はそれを見る人に同情と罪悪感を呼び起こすことでした。この種の写真は、いまだによく目にはします。しかし、肩に鍬をのせて闊歩するアフリカの女性農民の一団や、新しい井戸の近くでとくに遊びまわる子どもたちの、尊厳と自信に満ちた印象を主題とする映像イメージも頻繁に見るようになってきています。後者の写真が喚起するのは同情よりも、より共感に近いものです。それらは写真に写る対象者とわたしたちに共通する人間性を表現し、彼らは哀れみよりも尊敬を受けるほうがふさわしいことを伝えています。

共感的な写真の力をものがたるより強固な事例は、わたしたちが見えていないもの、より正確には、見ることが許されていないものにこそうかがえます。例えば、最近のイラクとアフガニスタンの戦争では、何千人もの兵士や一般市民が殺害されましたが、手足を失った遺体や黒焦げの遺体の写真を目にする機会はあったでしょうか？　滅多にはなかったことでしょう。西洋の政府は定期的に写真を検閲しているので、子どもに不適切な番組が始まる大人向けの時間帯でも、自国の兵士の砕けた頭蓋骨や、襲撃の妨げになった子どもの多数の銃弾が撃ち込まれた死体をわたしたちが目にすることはありません（とはいえ、深夜の犯罪スリラーで、手足を切断された遺体を見ることは許されているのです）。ブッシュ政権は、イラクで殺害された米兵の国旗で覆われた棺の映像を、マスコミに露出することを禁止するようになりました。政治学者のゲイリー・オルソンが主張しているように、政府はわたしたちの共感的な感応が軍事介入に対する支援を危うくする可能性があるとの懸念から、戦争の暴力的な現実の写真からわたしたちを遮断しようとしています。「共感的なかかわり合いの機会を少なくしたり、否定したりするために、米国のエリートたちによる莫大な量の策略と欺瞞が費やされているのは、国民の初々しい共感感覚に対する現実的な恐れに基づいているのです[20]」。共感的な映像への恐れは、それらが潜在的に覆す力をもっていることを明らかにしているのです。

これらすべてのことは、わたしたちの共感それ自体を発展させることにどのように関連しているのでしょうか？　スーザン・ソンタグのような評論家だけに耳を傾けると、わたしたちが他の人々の生活に足を踏み入れる方法としては、写真にほとんど希望をもてないかもしれません。しかし、写真が引き続き他者の痛みや苦しみを理解する助けとなる強力な手段であることを認識する必要があります。「写真は、なぜわたしたちにそれほどにも的確に残酷さを気づかせてくれるのでしょうか?」と文化的思想家スージー・リンフィールドは問います。「文学や絵画が主張できない肉体的苦しみの現実を、見たとおりの正確さと疑いのなさで、ある程度、写真は痛感させてくれるからだとわたしは思います……。写真は、美術やジャーナリズムの他のどの形態よりも即時的で腹の底からの情感に触れる世界とのつながりを提供するという点で優れているのです」[21]。ルイス・ハインはこのことをよく承知していました。そして彼の遺産は、例えばジェームズ・ナクトウェイ、セバスチャン・サルガド、ジル・ペレスとデヴィッド・ゴールドブラットといったわたしたちの時代の偉大な社会的ドキュメンタリー作家や政治分野の写真家たちに受け継がれているのです。

写真はまた、わたしたちの視覚知（visual intelligence）を養います。人間は、文字を読んだり、統計を分析したりするだけではなく、心と記憶に画像を刻みつけることによって学んでいます。南アフリカのアパルトヘイト下での人生を理解したいならば、ぜひネルソン・マンデラの自伝を読むべきです。しかし、一九七〇年代と八〇年代のアフリカ農民や黒人専用バス利用者を映したデヴィッド・ゴールドブラットの写真の展覧会で時間を費やすことも、自伝と同じようにその理解を明確にさせてくれるでしょう。同様に、ブラジルにおける富の不平等と、借金による拘束という因果関係の人道的な結末を把握したいと考えている人は、セバスチャン・サルガドのセラ・ペラダ金鉱山の労働者たちの忘れ難い映像に目を向けるべきです。写真は、映画のように、わたしたちの共感教育のための有力なメディアとして残されているのです。

文学——小説から共感を学ぶことはできるでしょうか？

三〇〇年近くにわたり、文学の批評家や作家は、小説を読むことが共感を広げ、倫理観を深める力をもっているかどうかについて議論してきました。一八世紀には、文学に対する大きな不信がありました。ロマン主義的小説の増大し続けた集積、中でもフランスで書かれたものは、若者を堕落させ、彼らの想像力を邪道へと導き、不法な性行為を惹き起こしかねない情欲をかき立てると、よく議論されました。しかし、ヴィクトリア朝時代には、フィクション、特に「社会問題」小説が、個人的道徳観や市民生活に肯定的な影響を与える可能性があるという考えが高まっていきました。チャールズ・ディケンズの『オリヴァー・ツイスト』〔加賀山卓朗訳、新潮社、二〇一七年〕や『ハード・タイムズ』〔田辺洋子訳、あぽろん社、二〇〇九年〕を夢中になって読みながら夜を過ごすようなことが、安穏な中流階級の読者たちをして、イギリスの産業界において、都市郊外で進んだ貧困と、貧富の格差を広げる結果となっていったのです。[22] 文学の力を提唱することにおいて、一九世紀でもっとも雄弁であったうちの一人は、小説家のジョージ・エリオット〔本名、メアリー・アン・エヴァンズ〕でした。彼女は「同情」、いえ、今日言われるところの共感は、読書を通して啓発することができると確信していました。

画家、詩人あるいは小説家であれ、わたしたちが抱いている芸術家のもっともためになることは同情《シンパシー》の拡張です。一般論や統計データに則った呼びかけは、既成のお手軽な同情《シンパシー》という惰性の道徳観に根ざしています。あるいはすでにある、活発とは言えない道徳感情に働きかけます。しかし、すぐれた芸術家の描いた人生の一コマ一コマには、細かなことや利己的なことまで、よく観察されていることに驚かされます。そしてそれは、道徳的な感覚をめばえさせる原材料というべきものかもしれません。サー・ウォルター・スコットがラッキー・マクレバキットの田舎の小屋にわたしたちを連れて行き、「二人の家畜商人」の物語を語ってくれるとき、ワーズワースが「哀れなスーザン」〔田部重治選訳、岩波書店、一九五七年〕の夢想を歌うとき、アルトン・ロックが門越しに思い焦がれる目でじっと見つめるその眼差しの先は、幹線道路から彼が初めて見る森へと通じていたと、キングスレーが書き進めるとき〔小説『アルトン・ロック』〕、ホルヌングが一群の煙突清掃人を絵に描いたとき——排他的なるものに備わる卑俗さを拭い去る上で、富裕階級と下層階級とをつなぐ上で、どんな説教や哲学論文よりも多くのことが成し遂げられたのでした。芸術は生活にもっとも身近なものです。経験を増幅し、個人的な世界の限界を越えて、隣人たちとの交流を拡張する方法なのです。(23)

近年、文学におけるこうしたヴィクトリア朝の信念は、共感的な変容のための手段として復活しました。哲学者のマーサ・ヌスバウムは、過度にロマン主義的で様式的なものより、日々の経験に溢れているリアリズム小説を読むことを勧めています。ディケンズやエリオットのような作家の現実主義的な虚構は、「共感的な想像力」を豊かにします。それは普通の人々の生活における倫理観を高め、利己主義的な文化に対抗するために不可欠な要素なのです。ヌスバウムは、作中人物の労苦や苦悩に没入していくと、「まるで彼らの視点に立って、彼らがどうなるのかを体験しているような気持ちになる」と言います。結果として、「わたしたちからかけ離れた生活をしている他者の幸福と同時に、わたしたち自身をも気遣っていく」ことになるのです。心理学者のスティーヴン・ピンカーも、同様のスタンスをとります。「読書とは、視点を取り替えるための技術である」。そして、リアリズム小説は、読者のそれとはまったく異なる人々の思考や感情へと誘い込むことによって、「読者の共感の輪を広げることができる」と主張しています。同様に、認知心理学者であり小説家でもあるキース・オートリは、「小説の想像世界に入っていく過程は、共感を構築し、他者の視点に立つ能力を向上させる[24]」という事例を示し、脳科学研究の新しい潮流を描いています。

そこで、将来のあらゆる共感革命家は、彼らの内なる共感する人《ホモ・エンパシクス》を育むために、ジョン・スタインベック、ゼイディー・スミス、そしてこのジャンルの他の重鎮たちによる小説に、すなわちリアリズム小説のみに絞って読むべきなのでしょうか？　文学が共感力を培うことに疑いをもつ、同時代の指導的な文学者スザンヌ・キーンは「ちょっと待て」と警告しています。彼女の見解によれば、ヌスバウムやピンカーのような論者は楽観的思考に囚われているということになります。なぜなら登場人物の気持ちに自己同一化することで、読者は利他的で向社会的な行動を起こすという証拠は、「どんなに贔屓目に見ても決定的なものではなく、そのほとんどは有益な読書の効果というものに肩入れするあまりに誇張されているのです」と。言い換えれば、ジョージ・エリオットの『ミドルマーチ』（上中下、藤井元子訳、オフィス・ユー、二〇〇三―二〇〇四年〕の登場人物ドロシーには深い親近感を覚えるかもしれませんが、彼女について読んだことで、他人との接し方を変えることはまずありえないということです。キーンはさらなる一連の批判を列挙しています――小説を読むことが人々をより共感的にさせるのか、それとも因果関係はその逆に流れていて、小説を読んでいる人が最初から共感的なのかは明らかではない。罪の意識のない小説家は、道徳的に嫌悪感をもよおさせるような視点をもつ主人公に共感させるかもしれないので、彼らの偏見と先入観をわたしたちはわかち合うようになると示唆しています。さらに、読書は主観性で染め上げられているので、わたしたちはそれぞれに、虚構の世界にさまざまなかたちで対応していることになる。したがって一人称話法のような、共感的な感情をもっとも喚起しそうな語りの技法について、明確な結論を導くことは困難なのだ、とも。(25)

キーンは彼女の経験を誇張しているとわたしは思います。小説に登場する人物の苦悩に共感を抱くことは、わたしたちの世俗的な行動にはほとんど目に見える影響を与えないかもしれないとは思います。けれども、フィクションには読者の人生に変化をもたらす可能性があるということについての証拠は豊富です。よく知られているように、『アンクル・トムの小屋』を読み終えて奴隷制度に反対した無数の読者や、『オリヴァー・ツイスト』のおかげで救貧院のシステムに対する反対運動を興した人も、あるいは『西部戦線異状なし』を読んで平和主義者になった人もいるのです。(26) 一九六二年に出版されたドリス・レッシングの『黄金のノート』〔市川博彬訳、エディ・フォア、二〇〇八年〕のような初期のフェミニスト小説の読者は、女性についての新しい理解の虜になり、新興の女性解放運動に貢献しました。あらゆる世代の人々は、「彼の視点から物事を考えるまでは、その皮膚の中に足を踏み入れ、歩き回ってみるまでは、あなたが本当に他者を理解することは決してありません」というメッセージをもった『アラバマ物語』〔ハーパー・リー、菊池重三郎訳、暮しの手帖社、一九六四年〕のような本によって、その考え方を変えてきたのです。

さらに、あなた自身の個人的体験を考慮すれば、あなたの共感の輪を広げてくれる小説を正確に特定することは十分に可能でしょう。すぐに頭に浮かぶのは、ゼイディー・スミスの『ホワイト・ティース』〔上下、小竹由美子訳、新潮社、二〇〇一年〕の一場面です。

注文を取っていても、客にはほとんど気づいてさえもらえないインド料理レストランのウェイターは、世間の人々に宣言するように、首に看板をかけて尊厳を回復することを夢見ます。「わたしはウェイターではない。わたしは学生でもあったし、科学者、兵士でもあった。わたしの妻はアレサナと呼ばれていて、わたしたちは東ロンドンに住んでいるが、北に引っ越したいと思っている。わたしはイスラーム教徒だが、アラーはわたしを見放した。いや、わたしがアラーを見捨てたのか、そこはよくわからない。わたしには友人アーチーがいて、他にも友人がいる。四九歳だが、女性はまだ道で振り向いてくれる、たとえ時々にしても。

今日、わたしがレストランにいるあいだ、それぞれウェイターやウェイトレスはその自伝的プラカードにどんなことを書き込みたいのだろうかと考えました。共感的な想像をする、その単純な行為は、他者の個性に向かって心を開き、彼らとの触れ合いを細やかに変化させるのです。

共感的な意味で、わたしのお気に入りの一つになった別の小説は、六歳の少年の視点から書かれた、クリストファー・ワクリングの『わたしが何をした』（*What I Did*）です。手に靴をもって、家の階段に座っている男の子から物語が始まります。公園に出かけるところだったので、彼の父親は一階に降りてくるのにあまりに時間がかかり過ぎていると、少年に怒鳴っています。少年の頭の中に集中することで、わたしたちに見えてくるのは、彼は決して父親をいらだたせるために時間をかけているわけではなく、背中から階段を滑り落ちるのを防ぐために、摩擦がどのような働きをしているのかという複雑な科学実験の最中だったからだというのです。それはわたしを微笑ませ、同様に自分の四歳の息子をより深く理解することができるようにもなりました。わたしはいきなり、彼の腹立たしい癖の多くを理解しました。例えば、あるコップから別のコップに飲み物を注ぎ、またそれを戻し、頻繁にひどくしぶきを飛ばします。おそらくこれは同じような実験であるかもしれない。たぶん止めさせるよりも、むしろ励ますべきなのだ、と。この小説のおかげで、息子の頭の中で起こっているよい点を理解するために、十分な努力をしていないことに気づいたのです。わたしはその後、創作の教師でもあるワクリングにインタビューし、こんな質問をしました。もし読者が主人公と共感することに失敗しても、小説はまだ効果的だと作者は思うのか、と。

いいえ。わたしは読者が主人公を好きにならなければならないなどとは思いません（とはいえ、どこの読者グループにも、もし好きになるなら、それが助けになるというのは事実だという証言があります）。しかし、架空の主人公を信じるためには、読者はその主人公の出自について、もちろん理解していなければなりません。登場人物が何を望むのか？　どんな展開から始まったのか？　結末をどこにもっていこうとしているのか？　これらの問いがモチーフを立ち上げ、小説のプロットを作るのに役立ちます。登場人物はどのように世界を見ているのかという問いがより重要な影響力を発揮することになります。小説家が説得力をもって、その問いに答えられたなら、読者を新しい意識に引き込む力をもてるでしょう。うまくゆけば、読者は最後の頁を読み終えても、小説の世界を大切に思ってくれるはずです(27)。

共感は、物語そのものの中心にあります。高尚な文学か大衆小説かを問わず、すばらしい作家は、一時的であっても、わたしたちが自分の殻を脱ぎ捨て、別の見方で世の中を見ようとし、そしてさらにもう一歩踏み込むことを可能にする偉大な共感者です。どの著者、そしてどのような作品が、あなたの感性を他の人の人生にまで広げることができるのか、これはしっかり考える価値があります。リアリズムの基準から試してみてはいかがでしょう（あまり教訓的なものは避けた方がよいかもしれませんが）。しかし「読書療法士」（bibliothrapist）から助言を求めるのは面白いかもしれません。作家・芸術家のエラ・バーサドと小説家のスーザン・エルダキンによって二〇〇八年以来、ロンドンの「人生の学校」（The School of Life）で開拓された読書療法は、文学療法の一つの特異なかたちを示しています。専門のアドバイザーに、読書習慣と人生の悩みの両方について話し、そしてあなたの趣味や状況に基づいて、特注の「処方箋」を提供してもらいましょう。[28] もし、あなたがSFファンで、共感を広げようとしているのであれば、アーシュラ・ル＝グウィンのフェミニストSFの古典『闇の左手』〔小尾芙佐訳、早川書房、一九七二年〕を療法士は提案するかもしれません。インドに旅行の予定があるのなら、ロビンソン・ミストリーの『美しきバランス』（*A Fine Balance*）をお供に携帯することをアドバイスするかもしれません。人間の本質と共感の限界を深く掘り下げたいのなら、おそらくコーマック・マッカーシーの『ザ・ロード』〔黒原敏行訳、早川書房、二〇〇八年〕よりも優れたものはないでしょう。

いつか、わたしはすべての公共図書館が、毎年出版される何十万もの本の中から、賢明な選択を手助けする専門の読書療法サービスを提供してくれることを願っています。もっと手近に、あなたの好きな共感小説のリストを、世界初のデジタル共感図書館に掲載することができます。この共感図書館には、本書のウェブサイト（www.romankrznaric.com/empathyrevolution）にあるノンフィクションの本、映画、写真、そして他の芸術作品などによって、あなたを見知らぬ人の靴の中に運ぶもっとも効果的な方法があります。そうすることで、将来の人間関係のための世界的資源を創造する役割を果たすことになります。図書館へのわたしの提案は、この本の最後と、ウェブサイトに掲載されています。

オンライン文化――デジタル革命から共感革命へ？

デジタル革命は、肘掛け椅子の共感（空想上の共感）の追求する新たな時代の先駆けとなります。書籍、映画、写真とは異なり、デジタルネットワークは世界中の何百万人もの人々とリアルタイムにつながることが期待されています。インターネットは今や世界に二七億人のユーザーを抱えています。上海の工場労働者やマラウィの小規模農家でさえも、携帯電話を通じてデジタル社会に接続されています（携帯電話の数は、ヨーロッパよりも、サハラ砂漠から南のアフリカ地域の方が多いのです）[29]。さらに、ソーシャルメディアは、映画や小説の一方通行な通信とは異なり、双方向のやりとりを可能にします。家に座って猫を撫でながら、数回クリックするだけで、地球上のほぼすべての国の誰かと目を見つめながら話すことができるのです。社会科学者のジェレミー・リフキンによると、オンライン文化はわたしたちを真の共感的な文明社会に導くかもしれないとのことです。「インターネット利用の新たな展開は、人間の思考パラダイムの転換と、一つのジェネレーションというよりはグローバルな意識における転換点とを想像することを可能にするでしょう」と彼は主張します。「共感的感受性の経験と、それをグローバルなレベルに展開する可能性とに、今まさに手が届きそうです[30]」。

二一世紀に共感の時代を築くには、どのようにデジタル技術を生かせばよいのでしょうか？　わたしは膨大な数の人々が他の人の靴に足を踏み入れて（他の人の立場に立って）強い感情的な絆を築くことを可能にする、究極の共感アプリを発見するための探求に向かい、この問題に取り組むことを決めました。しかし探求は、わたしが想像していたほどには成功していません。既存のオンライン・プラットフォームは、共感革命を創造するためには限られた範囲にしか提供されていないことが判明しました。その代わりに、現在提供されているデジタル技術とアプリケーションは、人間性に対する腐蝕的な作用ゆえに、わたしたちを共感の暗黒時代に引き戻す可能性すらあるのです。

オンライン文化における、共感へのわたし自身の希望は、台所から始まります。毎週日曜日の朝、わたしの子どもたちはオックスフォードで目を覚まし、シドニーにいる祖父母と朝食を摂るために食卓につきます。どのように？　スカイプ（Skype）のおかげで、ジャムとトーストの横のノートパソコンに、おじいちゃんとおばあちゃんが現れます。子どもたちはまだ話すことを学ぶ過程にあり、またわたしの父親は子どもたちに説教じみたことを言わないようにトレーニングしている過程にあったので、会話は最初には型苦しいものでしたが、徐々にこのテクノロジーが煩わしくなくなり、定期的なおしゃべりが、わたしたち全員を隔てている海をも越えて、愛と共感の絆を築いてくれました。スカイプやその他のツールは、わたしの台所をはるかに飛び越えて、このような共感的な会話を可能にしてくれています。わたしは英国の学校の先生方に会いました。そこでは彼らのケニアにあるクラスともデジタルで接続し、そのため生徒たちはオンラインでお互いに話をすることができ、まったく異なる生活について学んでいます。豊かな国々のコーヒー愛飲者たちと、貧しい国々のコーヒー豆を栽培する人々とのあいだで、オンラインの会話ができるようにと努力している組織に偶然に出会いました。[31]

世界のもっとも素晴らしい共感アプリを探し求め始めた当初、『チャットルーレット』（Chatroulette）について耳にし、とりわけ好奇心を抱きました。このチャット・ウェブサイトは二〇〇九年にロシアの一〇代の若者によって立ち上げられ、現在では世界中およそ一五〇万人の利用者がいます。ログインすると、ライブでウェブカメラによる初対面の挨拶をするために、次々と違った相手に接続されていきます。もし別の人と話をしたければ、単純に「次へ」をクリックすると、ムルマンスクからミネソタへと、どこへでも別のリビングルームに運ばれるのです。しかし、わたしにはすぐに、チャットルーレットにはあまり多くの共感のないことがわかってきました。人々は平均して二秒ごとに「次へ」を打つので、深く対話する機会などほとんどありません。さらに意味深いことには、技術研究者のシェリー・タークルが見出したのですが、憂さを晴らしているだけの人や、侮辱的な振舞いをする人、またまったく無関心な人としょっちゅうつながってしまいます。「チャットルーレットはとらえ方が極端で、人の顔や体は物体とみなされます」とタークルは観察していますし、共通の人間性を求めるわたしたちのような願望や、そのための刺激はそこにはほとんど存在しないようです[32]。原則として、チャットルーレットのようなサイトは、見知らぬ人同士が向き合って会話を生み出す手助けを技術面で可能にするので、大規模な共感発生機になる可能性はあります。「共感的つながり」(Empathy Connect)といった別の名前で、そして会話のメニューが表示されたら、異文化間の理解を求めている人々をも惹きつけていくことができるのかもしれません。

『アンビエント』(Ambient)というアプリを見つけたとき、わたしはいささか希望をもちました。「あなたの周りの人とつながり、あなたの興味を喚起し、あなたの一日を素晴らしいものにし、ときにはあなたの人生の歩みまでも変えたりする」ためのアプリだと言うのです。お気に入りの音楽、書籍、その他の趣味を一覧表にした個人的自己紹介を作成することから始まり、通りを歩いていて、もし同様の関心を共有している別のアンビエント使用者が近くにいる場合は、あなたの電話に通知されます。あなたが共有しているところがもしあれば、画面にはその友人の一覧も表示されます。そして、あなたはその人にメッセージを送り、例えばコーヒーに招待し合うこともできるのです。アンビエントは、ほとんどの対人アプリのように、あなたの興味や友人を共有する人々とあなたとをつなぐように設計されていますが、一方、もっとも刺激的な共感的出会いは、あなたとは大きく異なる人々に会うことからより成長するので、そこが難しいところです。

ヴィデオゲームはどうでしょうか？　多くのゲームは銃や暴力が目玉商品のため、これは確実に実を結ばない領域であると思っていました。例えば、『グランド・セフト・オート――バイス・シティ』（Grand Theft Auto 大盗賊：Vice City 売春都市）では、売春勧誘と売春婦殺害でポイントを獲得します。このようなゲームは、共感革命のための訓練の場ではまったくありえません。事実上、ゲームをする人々は、ホッブズ的世界のバーチャルな精神病質者になるように仕組まれているのです[33]。しかし、業界では「他人シミュレーター」として知られている、ますます多くの共感関係に基づくゲームをするコミュニティが出現してきていることを知りました。最近、わたしが試作版で試した一つは、『「癌」という名のドラゴン』（That Dragon, Cancer）で、このゲームでは、あなたは末期癌と診断された四歳の息子を抱えた状況に耐える父親の役割を担っています。ほとんどのゲームとは異なり、特別な能力を与えられず、代わりに死や死に伴う感情的なトラウマに対処しなければなりません。このゲームで遊ぶことは、迫力満点で、感情的な苦痛を忍ぶ経験なのです[34]。イスラエルの首相やパレスチナの大統領の役割を果たし、激しい紛争の期間中に「二国家間解決」を作り出そうとする、『ピースメイカー』（PeaceMaker）というゲームもお勧めします。考案者は、これを「平和を促進するヴィディオゲーム」と表現し、「わたしたちが取り組む主要な紛争管理の問題は、共感を作り、複数の視点をより深く理解することに思いをめぐらす」ことであると強調しています。[35] このゲームでは、過激派や穏健派の政治的集団を含むさまざまな利害関係者の視点を考慮して協力を促進することが成功につながっていることから、認知的共感を促進します。死んでしまった親戚を悼んで泣き叫ぶパレスチナの母親のように、紛争が個人の生活にどのような影響をおよぼしているのかを実際の写真とヴィデオ映像を使って見せることで、情感的共感を刺激します。

現実に戻りましょう。ピースメイカーのようなゲームはまだ少数派の娯楽です。そして、いずれにしても、共感ヴィデオゲームと現実の世界で共感的行動を取ることとの関連性は、まだ本格的な研究の対象とはなっていません。同時に、ほとんどのソフトウェア開発者は、共感関係を促すために特別に設計されたプラットフォームを作成することにはほとんど関心を示さないため、その代わりにチャットルーレットのようなものが放置されているのです。しかし、フェイスブック、ツイッター、そして他の人気のあるSNSの数々で、何百万の人々が互いに常に連絡を取り合うことができるのですから、人間関係の問題から政治的理念や宗教的見解などのあらゆることについての考えや気持ちをわかち合えるに違いないと考えるかもしれません。このクモの巣のように張りめぐらされた広大なウェブの結びつきと会話とで、世界的な共感指数を著しく押し上げてくれるのではないでしょうか？

これは、残念なことに、ユートピアの夢です。ソーシャルメディアやデジタル技術は、非常に幅広い機会を提供するゆえに、共感に対する広範囲な脅威に曝されているのです。これを探求する有効な方法、そしてわたしたち各々の生活におよぼす意味合いについては、「どんな技術であってもそれに向けた一番大

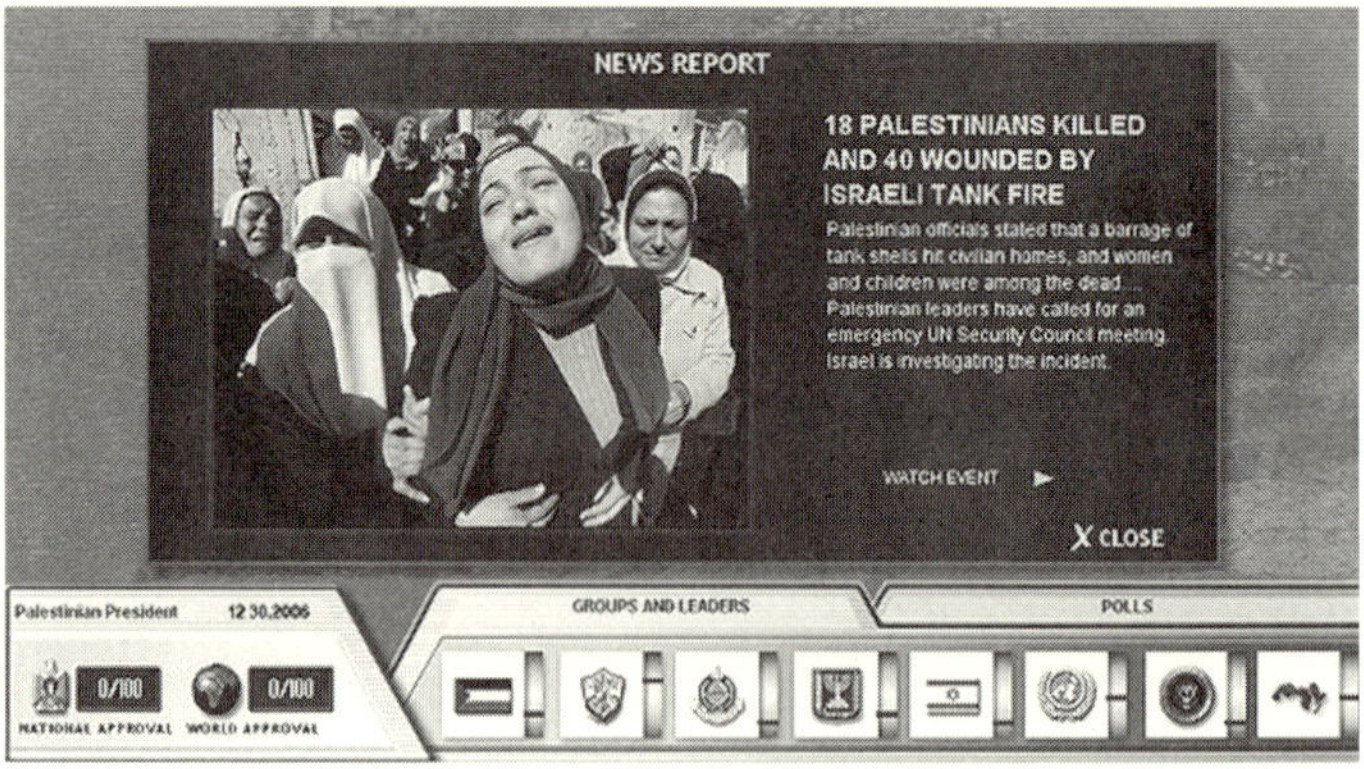

ゲーム，ピースメーカーからのスクリーン・ショット．

切な問いは、それが人をどのように変えるか[36]」であると確信している哲学者で仮想現実の先駆者ジャロン・ラニアーに耳を貸すことです。オンラインの世界がわたしたちの心や人格に何をおよぼしているのかを探る必要があります。

今日を支配するソーシャルメディアやデジタル接続の形態が、人間の独自性と個性を蝕んでいるというのが、ラニアーの悲観的な見解です。彼は、一九九〇年代のサイバーカルチャーの最初の波では、人々が自分たちのために設計したとわかる奇妙なウェブサイトに「誇らしげな外向性」が誇示されていると指摘しています。この初期の全盛期に続いて、「巨大な投資に援護された果てしない先手攻勢が、初めてオンラインの世界に参加する若者たちをその気にさせ、サイト上にフェイスブックのような画一化された存在を創り出したのです」。インターネットユーザーは、「自分が誰であるか」を定義する既成の人格概念にいっそう組み込まれ、「多数の選択肢の中から選択するアイデンティティ」に取り替えられているのです[37]。この結果、小説家のゼイディー・スミスは、わたしたちの独自性は「押し潰されて」しまうと断言しています。スミスは、次のようなことを気づかせてくれます。

フェイスブックは、ハーバード大学の二年生のこだわりとともに、ハーバードの二年生によって設計されました。あなたの交際の状態はどうですか？（一つを選択してください。答えは一つだけです。人々は知りたがっています）。人生を楽しんでいますか？（証明してください。写真を投稿してください）。あなたはまともなものを好みますか？（リストを作ってください。好きなものには映画、音楽、書籍、テレビが含まれますが、建築、思想、植物は含まれません）。

こうした区分は、他の人々との共通点を発見しやすくし、「つなぐ」ことはできますが、人間の複雑な人格の精彩を欠いてしまいます。その上、そのつながりの質にも問題があります。ほとんどのソーシャルメディアは、「互いに、もろくて表面的な関係を作るよう、人々をけしかけているようだ」とスミスは主張しています。「マーク・ザッカーバーグ〔フェイスブック共同創業者〕は、個人的な取るに足らない出来事の交換が『友情』であると考えている」[38]。人々は、何千人ものフェイスブック上の友達をもち、ツイッターでフォロワーを集めていることを誇りにしていて、これは重要なことは人間関係の質ではなく量であると信じている証《あかし》なのです。超高速デジタル文化が、わたしたちの注意の持続時間をさらに短く浅くしているという証拠が蓄積されているにもかかわらず、これらは何の役にも立っていないのです。わたしたちは、ウィンドウとプログラムのあいだを絶え間なく行き交いつつ、「連続的・不完全・注目」（contenious partial attention）〔訳注、日々、多くの情報に連続して注意を向けているが、どれも不完全にしか注意を払っていない状態と生活〕として知られる状態に慣れてしまっているのです。そして、記事を読んだり、会話をしたりするなどの一つの作業には、長時間にわたって集中する能力を完全に失ってきています。[39]

共感とは、プレハブ感覚で作られたオンライン上の自己紹介を通してではなく、他の人々のユニークな世界観の中に自分自身を浸透させるような深みのある人間関係においてこそ豊かになるものだということ、問題はここにあるのです。SNSは、わたしたちが属している国際社会（折り紙、ABBA〔スウェーデンのポップグループ〕、熱帯雨林の保全などへの関心をあなたと共有するすべての人）と接触し、見知らぬ人の生活にとって重要な出来事をわたしたちに知らせてくれます（日本での津波に関するニュース報道やダマスカスの街頭での反乱など）。しかし、これらのネットワークそれ自体は当たり前かもしれませんが、他人の心への想像上の跳躍が簡単にできるようには設計されていません。これらは、親しい交流として簡単にひとくくりにできるものではなく、あくまで効率的な情報交換のためのものだからです。もっとも深い基盤となるような思考や気持ちを、テキスト、あるいは顔文字を使ったツイートで、実際に伝えられるものでしょうか？　わたしはできないと思います:(　――俳人でもない限り、自分が誰なのか、人生で何を大切に思うのかを一四〇文字で表現するのはとても難しいことです。

スタンフォードの精神科医エライアス・アバウジャーウドは、問題はデジタル文化がわたしたちの人格を「潰す」していることではなく、その人格を二分割していることだと主張しています。わたしたちはいつの間にか、オフライン〔ネット上の仮想ではない現実世界〕のときの人格とははっきり異なる「e－人格」

（e-personality）や「e‐自己同一性」（e-identity）を育んでしまっています。「インターネットに接続されている、あらゆる現実の存在にとって、いまや仮想版の生が隣り合って存在するようになった[40]」のです。おまけにこの仮想版の自己が、わたしたちの人生をも支配し始めているのです。オンラインであることは、急速にごく当たり前のことになってきました。起きている時間の半分以上をデジタル・テクノロジーに接続している人が増えています。典型的な米国の一〇代の若者たちは、フェイスブックの状態を更新したり、メディアに夢中になったり、友人にメッセージを送ったりと、毎日日々八時間近くもオンラインの状態で無駄な時間を過ごしています[41]。

アバウジャーウドによれば、異なるe‐人格をもつことにはとても大きな利点もあります。オンライン上の自分を通して心を開くことが容易にできると感じる人もいることを、彼は指摘しています。それはまた、偏見を恐れずに身元を明かす手段かもしれません。あなたがテキサス州の田舎に住む同性愛者の一〇代の若者であれば、オンラインで関心のある共感コミュニティを見つけることはできるかもしれませんが、オフラインで性的指向を明らかにすることは、あなたの故郷からの追放を意味するかもしれないからです。しかしながら、e‐人格の危険性はあまりにも明白です。アバウジャーウドが強調しているのは、一つには、人の目を欺くような、自己顕示的な行動の傾向です。ネット上の仮想世界『第二の人生』（Second Life）の本格的なアバター〔ユーザーの分身となるキャラクターのこと〕だろうが、オンラインの出会い系サイトのプロフィールだろうが、「実際よりも、体をスリムに見せ、より人気があるかのような、成功しているかのような振りをする」ことは抵抗し難い誘惑です。出会い系サイトでは、仕事や給料のこと、また学歴についていくつか嘘をつき、写真もうまく修正したいという誘惑にいつだって駆られるものです。

もう一つの危険性は、匿名性と不可視の可能性が、「オンライン脱抑制効果」を作り出してしまうこと、つまりそこでは反社会的行動に走ることを認可されていると人々が感じてしまうことにあります。わたしはオンライン新聞の記事やヴィデオ会合などで、異常なほど侮辱的で無惨な酷評を定期的に受け取ります。それらの人々はほぼ間違いなく、わたしに面と向かって決して同じことは言えないでしょう。また、ネットいじめも子どもたちのあいだで深刻な問題となっています。アバウジャーウドは、「本来ならば、通常の抑制システムが思考や行動を喰い止めるが、情報過多の高速道路では絶えず誤作動する[42]」ということを明らかにしています。

しかし、もっとも根本的な問題は、わたしたちのe‐人格が自己陶酔に陥りやすく、それがオフラインでの現実世界の人格にも影響をおよぼすということです。デジタルな自己陶酔のもっとも明らかな発現は、「エゴサーフィン」(egosurfing)、「ナルシスサーフィン」(narcissurfing) または「オートグーグリング」(autogoogling) とも呼ばれています。これは、「インターネット上で自分自身がどのような評価を受けているかを、検索サイトなどで確認すること」と定義されています。米国の成人の四七パーセントが、自分についての検索 (vanity search) を行ったことを認めています。[43] 自分のツイッターのフォロワーの数を常時確認したり、ソーシャルメディアのプロフィールを詳細に編集し、何時間も修正に費やしたり、新しい友達やそうした類の人たちを獲得するためにメッセージを投稿したりするなどのインターネット中毒にも、その陶酔は現れています。事実上わたしたちは、自分自身を仮想の広告掲示板に見立て、オンライン消費者に自分の個性を宣伝広告しているようなものです。フェイスブックでの交流が他のユーザーと比べて多くなるほど、ナルシシズム・テストで得点が高くなることを明らかにする研究結果を知ったところで、まったく驚くにはあたらないでしょう[44]。

しかしながら、このことは明らかでしょう、誰もがオンラインのエゴサーフィンをすることで、友達申請を求めている訳ではないということは。アラブの春やウォール街の占拠運動に見られたように、ソーシャルメディアの力を利用して大量の共感と政治的転換とを作り出そうとしている人たちもいるのです。ウォール街を占拠する（オキュパイ）運動とマドリッドの学生の抵抗運動とから、チュニスやテヘランの大規模なデモまで、二〇〇九年と一二年のあいだに全世界を揺るがした政治的反乱の波は、デジタル技術とソーシャルネットワークがなければ不可能でした。反抗者たちはフェイスブックを使って仲間を形成し、ツイッターで情報を広め、yfrog、フリッカー、YouTube で写真やヴィデオをばらまきました。政治アナリストのポール・メイソンによると、ソーシャルメディアの基盤となったのは携帯電話による通信でした。「ごった返すさまざまな群衆の中で、手に手に携帯電話を空に掲げ、まるでダチョウの小さな群れのように、抑圧や反乱の場面を写メして、世界中の観衆に向けて忘れがたい映像をリアルタイムで提供しているのです[45]」。

抵抗運動は、怒り、反権威主義、政治への欲求不満、個人としての自由とコミュニティの平和への渇望など、酔いどれた頭の中のようなこれらの混淆に突き動かされていたのです。ジェレミー・リフキンが指摘するように、ここでも共感は重要な役割を果たしていました。

イランでは無効にされた選挙結果に対して若者たちが抗議し、通りに出ました。ナディアという名前の医学部進学課程の一人の若い女学生がデモに参加していました。友人がヴィデオ撮影中、彼女は軍隊に銃撃されました。一時間以内に、全世界の何百万もの人々が彼女のフェイスブック、家族、親戚を知り、彼女が何をしようとしていたのかを知りました。彼女は今、深い深い道を通って彼女と同一化しうる何百万人もの若者たちの姉妹になったのです。これこそが地球規模の共感です。共感的な文明の始まりなのです。(46)

アラブの春やウォール街での占拠運動は、デジタル技術が共感や怒りという強い情感に導き、そして拡散させる働きをもつことを明らかにしました。しかし、新しい技術やソーシャルメディアのプラットフォームそれ自体では、大衆運動が必要とする熱狂的エネルギーや実践的行動を維持することができないことも、これらの反乱は示したのです。ソーシャルメディアは、公共的な抵抗運動への参加と、世界中で起こっていることの伝達のために人々を動員するという短期的な目的のためには優れたツールでした。しかし長期的な社会運動の成功にとって必要な、その他の本質的な要因を提供することにはあまり有効ではなかったのです。どんなに多くのツイートを獲得したとしても、ウォール街の占拠運動はその政治的目標の概要を明確にすることさえできません。リーダーシップの能力や戦略を開発し、支持者の情熱を長期にわたって維持するのに役立てることはできなかったのです。そのためには、決まって顔と顔を合わせることが必要とされ、集団を組織的にまとめあげていくことは多大な時間を要する困難な仕事だったのです。また、インターネットは大規模に強い共感反応を生み出します――しかし、キャンペーン動画『KONY 2012』[*1]を覚えていますか?――、また他方、現実の世界では、それらを広範な行動へと変換することにはほとんど失敗するということも忘れてはなりません。映画フィルムの一コマを見ることやオンライン署名をクリックすることが、本物の政治的行動主義のすべてであるという考えに人々を惑わす「スラックティビズム」[*2](slacktivism)の時代に堕落している可能性があります[(47)]。

*1 NPOの「Invisible Children」が製作した映像。
*2 slacktivism.「怠け者」(slacker)と「社会運動」(activism)とを合わせた合成語。労力や負担を負わずに、社会運動めいたことをする行為を指す。

こうした分析をわたしたち自身の生活に当てはめるなら、デジタル技術との個人的な関係について、どのように考えればよいのでしょうか? ますますネットワーク世界に夢中になればなるほど、このことを自らに問いかける必要があります。それは、どのようにわたしたちの性格や人間関係を作り変えていくのか、と。共感に溢れる「厚い」友情を犠牲にして、インターネットは「薄い」ハイパーコネクション(超高速接続)を提供しているのでしょうか? 利己的で自己顕示的な手段が、芽生えたてのナルシシズムを養うように、わたしたちはソーシャルメディアを使っていくのでしょうか? わたしたちは、この新しい文化が人格にどのように影響をおよぼすのかを理解する上で、まだ始まりの段階にいるのです。わたしはより楽観的でありたいのですが、現在の型のデジタル革命は、共感的な文明に向かう道をたどることには失敗し続けているという動かぬ証拠があります。むしろ、わたしたちは一九七〇年代の「自己中心主義の時代」の再現を目の当たりにしているのかもしれません。デジタル技術は、「自己中心の人」（ホモ・セルフセントリクス）の声を増幅しているかのようです。

共感を広げたいと望む人は誰でも――そして、すでに獲得したものを維持するためにも――、インターネット文化への接近は、思慮深く、いっそう注意深くあるべきです。ありがちな最大の過ちは、オフラインの時代の自己同一性と他者との関係のあり方に、どのように影響を与えるかを顧みることなく、オンラインの生活に進んでいることです。「汝のデジタル自身を知れ」とソクラテスならば言ったことでしょう。ソーシャルメディアが送り出す矢継ぎ早の応答のゆえに、深い友情に飢えたままに放置されたり、利己主義や無気力状態に誘い込まれたと感じるとしたら、デジタル・ダイエットを始めるときなのかもしれません。そして、グローバルな電子頭脳とつながる時間を制限し始めるべきなのかもしれません。

こう警鐘を鳴らしているにもかかわらず、わたしはもっとも効果的な共感アプリを見つけようとしています。現在存在しているものを超える、認知と情感の共感を拡大する意図のために設計された、新しいソフトウェアを発明する必要があると思っています。わたしの希望は、適切な技術的手腕をもったこの本の読者が、チャットルーレットやグランド・セフト・オートに匹敵する人気の共感アプリを作成する最前線に立っていただけることです。しかし、その目的とするところはむしろ、ウォール街の占拠運動やアラブの春くらいの規模の行動の波を惹き起こすことです。

エクスタシーの賛美

古代アテナイの市民がディオニュソス祭の舞台に登場する役柄に涙して以来、芸術と文学は人々を共感の旅に誘ってきました。劇場、映画、小説、絵画、写真は、ギリシア人が「エクスタシス」、またはエクスタシー（脱魂）と呼ぶものを生み出す役割を果たしました。エクスタシスは、わたしたち自身の外へと一時歩み出て、他の人々の人生や文化に運び込むものなのです。もっとも共感的なエクスタシスは、ニューヨークのオフィスビルのちっぽけな入り口を這うようにして進み、トンネルを抜けると有名な俳優の心の中へと滑り込む、そして文字通りその彼の目を通して世界を見ることができる、映画の『マルコヴィッチの穴』〔スパイク・ジョーンズ監督、一九九九年、アメリカ〕のようなものです。

肘掛け椅子の共感の限界は、これまで誇張され過ぎています。写真や小説というメディアは、実践的な行動を導く深く共感的な体験を提供することにはほとんど役に立たないと、むしろわたしたちを感情的に無感覚、無感動にしてしまう可能性が高いと、そう信じている批評家もおそらくいるでしょう。しかしながら、もしわたしたちが自分の好みを落ち着いて見定め、わたしたちの文明が生み出したもっとも素晴らしい共感的な作品——バーチャルな（空想上の）共感図書館が提供するような——を選んで進むならば、新しい仕方で世界を見、社会変革の創造者となるよう触発されるのです。またその一方で、肘掛け椅子から容易にアクセスできるデジタル技術の共感的で潜在的な可能性を誇張してしまったのではないかと恐れ

ても います。他の人の心に跳び込む力を損なうような方向でデジタル技術を使わないように注意しなければなりません。わたしたちはまた、写真、映画、文学、その他の芸術形態を通して遭遇する「高次の通信手段」(meta-medium)としてのインターネットの拡大する役割に警戒するべきです。そして、芸術への共感的な感応を沮喪《そそう》させてしまわないように守らなければなりません。

共感能力を広げるための継続的な努力において、また直接体験や会話などの取り組みを通じても、ある人々の生活を探求することはどうしても困難であり、不可能だという場合もあるでしょう。どうすれば、男性が妊娠とはどういうことかを経験することができるでしょうか? あなたが宗教か愛の意味について語り合えるサモアの長老と会える確率はどれくらいでしょうか? ですから、いつも肘掛け椅子の共感が必要なのです。日々の生活においては決して手の届かない、隠された世界を想像する助けとしても。

エートス6　革命を始めよう

世界中の共感する人よ、手をつなごう！

Tシャツに「共感革命」という文字がプリントされることなどあまりないでしょう。共感は通常、過激な社会的・政治的変化ではなく、むしろ個人と個人とのつながりの中で起きることだからです。しかし、今は個人の生活領域から共感を引き出し、公《おおやけ》の場面でも対応しうるかどうか、その可能性を開くときなのです。そのためには、共感は個人的なものであると同時に集合的な現象でもあることを理解する必要があります。一定数以上の人々が一体となって、他者の人生へと想像的に跳躍すれば、共感は歴史のかたちを変えるほどの威力をもちます。わたしたち一人ひとりにとって、共感の旅の終着点は、集合的共感の波を作り出すことにあるのです。それこそが、貧困と不平等から武装闘争や環境破壊まで、この時代が抱えるこれらの巨大な問題に取り組む上で、その一翼を担うことになるからです。

集合的共感のアイデアは、今日、とりわけ意味を帯びてきます。なぜならそれは、共通の目的に向かって他者とともに働くことよりも、喜びや幸福のために自分自身の野心と欲望を個人として追求する傾向のある、現代の自立的文化の、高く個人に焦点を合わせた考え方への対抗軸となりうるからです。しかし、アリストテレスにまでさかのぼる一群の思想家たちは、わたしたちが社会的動物であり、人生の喜びや意味は、わたしたちよりもより大きな何事かに打ち込むことで、その大部分が成長するということを理解していました。人間は「わたし」と同じほどに「わたしたち」で繁栄するのです。「自己中心的な人」(Homo self-centricus)と「共感する人」(Homo empathicus)とが、わたしたちのうちに居場所を確保するために押し合いへし合いしていますが、「社会的に共感する人」(Homo socioempathicus)のためにもその居場所を確保する必要があります。共感それ自体は、行動をともにし、変革を創造することによって、十全に現実化していく、わたしたちはそんな生きものなのです。

どうしたらイントロスペクションの時代(内観=自己を中心に考える)からアウトロスペクション(外観=他者の身になって考える)の新しい時代へとわたしたちを突き動かすような集合的共感を生み出すことができるでしょうか? まず手始めに、英国の歴史に起きた見知らぬ人同士の大集結を探ることで、集合的共感とはどのようなものなのかを発見しましょう。次に、西洋史の流れを形作った三つの大きな共感の波から、実践的行為のための指針を導き出しましょう。三つの波とは、一つは一八世紀のヨーロッパにおける人道主義的支援組織の創設、二つ目は民族的少数者の人権の拡張、そして三つ目は一九九〇年代、神経科学の進歩以来の教育や平和構築などの領域における共感の拡大です。最後に、未来に目を向けていきましょう。すべての人間だけでなく、動植物の生命も、そしてガイア*(地球)それ自体さえも包み込むグローバルな共感意識を、わたしたちは発展させることができているでしょうか？

＊〔訳注〕ギリシア神話に登場する女神。地母神であり、大地の象徴。ただし、天をも内包した世界そのものであり、文字通りの大地とは違う存在。

あなたが今まさに発見しようとしているように、共感はわたしたち自身だけでなく、世界を変えることができるのです。さあ、共感Tシャツを手に入れ、旗をひるがえし、街に出て共感革命を始めよう！

異邦人たちの歴史的な大集会

集合的な共感の大崩落についての報告はよく耳にするところです。十字軍の虐殺、ラテン・アメリカでの植民地主義的な暴力、ホロコーストの大虐殺に関する書籍は数知れません。しかしながら、集団的な規模で共感が芽生えたことの記録を残す努力はほとんどなされていません。地域社会の全体が想像力を働かせて見知らぬ人の靴を履き〔立場に立ち〕、彼らの苦しみをなにほどか理解し、それを緩和するために行動を起こしたというような出来事の記録です。社会を変えるために共感をどのように生かせるか、このことを明らかにするもっとも啓発的な事例の一つは、英国の歴史に起きた見知らぬ人同士の大集会にかかわっています。

戦時中のイギリス人の暮らしぶりを語る代表的なイメージは、ドイツ軍の爆撃を逃れて各都市から疎開

乗車を待つ疎開の子どもたち, 1940年.

しようと、小さなスーツケースや食物の小包を抱えた子どもたちで溢れかえる鉄道のプラットホームです。一九三九年から四四年にかけて、数回にわたる疎開の波があり、二〇〇万人以上の子どもたちが政府計画の一環として町から農村地帯へと移住させられました[1]。収容所への収容ではなく、そのほとんどが個人の家庭に宿泊し、その多くは数年間その家族とともに過ごしました。歴史家のA・J・P・テイラーは、このことが新たな児童福祉政策の創設に多大な影響を与えたため、この疎開を「社会革命」と表現しました[2]。そしてこれは、ほとんど見落とされてきたのですが、共感が決定的な役割を果たした革命だったのです。

一九四〇年以前、ロンドン大空襲*前の初期段階では、とりわけ疎開の過程は現実的にも感情的にも困難をはらんでいました。受け入れ側の町や村の宿営係は、新しく到着する人々のための家を十分に手配することができずにいました。中流階級の上層に属する家庭は、子どもたちを受け入れることにとりわけ消極的だったのです[3]。里親になりたい人たちが、疎開した子どもたちの中から選り好みして、拾い出すことができる、悪名高い「奴隷市場」がありました。選ばれなかった者は、残りのものという烙印を押されたのです。子どもは両親から長期間離れているというトラウマに苦しみ、極端なケースでは虐待事件もありました。おねしょ、悪たれ口、非行、こうした小さな来客たちの必要経費を賄うには、政府からの支給は不十分だったと養い親たちは不満だったのです。[4]

＊ The Blitz（ロンドン大空襲）。第二次世界大戦中にナチス・ドイツがイギリスに対して一九四〇年九月七日から四一年五月一〇日まで行った大規模な空襲。

ともあれ、問題を先延ばしするのは簡単なことだったでしょう。しかしながら、戦時中の極めて厳しい条件下で、計画する時間もなかったこと、さらにそれがまったく目新しい経験であったこと、そしてその疎開規模とを考えると、それは驚くべき成功でした。だいたいにおいて、子どもたちは宿泊施設を見つけてもらい、宿泊先の家族によく世話をしてもらうことができ、学校へ通い、友達を作りました。戦時下における社会事業のもっとも権威ある研究で、リチャード・ティトマスはわたしたちに、「寛容の精神をもち、互いに出会い、ともに暮らす困難を克服した」、そうしたすべての家庭の戸主たちと疎開者たちとを忘れないように求めています。[5] オックスフォードシャーへの疎開に関する一九四七年の報告は、「この調査は、無名の養母たちへの戦争記念碑と呼ばれるべきものである」ことを示唆しています。なぜなら、養母たちの年若い養子たちへの献身ぶりは明らかだったからです。[6]

養護の質に関する議論は、この疎開の重要な側面を覆い隠しています。比較的裕福な農村家庭の住民たちが都市の貧困に触れたのは初めてのことでした。突然、小さな町や村の何十万もの家庭が、ロンドンやリバプール、その他の町のスラム街に住む、栄養失調で、くる病やシラミに苦しみ、靴やまともな下着すらもない、貧しい子どもたちで溢れたのです。国中が、地方の家庭の居間に押し込まれたその子どもたちの極貧状態に衝撃を受けました。一九四三年の『エコノミスト』の論説によると、疎開の大移動は「社会生活の問題点を、全国民の前にさらけ出した」のでした。(7)

この疎開は、農村地域の人々が都市の貧困層の生活に足を踏み入れる〔立場に立つ〕ことを可能にしたことによって、英国の歴史において大衆的な共感的理解が最大の爆発を起こす条件を作り出しました。彼らは自分の目でイーストエンドの長屋の不潔な生活を観察したわけではありませんが、子どもたちから直接に話を聞き、貧困の悲惨な帰結を目の当たりにすることができたのです。それまで世間の目から隠されていた極端な都市の欠乏状態は、地域住民の心に刻まれました。養い親たちは、彼らが目にしたことを常に好んでいたわけではありません。多くの中流階級の人々は、不潔な子どもたちが高価な長椅子を汚すことにうんざりしていました。(8) また別の人たちは、感極まって涙を流しました。しかし、どちらの場合においても、何かがなされなければならないという明確な認識がありました。国民の良心は目覚めさせられつつあったのです。

疎開から意外な新事実を知ったことで、公共的な運動の波が起こりました。『ザ・タイムズ』（*The Times*）に手紙が送られ、英国婦人会連盟（National Federation of Womens Institutes）、英国婦人ボランティア協会（Women's Voluntary Service）などの団体が児童医療政策の変更を求めて働きかけ、下院議員たちが改正を訴えました。疎開の第一段階の時期、首相であったネヴィル・チェンバレンは妻に手紙を書いています。「このような状況が存在することを、わたしはまったく知らず、無知で気づかずにいたことをわたしの隣人たちに対して恥じている。わたしの残りの人生をかけ、そのような人々がより清潔でより健康的な生活を送れるように援助することによって、本気で償っていこうと思っている[9]」と。

児童福祉規定の広範囲におよぶ拡充のかたちで、政府からほぼ即座の反応がありました。国が戦闘に突入している最中に起こったということ、それが事態をなおいっそう目覚ましいものにしていました。学校給食の基準は上げられ、子どもや妊婦のために安い牛乳が用意され、ビタミンやタラの肝油が配給の一部となりました。一九四〇年代初期を通して、公衆衛生、栄養、教育の改善を保証するための新しい法律が導入されました。そのほとんどは、戦後も維持されることになります[10]。ほんの数年のうちに、一九世紀イギリスの救貧法に根をもつ何十年にもわたった不十分な社会福祉政策が転換されました。テイラーがこう結論づけたのも不思議ではありません。「疎開はそれ自体、仮装された福祉計画であり、戦争のもっとも危険な時期が、逆説的にも、社会政策のもっとも実り多い時期となった……。『ドイツ国防軍空軍』(Luftwaffe)は、福祉国家の強力な伝道師だったのです[11]」。

歴史書は、福祉国家は一九四二年のベヴァリッジ報告書から生まれ、それが戦後の労働党政権による国民保健サービスの創設につながったと記しています。しかし、子どもたちにとってもっとも意義深い社会的な支援は、まったく思いがけないところからきました。それは、英国農村の家庭で養い親の家族が疎開した子どもたちと出会ったときの共感の高まりがもたらしたものだったのです。

疎開の物語は、こんなことを語っています。例えば、共感は、個人的な経験の領域に限られた、ただ幸せな気分にさせるといった感情をはるかに超えたものだということを、そして社会を変えるパワーを備えた集合的な力でもありうることを。今日、この実験を再現できるかどうか、少し想像してみてください。数十万のアフガニスタン、イラク、シリアの子どもたちが、国家の戦争の犠牲となって、ヨーロッパや北米各地の養い親の家庭に連れて行かれたとしたら、いったい何が起きるでしょうか？　あるいは、もし中南米の巨大都市に住む貧民街の住人が、自分たちの波打つトタン屋根を見降ろすことのできる、門と塀で囲われた裕福な市民が暮らす豪華マンションの寝床を突然与えられたとしたらどうでしょうか？　これらはいずれも、わずかの可能性さえありません。現実には、疎開の際に起きた集団的共感の多くの事例は、容易に再現できない、複雑な社会的・政治的・経済的な力が重なり合って生じるものです。疎開を扇動した官僚や政治家に、児童福祉政策の本質的な転換を起こす意図があったという証拠はありません。むしろ、これは古代ローマ人が「フォルトゥナ」（Fortuna）と呼んだ、偶然のめぐり合わせであり、それこそが人々の人生を形作っているものなのです。

そうなのだとすれば、すべてはわたしたち個人にはなす術《すべ》のないことなのだから、同じような出来事の風が吹くまで座して待ち、傍観するべきだとでもいうのでしょうか？　とんでもない。歴史を通して、人々は文化的および政治的風景を作り変えるために社会運動を組織し実践することによって、集合的共感を呼び起こすという意識的な努力を重ねてきたのです。そして彼らは、その努力によって大いなる成功を収めもしました。わたしたちの時代に、集合的な共感に火を点すために、実例から学ぼうとするなら、一八世紀ヨーロッパの人道主義革命から始まる、西洋の歴史を変えてきた三つの共感の波を見てみる必要があります。

第一の波　一八世紀における人道主義の台頭

マルクスは、人類の歴史を動かす根本的な要因は、階級間の闘争であると言いました。ダーウィンはそれを、進化論的な生存競争であると信じていました。他の人々は、変化にもっとも重要な力は、文明の衝突、政治的闘争、あるいは技術革新の進行であると主張してきました[12]。

ますます多くの思想家たちが今、これらの伝統的な語りには何か欠けているものがあることを認識しています。それが共感です。歴史は、階級や技術などの要因と同じほどに共感の影響を受けていると、彼らは信じています。社会科学者のジェレミー・リフキンは、「共感意識の驚異的な進化は、人類史の典型的な基礎的物語である」と主張しています。心理学者のスティーヴン・ピンカーは、司法拷問、奴隷制、少数派の迫害を含む暴力の、過去五〇〇年にわたっての著しい減少が語っている変化の、その最大の要因の一つは「共感の拡大」にあることを示唆しています[13]。

共感は、歴史的転換における極めて重要な――たとえそれが軽視されているとしても――力であると、わたしも確信しています。しかし、リフキンやピンカーのような書き手の楽観的で直線的な見方は共有できません。共感的な関心に基づく人間性の円環が、何世紀も確実に外へ向かって拡張していると決め込んでいるふしがあるからです。最初は家族や部族から、そして共同体と国家へ、そして今ますます拡張して全人類や自然界も取り込むようにして……。人間とその出来事の持続的進歩という啓蒙主義的イデオロギーに鼓吹されたこのアプローチは、ホロコーストやルワンダでの集団虐殺、そして一九九〇年代、旧ユーゴスラビアでの残虐行為など、繰り返えされる大規模な共感崩壊の実例を容易に説明することはできません。それとは対照的にわたしは、歴史は一連の波のようなものだと考えています。異なる地域で、ある異なった時に、集団的共感が花を咲かせる周期を経験することもあれば、それにはいつも恐るべき崩壊の周期が続く危険に伴われてもいるのです。一つの世代が獲得した共感の実りが、必ず次の世代に存続するとは必ずしも保証できません。

西洋近代史において、三つの重要な集合的共感の波がありました。そして、そのそれぞれが道徳的なかかわりの輪を広げる結果を生んだのです。最初の波は一八世紀に起こり（そして一九世紀へと持続し）、ヨーロッパ全土の人道的な組織と運動の高まりを見たのです。

この共感革命の衝撃と成果を十分に評価するためには、西暦一七〇〇年以前のヨーロッパでの日常生活において、現代のわたしたちにはほとんど理解できないほど暴力が蔓延していたことを理解することが不可欠です。拷問は、司法手続きとして承認されたその一部でした。鉤、五寸釘、ネジ釘、ノコギリ、これらが骨を砕き、人間の肉を引き裂くために使用されました。不運にも魔女とされたり、神への冒瀆行為で訴追されたり、軍役義務を放棄したなら、町の広場で生きたまま火あぶりにされ、縛り首となり、腸をえぐられ、四つ裂きにされたかもしれません。子どもに対する虐待はごくありふれたことで、驚くべき数の

18世紀の人道主義的革命が起こる前の時代に，標準的であった司法手続き．プロテスタントのカスバート・シンプソンが，ロンドン塔の拷問台の上で拷問を受けている．1558年，女王メアリーのカトリック統治時代．彼はその異端的信仰によって，この後，生きたまま焼き殺された．

赤ん坊が両親に放棄され、嬰児殺しの対象になっていました。奴隷制度は、深く根づいた制度でした。一方、人々は、いまだ言葉による話し合いではなく、古き伝統に則った仇討ちと死を賭した決闘によって争いを決着させることもしばしばだったのです。[14]

しかし、次の一〇〇年のあいだに予期せぬことが起こりました。こうした残酷な行為の多くは不法とされるか、少なくとも異常なこととされ、人道的関心の波が大陸からこれを一掃しました。奴隷制度に反対し、刑務所制度を改革し、育児放棄の問題に取り組み、司法の残虐行為を止めさせるための組織の設立に伴い、行動主義が突発したのです。[15] ピンカーによると……。

近代西洋と世界の他の多くの地域では、

死刑と体罰が事実上廃止され、行政権を行使した被験者に対する暴力が大幅に削減され、奴隷制度は廃止され、人々は残虐さへの渇望を失いました。これらのすべては、一七世紀の理性の時代から始まり、一八世紀末の啓蒙に至るまでのごく短い歴史過程で起こりました[16]。

この根本的な変容は、何によって説明されるのでしょうか？　例えばそれは、すべての人間の平等な価値というような合理主義者の理想の高まりに起因しているのでしょうか？　商業の拡大が、交易を成功させるための平和と協力への欲求を鼓舞したのかもしれないと説明できるでしょうか？　もちろん、拮抗した多くの説明はありえますが、近年、学者の関心を惹きつけたものの一つは、共感の新しい文化の出現です。ピンカーはそれを、「感情的な変化――他者の喜びや痛みと同一化するエートス」と表現しています[17]。しかし、このエートスはどこからきたのでしょうか？

その土台の一つは、「読書革命」として知られているものでした。読み書き能力の普及や、小説や新聞を読むことが、拡大する中流階級の人々に、孤児、貧しい農業労働者、苦しむ奴隷であることがどのようなことかを理解する手段をもたらしました。それが、社会的な格差を越えて、人間の結束を図る手助けをしたのです。歴史家のリン・ハントは、読書という想像的な行為が、とりわけ一八世紀後半、多くの人々に人道支援団体の設立を動機づけただけでなく、フランスやアメリカの革命における政治的権利と平等の要求への支持にもつながったのだと主張しています。ルソーの『新エロイーズ』〔全三冊、安士正夫訳、岩波文庫、一九六〇、六一年〕やリチャードソンの『パミラ、あるいは淑徳の報い』〔原田範行訳、研究社、二〇一一年〕などの胸が痛む小説は、感受性に働きかけ、かつてない規模で人々の共感回路を呼び起こしました。ハントによると……。

……「想像する」共感は、基本人権の土台としての役目を果たします。すっかり出来上がった感覚ではなく、どこかの誰かも自分のようであろうと察し、共感とはとりあえずそれを信じて思い切りやってみようとする感覚であると思われます。拷問の記述は、苦痛に対する新しい見方を通して新鮮に、想像上の共感を生み出しました。小説は、自己の内側に新しい感覚を促すことによって共感を呼び起こしました。それぞれの方法で、身近な家族や宗派、あるいは国家を越えて、さらに偉大な普遍的価値観へとつながり合う、自主的で共感的な個人に基づく共同体という観念が強化されました……。この学習過程がなければ、「平等」は深い意味をもつことはできず、とりわけ政治的帰結をもたらすことはなかったでしょう。(18)

したがって、わたしたちの近代の法理念である人権は、共感の倫理の上に築かれているとハントは示唆しています。しかしながら、人々が小説を読んだことと、それに続いて興ってきた奴隷制反対運動や一七八九年のフランス人権宣言との関連を、正確な因果の道筋としてたどることは困難です。実際、一八世紀と一九世紀の人道的革命は、読書によってだけではなく、読書の夕べをもたない人々さえ動員した社会的運動を行う個人や団体の、焦点を一つに絞った努力によって活気づけられました。そして、これらの運動の多くが備えていた特筆すべき側面は、共感に基礎づけられているということです。それらは、人々が他の人の靴に足を踏み入れ〔他の人の立場に立ち〕、その苦しみを理解するという明確な試みだったのです。

新しい共感によって突き動かされた人道組織のかなりの部分は、正式にはフレンド教会（Society of Friends）と呼ばれるプロテスタントの一派であるクエーカーによって設立されました。フレンド教会は、一七世紀半ばに靴工の見習いであったジョージ・フォックスによって設立されています。クエーカー教徒は、その簡素な服装や、すべての人が神と直接的で無条件の関係をもっているという信条だけで特徴づけられているわけではなく、平等と反戦、そして社会的行動主義（Social Activism）の価値に対する彼らの信念によって際立っています。三世紀にわたるその存在によってフレンド教会は、「人間は互いにいかに扱われるべきものかという点において、過去のどんな政府が果たしたよりも、多大の影響を与えてきた[19]」と歴史家のセオドア・ゼルディンは述べています。彼らの歴史を通してクエーカー教徒は、他の人の人生や苦悩を理解することに努めるべきだという信念を失いませんでした。一七六三年頃、急進的なアメリカのクエーカーであったジョン・ウールマンは、地元の白人入植者と衝突していたペンシルベニア州ワイアラージングのアメリカ先住民を訪ねました。彼らの視点から状況を見るように試みつつ、ウールマンは書いています。「わたしは彼らインディアンの多種多様な困難を深く考えさせせられるようになりました。彼らへの同情に近いものが、わたしの中に湧き上がってきました」。ウールマンは、あらゆる人間との「同情」（彼の同情は「共感」を意味します）を発展させることの重要性を説き、アメリカ先住民に対しての戦争に資金提供することを意味する税金を払うことを拒否し、奴隷制度に対して声を大にして反対しました。[20]

クエーカー教徒は、特に一八世紀と一九世紀の社会変革において傑出した勢力をなしました。一七八三年に、英国のクエーカー教徒は、奴隷制と奴隷売買への反対を鼓吹する世界初の闘う組織を設立しました。奴隷制度廃止論者で、クエーカーの歴史学者であるアダム・ホックシールドは、「聖典ではなく、人間の共感に彼らの希望を置いた」と主張しています。彼らは大衆に、奴隷であるとはどのようなことなのかを、生き生きと、腸で感じるように、身をもって感じ取れるように伝えることを目指しました。彼らは、奴隷船「ブルックス号」の衝撃的なポスターを印刷し、砂糖農園を目指して航海中の、カリブ海の英国船上で、暗くて風通しの悪い船に、およそ五〇〇人ものアフリカの奴隷たちがぎゅうぎゅう詰めにされているところを露わにしました。クエーカーたちは、英国のあちこちで、かつての奴隷たちが話をすることを助けました。彼らは、かつて受けた仕打ちを、目に見えるように語りました。五六ポンド〔二五キロ以上〕の重さの足枷をつけてクレーンに吊されたとか、鋭いコクタンの枝で鞭打ちされたというような扱いです。彼らは、蝶ねじ、鉄の首輪、断食によって自殺を図ろうとする奴隷たちの口をこじ開け、食物を流し込むために使用された強制給餌装置（Speculum Oris）などの拷問器具を公開しました。彼らはまた、史上初めて、奴隷が生産した砂糖に対する公平取引（フェアートレード）のためのボイコットを組織しました。クエーカー教徒の断固とした働きの結果、何万もの人々が奴隷たちの直面した苦難に心を開き、共感したのでした。その革新的なキャンペーンは、奴隷暴動のような他の要素と並んで、一八〇七年の奴隷貿易の廃止と、その後の奴隷制自体の終結に決定的な役割を果たしたのです。[21]

クエーカーはまた、刑務所改革などの他の分野でも極めて行動的でした。その主要人物はエリザベス・フライです。彼女は一八一三年に英国の刑務所への訪問を始めますが、そこで見た不潔で非人道的な状況、とりわけ女囚や子どもたちの様子に愕然とします。彼女はそのすべてを、『スコットランドの刑務所とイギリスの北部』（*Prison in Scotland and The North of England*）という著書で大衆に公表しました。これは実験的な共感的没入の初期の例でもあるのですが、彼女自身がいくつかの刑務所に寝泊まりして見聞したことを詳しく物語りました。そして、貴族階級の人々に、この嘆かわしい状況を身をもって体験するようにと強く要請しました。一八一七年にフライは、のちに女囚のための最初の全国組織となった、「ニューゲートにおける女囚待遇改善協会」を創設する手助けをしました。フライは、囚人であれ、路上生活者であれ、あるいは使用人であれ、「おのれの欲するところを人に施せ」という黄金律の確固たる信奉者だったのです。[22] クエーカー教徒は、刑務所での作業とは別に、戦時中に民間人に人道的援助を提供するというアイデアも生み出しました。一八七〇年代初期の普仏戦争では、食糧、衣服、薬品を抗争の両軍にもたらします。彼らはまた、一九世紀のアメリカの女性解放運動で、その五人の指導者たちのうちの実に四人を養成し、初期の女性の権利のための政治運動において影の立役者でもあったのです。[23]

人道主義革命においてクエーカーが果たした役割は意義深いものでした。集合的共感は、彼らの思考において「いの一番」の第一義のものでした。その組織は、社会全体の共感的想像力を変えようと努め、大西洋の両岸にいる一般人全員に、放置されている人間の苦悩について警告し、奴隷、囚人、戦争犠牲者のような遠い見知らぬ人々と、当たり前の人間性を共有していることを思い起こさせました。共感とは、社会集団のエートスに組み込まれているときにもっともその威力を発揮すると、彼らの実例が明かしています。クエーカー教徒は、今日もジョン・ウールマンやエリザベス・フライのように、他の人々の靴に足を踏み入れること〔その立場に立こと〕を唱え続けています。「共感」という言葉には、多くのクエーカー組織の運営理念（ミッション・ステートメント）の中でも特別な位置が与えられているのです。現代社会において、人間関係の革命という理想にこれほど情熱を注いだ他の集団は見当たらないかもしれません。

クエーカー教徒の共感的行動主義には希望のメッセージがあります。彼らは絶えず障害に挑戦し、強い抵抗にもかかわらず運動を行っていました。奴隷制反対の闘争において、彼らは地球の裏側にいる、人種も異なる見知らぬ人々に対して世論を結集しようという、一見すると不可能な課題に取り組みました。それも、奴隷制度は道徳的に正当化されていたし、経済的にやむをえないものだと多くの人々が信じていたときに、なのです。彼らの活動の成功は、集合的共感が歴史を新しい方向へと転じることができることを示しています。地球規模の不平等や気候変動などの現代の危機への取り組みを考えるとき、共感の精神におけるクエーカー教徒の信念を覚えておくことは大切です。

第二の波　第二次世界大戦後の人権の拡張

西洋の歴史における集合的共感の最初の波は、目覚ましい成果をもたらしました。

しかし、それに満足してはいけません。二〇世紀の二回の世界大戦は、人道主義的革命の実りをさらに逆行させてしまったようですし、残酷さと野蛮の潜在的可能性がわたしたちの本質の一部であることを悲劇的に物語ってもいます。しかし、第二次世界大戦後の数十年間に、新しい社会集団へと人権を拡張し、国境を越えて倫理的つながりの境界線を押し広げた集合的共感の第二の波が出現しました。ジェレミー・リフキンによると……。

第二次世界大戦のホロコーストを境に、人類は「二度と繰り返さない」と言いました。わたしたちはこれまで、女性、同性愛者、障害者、いろいろな肌の色をした人種、民族的あるいは宗教的少数者を含む、以前は人間以下と見なされていた多くの自分たちの仲間である人類に共感を広げ、社会的権利と政策、人権法、そして動物を保護する法令として、わたしたちの感受性に符号を付けてきました。わたしたちは今、「他人」や「他所者《よそもの》」、さらには「存在すら認識されていない人」を含め、千日手状態に入ったゲームの終盤戦にいるのです。(24)

その千日手は本当に長く、同じ道の後戻り、破られた約束、そして不完全な勝利に溢れています。女性は依然として職場で差別され、家庭内暴力にさらされており、同性愛者の結婚はほとんどの国で禁止されたままであり、世界中で先住民の権利は何のおとがめもなく侵害され続けています。しかしながら、前進は本物であり、そしてそれは巨大なスケールで共感する努力がなければ起こりえなかったことなのです。一九五〇年代と六〇年代の米国におけるアフリカ系アメリカ人の公民権運動は、共感の政治的影響力の瞠目すべき実例となっています。マーティン・ルーサー・キング・ジュニアは、人種間の平等の主張の正しさを唱える際に、共感的な思想をはっきりと描き出しました。公民権闘争においてもっとも影響力のある文書の一つである、有名な一九六三年の『バーミングハム獄中からの手紙』(*Letter from Birmingham Jail*)で、彼は哲学者マルティン・ブーバーの共感的な思想、とりわけ「我と汝」と「我とそれ」との関係性の相違について直接言及しています。人種分離法は、後者「我とそれ」のかたちをとっているとキングは書きます。そこでは、人々は対象や「物」の地位に格下げされ、劣ったもの、非人間的なものとして扱われています。マーティン・ルーサー・キング・ジュニアとは別に、公民権運動を担うために、共感をもたらした人もいます。アフリカ系アメリカ人として、人種差別に染まった米国南東部に暮らすことがどのようなことかを白人のアメリカ人に伝えるために、ジョン・ハワード・グリフィンが、共感的な没入を行ったことを思い起こしてください。ジェイムズ・ボールドウィンなどの作家は、アフリカ系アメリカ人の目を通して人種分離と差別の不正を明らかにしました。非暴力的な抗議、法的措置、その他の戦略とともに、共感は人種の分裂に橋渡しをし、平等権の法律を法令全書に取り入れる上で重要な役割を果たしました。

戦後にもまた、共感的なつながりを国境の内側から他の先進国に住む人々まで含めて広げていくために働く人道主義的な組織の新しい世代が登場しました。枢軸国の占領下で飢えていたギリシア人に食糧援助を送るため、一九四二年に英国で最初に設立されたオックスファム(Oxfam)は、すぐに飢饉救援活動をアフリカ、アジア、中南米にまで拡大しました。オックスファムと同様に、創設者の中にクエーカー教徒を擁するアムネスティ・インターナショナル（Amnesty International）は、同様に国際主義者の視点に立ちました。これらとさらに国境なき医師団（Médecins sans frontières）など他の国際的な人道主義的機関は、その活動の基礎を、人権などの理想に直接に訴えることと、わたしたちに働きかけて、経済的窮乏や政治的暴力に苦しむ人々と共感的なつながりをもつためにわたしたちに働きかけることとの両方に置いていました。使用される写真、映画、口頭での証言などのすべては、潜在的な「社会的共感の人」（ホモ・ソシオエンパシクス）に火をつけるための努力の一環でした。

集合的な共感の第一の波は、読書革命とクエーカー教徒などの社会集団の運動に広範に基礎づけられていましたが、第二の波の推進力は他のさまざまな源から発していました。第二次世界大戦中のユダヤ人とジプシー（ロマ）の迫害は、民族的・宗教的少数者の権利保護を最優先されるべき、国際的な公共的課題としました。一九五〇年代にテレビが普及したことで、世界中から苦難の映像が直接に家庭に持ち込まれ、人々をベトナム戦争やビアフラ共和国の飢饉などの地球規模の問題に敏感にさせました。階級に基づく政治からアイデンティティに基礎を置く政治への移行は、同性愛者の権利と女性解放の運動を盛り上げ、障害者に対する差別を終息させる取り組みを推し進めました。これらすべての要因が、戦後の集合的共感の急増と、あらゆる人々に共通の人間性に対する認識の成長につながりました。

大きな規模で共感を創造する可能性は、人々が情緒的な関与を現実の行動に変換することを可能にする特異な条件に依存しているということを、第二の波の背景にあった組織や運動は発見しました。それは、二〇〇四年のスマトラ島沖地震の津波の後のように、とりあえずの関与とはウェブサイトの「寄付」のボタンをクリックするだけだったのと同じことでした。わずかでも変化を生み出すために、わたしたちにできることがはっきりしていれば、大いに役立つのです。わたしたちが同じような苦しみを自身で経験しているなら、行動を起こす可能性はさらに高まるでしょう。あなたが大腸癌を生き延びているのなら、大腸癌撲滅の慈善活動を支援する確率は上がります。また、ある問題となんらかの関係もっている場合にも助けとなるでしょう。例えば、たとえあなたはそうではないとしても、一番の親友がレズビアンであれば、あなたは同性愛者の権利のために行進するでしょう。もし、それが彼らの不運によるものだと信じないなら、これもまた援助の手を差し伸べる可能性を高めるのです[25]。そのような状況や事情は、誰かの代役を務めようとする人への共感へと、わたしたちを諭し、また突き動かすのです。

心理学者のポール・ブルームによれば、共感とは道徳的行動への指針としてはあてにできないものです。なぜなら、わたしたちは見知らぬ人々の集団によりは、ごく身近な、一人のそれと同定できる犠牲者の方に、共感を広げてしまいがちだからです、たとえその集団が、よその国の人権侵害の犠牲者であろうと、自分の国の栄養失調に直面している貧しい子どもたちであろうと。その代わりにブルームは、わたしたちの倫理的思考は、理性に基づいているべきだと信じています。「よく考えること、それがたとえ道徳的義務の反共感的な分析であれ、あるいはその帰結であれ、それこそ断腸の想いの共感よりも、未来を計画する上でのよい手引きなのです」。わたしたちはよく理解する必要があると彼は言います。「たとえ、わたしたちが、遠くにいる見知らぬ人々に共感しないとしても、彼らの生命は、わたしたちが愛する人々のそれと同じ価値をもっているのだということを[26]」。

ブルームがここで見落としていることは、共感と理性との関連についての歴史的な理解です。共感の第一の波と第二の波が示しているように、すべての人間は――これは理性の時代の鍵となる信念なのですが――、平等に扱われ、尊重されなければならないことを、なぜ、法律と権利をもってまで擁護するのか。それを説明するのは、共感が自分の属する地域コミュニティの外にいる見知らぬ人々の窮状に気遣わせるということです。読書革命から、奴隷制度の衰退を進めたクエーカーの活動から、一九六〇年代の児童労働法と公民権運動に影響を与えたルイス・ハインの写真まで、共感はすべての人間に普遍的権利を拡大していく原動力となってきました。もし共感がなければ、わたしたちは子どもたち、あるいは同性愛者の権利の法制化のために、まだ十分な社会的保護などかけらもない世界で、いまだなお生きていたかもしれないのです。政治思想家のマシュー・テイラーが主張しているように、「普遍主義の感情的基盤は共感」なのです[27]。共感と理性は、ブルームのような批評家がわたしたちに信じさせようとしているように正反対のものではなく、むしろより人間的な文明を築くことができるという理想を互いに強化し合うものなのです。もとより、わたしたちに共通のかかわりの扉を開くことへと押しやるもの、それが「共感の断腸の想い」なのです。そのときにようやく、理性が法律や権利をもって、そこに割り込む機会を摑むのです。

一九七五年、ハーバード大学の卒業生に向けた演説で、モハメド・アリは聴衆の一人から詩を朗読するよう求められました。アリは力強く答えました。「わたし、わたしたち」。それは歴史におけるもっとも短い詩の一つであったというだけではなく、共感をめぐるメッセージでもあったのです。わたしたちはより大きな全体の一部であり、他人とのつながりを創造することによってのみ、人間性を十分に現実のものとすることができるのだということです。共感力の高い人々は、「わたし、わたしたち」の哲学を理解しています。それは、わたしたち自身が社会運動に参加し、また他の人々にも参加するよう促し、大量の共感を創造するという仕事に貢献することを、わたしたちに呼びかけているのです。わたしたちはデモに参加することも、会合を組織することもできるでしょう。移民権の問題であれ、刑事司法改革についてであれ、高齢者の孤独問題であれ、それにかかわりたいという対象に、時間もお金も贈与することができるのです。志に発する行動を通して、職業的な政治家の領分をはるかに越えて、政治を作り変えるのです。そして、集合的な共感の熱情のうねりを公の生活に注ぎ込むのです。

第三の波　神経科学の時代に深まる人間関係

集合的共感の第一の波と第二の波が起こした社会的闘争は、まださして変わらない状態です。西欧の奴隷制は一九世紀に廃止されたかもしれませんが、債務返済のための債務奴隷、性的奴隷のような、その現代的な所産は依然として多くの国に残っています。少数民族に対する人種差別を禁止する法律は束にするほどありますが、例えば警察による人種差別や職場での差別といった不平等はまだ溢れ続けているのです。

こうして闘争が続いているあいだに、一九九〇年代以降、第三の波の集合的共感が出現し、グローバルな共鳴現象を起こしつつあります。これまでのものとは異なり、この波の強調されるべき点は、それまで無視されてきた社会集団へと権利を拡大することよりもむしろ、共感の力を利用して、個人と個人の結びつきの質を深め、修復することに重点が置かれているということです。「共感」という言葉は、公共の言葉のやり取りの場で、より際立って使われるようになってきており、それ自体が変化の触媒として目を惹くようになりました。この最新の波は、新しい有望な三つの分野においてその地位を確立しました。学童への共感の技能指導的な教育、紛争状況の解決と仲介、そして気候変動への取り組みを推し進めるために、未来の世代のための共感を生み出すことです。まだ初発の段階にあるにもかかわらず、わたしたちの共感脳へと注意を喚起した神経科学と生物進化の研究や、共感は一生を通して学び育てることができるという、児童心理学や教育心理学から発せられる相次ぐ証拠によって、大いに刺激されてきているのです。

今日、西洋諸国の小学校や中学校を訪ねてみると、生徒たちが共感の技能を学んでいる光景に出会う可能性はかなり高いでしょう。世界で最初の共感授業のいくつかは、一九八〇年代にフィンランドで行われましたが、学校で共感を教えるという考え方が主流になり始めたのはその一〇年後のことでした。カナダからニュージーランド、ドイツ、そしてその他の国々に広がって、五〇万人を越える子どもたちが「共感の根っこ」（ルーツ・オブ・エンパシー）のプログラム――そこでの教師は赤ん坊です――を受けたことは驚くべきことです。新たな取り組みはこれだけではありません。二〇〇五年の英国では、政府は自己認識や情緒管理のような他の情動のスキルとともに共感を教えることに重点を置いた「学習における社会的・情動的側面」（Social and Emotional Aspects of Learning：SEAL）プログラムを作りました。二〇一〇年までには、義務教育の課程ではないにもかかわらず、小中学校の約八〇パーセントがＳＥＡＬに取り組んでいました。教材の中には弱い者いじめについての単位があります。そこで生徒たちは、いじめを受けたらどんな想いがするのかについて話し合い、視点の取り替え能力を高めるためにある役割を演じます。共感はまた、「国際バカロレア・プライマリー・イヤーズ・プログラム」(International Baccalaureate (IB) Primary Years Programme)においても中心的な役割を担っています。学習中の様子を参観するために、わたしがアムステルダム国際学校を訪れたとき、小学五年生たち(一〇歳と一一歳)は共感と尊敬と寛容の理解を深めるために八週間の「さまざまな人々、さまざまな人生」と呼ばれる学習単位に参加していました。一つの活動では、盲目博物館への訪問(盲人のガイドとともに暗闇の中で過ごす場所)、そこでは視覚障害者の靴に足を踏み入れる〔の立場に立つ〕体験を与えるために、彼ら自身で小型の博物館をデザインする課題に取り組むのです。(28)

第三の波はまた、ますます増え続ける平和構築と仲介の事業を通して影響を与えています。そこでは、紛争状況を解決する手段として、またそれを強力な集合的力として調整するために、共感を明示的に使用しつつあります。革新的なことの一つに——また物議を醸してもいますが——、家族の一員を紛争で殺害されたイスラエル人とパレスチナ人とを結びつける「ペアレンツ・サークル・ファミリーズ・フォーラム」(Parents Circle Families Forum)があります。その主な活動は、会合を催すこと、そこでは両方の側の個と個がその個人的な苦痛と喪失の物語を共有するのです。この組織は、六〇〇以上の家族から構成されているのですが、イスラエル人とパレスチナ人とのあいだで草の根の対話を創り出そうというその企てによって、イスラエルの政治家、宗教団体、主流のメディアによって激しく非難されています。イスラエル教育省は、「テロリストを正当化することになる」として集会を禁じようとし、一部のパレスチナ人の会員が公的な発言をすることを阻止しました。しかしそれは、このグループが先駆的な和解プロジェクトに乗り出すことを止めたわけではありません。

このつながりの第一歩は、間違った電話番号から始まりました。二〇〇〇年に、第二次インティファーダ〔パレスチナ・アラブの反イスラエル抗争〕のあいだに、ナタリア・ウィーゼルティールというイスラエルの女性がテルアビブにいるユダヤ人の友人に電話をかけました。ところが、電話はガザ地区に住んでいたジハードという名前のパレスチナ人とつながり、今話していることに気づいたのです。電話を切るかわりに、彼女は自分たちのそれぞれまったく異なる生活について彼と話し始めました。まもなく、ナタリアにはジハードの家族からも電話がかかってくるようになり、彼女もまた自分の友人たちのネットワークに彼らを紹介しました。この着想が、Hello Peace〔平和よ、こんにちは〕の電話回線を開設した「ペアレンツ・サークル」（Parents Circle）によって取り上げられました。一般市民は無料で電話をかけることができるのです。あなたがイスラエル人なら、パレスチナ人と三〇分まで話をすることができ、もしあなたがパレスチナ人なら、イスラエル人と話ができました。二〇〇二年から二〇〇九年までに、両方のあいだで一〇〇万以上の会話があったのです。それでも幾本かの電話は罵り合いから始まりましたが、それ以外では不変の友情が生まれました。あるイスラエルの家族は、パレスチナの病院から十分な薬をえることができなかったパレスチナ人の糖尿病の息子に、国境検問所でインスリンを手渡すために、その相手と定期的に会っていました。

「血縁関係」（Blood Relations）と呼ばれる後のプロジェクトでは、パレスチナ人の犠牲者の家族のため、イスラエル人の遺族たちがラマッラーへ献血に行き、一方、パレスチナ人遺族の家族はエルサレムの赤十字へ献血に行きました。このプロジェクトの目的は、一つの問いに集約されています。「あなたの血が流れている誰かを傷つけることができますか？」「ペアレンツ・サークル」はまた、学校プログラムも運営しています。そこでは、イスラエル人とパレスチナ人とがチームを結成し、軍隊に入ろうとしているイスラエルの一〇代の若者たちと話をします。ともかく彼らに、自身の個人的な喪失の物語を聞かせるのです。こうしたプロジェクトの中心には、会話の力（語り合う力）への信頼があります。それはこの組織のモットー、「わたしたちが話しているあいだは、それを止めないで」（It won't stop until we talk.）を反映したものです。「ペアレンツ・サークル」の活動家の一人が強調するように、共感的な対話が紛争を終結させる重要な鍵を握っているのです。「わたしたちは他者に耳を傾ける準備ができていなければならない。もしわたしたちが相手の物語を聞かないなら、彼らの痛みの原因を理解することはできないし、相手がわたしたちの痛みを理解することも期待すべきではない[29]」。

もう一つの先駆的な平和運動は、「新しい夜明け」（Musekeweya）と呼ばれるルワンダのラジオドラマです。これは、毎週水曜日の午後に全国放送され、総人口の九〇パーセントが耳を傾けています。ストーリーは――隣接する村に住むツチ族とフツ族にかかわる筋書き――、共感の重要性を喚起するために具体的に書かれています。二つの村は架空ですが、その間の緊張は、一九九四年の大虐殺の直前に存在していたことを反映しています。このメロドラマの目的とするところは、地域の回復と国家の和解とを推進し、民族抗争が再燃する可能性を弱めることです[30]。いくつもの紛争解決プログラムにわかちもたれているのは、

民族間の緊張を演じきる俳優たち．ルワンダのラジオ番組「新しい夜明け」．この番組は，毎週、何百万もの人々が聴いている．

政治的レベルでの交渉によって生まれた新しい法律と和平合意では十分ではないという認識です。長期的な平和は、個人的な人間関係を、その土台から再構築することを必要とします。共感がそれを行うための手段なのです。

共感にかかわるもっとも重大な今日的課題は、気候変動に立ち向かう助けとなりうるかどうかということです。気象をめぐる危機の深刻さは極限レベルにあります。世界の何千人もの指導的な立場にある気象学者の研究を集めた、国連の気候変動に関する政府間パネル（IPCC）の最新の報告書は、極めて明確に結論を打ち出しています。地球温暖化は科学的に裏づけされた現実であり、その主な要因は人間の活動にあって、温室効果ガスの排出水準は安全基準を越えて上昇し続けているということです。一九八〇年と比較して北極圏の海氷は、五分の一しか存在していないことが、二〇一二年のデータで明らかになりました。二酸化炭素排出量の増加を防ぐための国際協定は、これまで失敗に終わっており、二〇一三年中頃には大気中の二酸化炭素濃度が400ppmの危険水準を越えています（安全基準は330ppm）。米国、日本、西欧など、世界人口のわずか一四パーセントを占めるに過ぎない裕福な国々が、一八五〇年以来、二酸化炭素排出総量のうち、実にその六〇パーセント分の原因になっているのです。[31] こうした統計にもかかわらず、個人、政府および企業が地球温暖化を喰い止めるために取っている行動はあやういほどに限定されており、わたしたちは自らを生態学的大災害に追いやろうとしているのです。

この危機を緩和するために、共感はいかにして貢献できるのか。これを理解するには、わたしたちの思想を一新する必要があります。新聞に目を通すと、そこでは地球温暖化の問題は通常、二酸化炭素の回収や貯蔵、排出レベルに関する政府規制など、技術的解決策を必要とするものとして定義されています。そこで、わたしたちが採用すべき異なる戦略の一つとして共感を考慮することが、極めて重要である理由を説明するために、すでに実施に移されている実践的な行動のいくつかを取り上げましょう。

まず最初に、「空間を越えて」共感を生み出す必要があります。高い排出レベルを続けることの帰結として、今日破滅的な被害を受けている、特に発展途上国に住んでいる人々の生活の窮状を、わたしたちはほとんど無視しています。それが西ベンガル州の洪水であろうが、エチオピアの旱魃、あるいはツバルの海面水位の上昇であろうが、気候変動に関連する気象事象は、村落を洪水から守るために設備で囲ませ、旱魃に直面して家畜を手放さざるをえなくし、住み慣れたただ一つの家を後にすることを余儀なくさせ、人類に多大な影響をおよぼしているのです。しかしながら、わたしたちはどれほどの努力をしているでしょうか？　彼らの生の現実を想像するために、また新聞記事の見出しや統計データの背後にいる一人一人の人間を見るために。アンナプルナ・べヘリのような女性に共感するとしたら、わたしたちはどのようにこれまでとは異なる行動を取れるのでしょうか？　彼女の家と、インドのオリッサでクッキーを販売していた小さな家族経営の店は、数年前の鉄砲水で流されてしまいました[32]。

いつの時代にも同じように深刻な共感欠如が見られます。二酸化炭素高排出型のライフスタイルへの執着をこのまま続けることは、有害な影響とともに生きなければならなくなるという次世代への展望を見誤っていることになります。身内に害がおよぶとわかっていながら、そのように無神経な軽視と行動を続けることはできないでしょう。しかし、ここにいない人々や決して出会うこともないであろう人々のために、今現在において、個人的な犠牲を払うということはなかなかに難しいことです。これはしかしある程度は、西洋文化に浸透している短期的思考によるものなのです。企業は向こう四半期の帰趨を越えて視野を拡大することはできず、政治家は次の選挙を越えて、その先など見ることなどほとんどできないのです。イロコイ族の格言に含まれる知恵が、わたしたちには欠けています。「何について熟慮する場合にも、わたしたちは第七世代への影響を考えなくてはならない。……たとえそれには、松の樹皮のような厚い皮膚を〔持久力と抵抗力、そして思いやりを〕備えていることが求められるとしても」。しかし、誰もが自分の子孫であるわけではないという理由で、わたしたちは短期主義に屈服してしまうのです。子や孫の未来にわたる福祉を心配するための血はわたしたちに流れていますが、離れた土地に住む人々にとどまらず、隣人たちの子孫の前途に関心を払うことすら、すこぶる難しいことなのです[33]。

気候変動に対する多くの活動家、環境問題組織、政策策定機関などは、時空を超えて共感を広げていくことが、道徳的関心を新しい水準へと徐々に高め、具体的な行動へと促すことを認識し始めています。地球温暖化の現在、そして将来にわたる犠牲者の生活と思考を、自分自身のこととして想像しうる達人にならなければならない、そのことを彼らは理解しているのです。世界全体に共感を展開させるために、強力な効果を発揮している取り組みの一つとして、二〇〇六年から世界各地をめぐってきた「ハードレイン・プロジェクト」(Hard Rain Project) 展があります。ボブ・ディランの歌「はげしい雨が降る」(A Hard Rain's a-Gonna Fall) の歌詞に合わせて、そこには気候変動、生息地の喪失、貧困、人権に関連する感動的な写真が含まれています。小さな溶けかかっている氷山の一角の上に立つイヌイットの狩人といった写真の多くは、発展途上国や遠隔地における地球温暖化の現実を自分の問題としてとらえる共感的な視点を如実に表しています。二〇〇七年、オックスファムは、気候変動に関する国民の意識を高めるために革新的な一歩を踏み出しました。その年の六月に、シティ・オブ・キングストン・アポン・ハルの居住者ジェンナ・メレディスは、英国でここ六〇年来、最悪の洪水によって無保険の家屋を失いました。彼女が政府に救援活動の促進を働きかける地域広報担当になった後、オックスファムは彼女を連れて、洪水で数百万人がホームレスとなったインド東部の犠牲者を訪ねました。「ひどく悲しかった」と、彼女は一週間の旅行から帰った後に言いました。「わたしも洪水で流され、すべてを失ったので、インドの人々の立場がわかります。でも、わたしはまだ幸運な方でした。わたしたちは店に行けば食べ物を買うことができます。なのに、わたしが出会った人たちはその作物のすべてを失ってしまったのです。彼らには何もないのです」。共感的なつながりをもったジェンナの経験は、途上国を襲う気候変動に取り組む彼女を、歯に衣着せぬ提唱者へと変身させました(35)。

本当に難しい課題は、時を超えて共感を生み出すことです。有望なニュースは、創造的な心をもつ人々が、未来の世代の靴の中へと〔生き方へと〕わたしたちを運ぶ方法を見出すために働いているということです。その一例は、二〇〇九年のドキュメンタリー映画『愚かな時代』（The Age of Stupid）〔フラニー・アームストロング監督、イギリス〕で、そこでは二〇五五年の荒廃した世界に生きる老人の視点から物語が紡がれます。「アーカイブ」の映像を振り返り、「なぜ、そのチャンスがあったのに、気候変動を止めなかったのか?」と問うのです。それは、日々を消費者として生きるわたしたちの生き様が、未来の世代によって「炭素犯罪」（carbon crime）と見なされるかもしれないことをわたしたちに理解させる、まさにそのような映画なのです。本当に犯罪者のように行動したいのでしょうか、わたしたちは? オックスファムは、小学生のために「気候カオス」（Climate Chaos）という教材を制作しました。一つの実習、「わたしの孫から」（From My Grandchild）は、もし気候が変わり続けるなら、今から五〇年が経過した英国で、彼らがまさに自分の歳の孫をもっているとして、その孫たちがどのような人生を送っているかを想像してみること、それを生徒たちに求めます。そして、彼らは自分の孫の視点からの物語を書くのです(36)。あらゆる子どもの教育の中心に、このような活動を据えられるようにすべきなのです。

さらによく考える必要があるのは、未来の生活にわたしたちを投げ入れるために、対話的共感を使うということです。「気候変動の時代を生きる子どもたち」（Children in a Changing Climate）のような児童や青少年が主導する多くの組織は、大人たちに対して地球温暖化への彼らの加担について警告し、対話に参加させようとしています。[37] しかしながら、わたしたちがまず第一に、緊急に求めたいことは、公共的な創意工夫をものにするために、もっとたくさんのことをしなければならないということです。わたしの提案は、オックスフォード・ミューズで催した「語らう会（食事会）」（Conversation Meals）の経験に基づいたものなのですが、「気候問題についての懇談会」（Climate Street Banquet）を開催することです。一九世紀のフランスでは対話の宴が催され、社会の格差に橋を架けるために、さまざまな階層の人々を集めていました。気候変動のために、これと似たような何かが必要です、ただし、階層間にではなく、世代間に橋を架けることを目的としたものが。政策立案者たちや政治家たちは、地球温暖化の影響をもっとも受けるはずの子どもたちや青少年の意見に耳を傾けるよりは、もっぱら仲間同士での意見交換に終始しています。若者たちの観点は、社会の他のどのグループよりも、未来の世代の視点を反映しているのです。そこでわたしは、毎年定められた日に、すべての大都市で、世代を跨いでの「気候問題についての懇談会」を開催することを提案します。そこには、一〇〇〇人の若者を招待し、同数一〇〇〇人の年配者と対座してもらいます、地球温暖化の未来への影響について議論するためにです。大人の中には、政治家、石油会社の幹部、気候変動に懐疑的な人、そして休暇で定期的に短距離飛行機を利用する人などがいます。幾千もの会話が一気に湧き上がる、街の通りを蛇行して並ぶ一マイルあまりも続く折りたたみ式テーブルの長い列を想像してみてください。

ここには、わたしたちを行動へと駆り立てる、いくつかのプロジェクトがあります。路上での抗議行動、飛行機ではなく列車を使用することへの説得、低炭素生活様式の共同体への参加などです。役割を選択することによって、わたしたちは集合的共感の第三の波を広げるための活動家となりうるでしょう。気候危機に直面しての巨大過ぎる課題は、多くの人々を絶望のあまり無力にさせてしまいます。しかし、わたしは希望の方を選びます。数年前、約五万人もの人々とともに、わたしはロンドンの気候変動集会に参加しました。わたしの隣には高齢のおばあちゃんがいて、彼女の首にはプラスチック製のクリア・ファイルに入った小さな赤ん坊の写真がぶらさがっていました。その下には、こう書いてあります。「わたしはアリスのためにここにきています。歳は一カ月」と。その写真は、わたしたちみんなが人類の運命にとっての共感の大切さを理解しているという、わたしにとっては小さく点滅する希望の道標《みちしるべ》だったのです。

バイオ・エンパシーの展望

気候変動は、わたしたちが直面する生態系的危機の一部に過ぎません。それと並行して、生物多様性の喪失、自然資源の枯渇と、環境汚染は地球に大きな負荷をかけています。種の絶滅は過去一〇〇年にわたって急激に加速してきました。地球上のすべての人が平均的なヨーロッパ人と同じに天然資源を消費した場合、持続可能であるためには、わたしたちには二つの地球が必要になります。そして、米国と同じに消費した場合、ほぼ五つも必要となるのです。[38] 世界の中間層の拡大と、二〇五〇年までに九〇億人に達する可能性のある、増大してゆく世界人口によって、その負荷の程度はさらに悪化します。

壊れやすい環境の深刻な破壊を防止するために、なぜわたしたちはもっと手を施さないのでしょうか？おそらく問題は、自然について、それをそれ自体で価値のあるものとして、そして人間にとっての生命維持システムとして、わたしたちが単に十分に気にかけていないところにあります。もっと配慮し、自然界との相互依存の関係を真に認識しさえすれば、破壊の流れを止めるようになんらかの行動をするはずです。ですから、ディープエコロジストから動物愛護活動家に至るまで、動物と植物の生命へ、そして地球それ自体へと共感を拡大していくことを訴える緊急な必要性がこれほどにも高まっているのです。それこそまさに、ジェレミー・リフキンが言う「地球規模の共感意識」[39]を創造することでもあるのです。

種の境界を越えて、共感の第三の波を押し広げる試みは、議論を呼んでいます。過去数世紀のあいだ、心理学者たちは共感を純粋に人間対人間の現象として考えていたためです。ところで、バイオ・エンパシーのための隠された能力が、わたしたちに備わっているなどということはありうるのでしょうか？

チンパンジー、ボノボ、ゴリラなど、人類に似た情緒的特性を示す特定の動物種に、わたしたちは共感しうるという強力な証拠があります[40]。霊長類学者のダイアン・フォッシーが、ルワンダでマウンテンゴリラを研究して一三年を過ごした折り、彼女は彼らの多くに、とりわけその成長を見届けた個体に強い共感的な愛着を育みました。彼女は、ゴリラたちが肉体的な危険に直面したときの恐怖、ともに遊んでいるときの喜びを観察し、また彼らが怒ったり、動揺したりしたときにも注意を払いました。ゴリラが人間的な感情をその全域において経験していることは、彼女にとっては明らかでした。彼女はよく、彼らに応答する際に、その確信を共感的に忠実に反映させました。フォッシーの種を跨った情感的絆は、彼女が一〇年ものあいだ、付き合ってきたお気に入りのうちの一頭、ディジットが頭と手を密猟者に叩き切られた状態で発見されたときほど、はっきりと現れたことはありませんでした。

自分が粉々になってしまうほどの恐怖感で、事実を受け入れられないときがあります……そのとき以来、わたしは隔離された自分自身の殻に閉じこもってしまいました……ディジットの苦悩と苦痛、そしてすべてを解っていたであろうことをできるだけ考えないように努めました。人間たちが彼にしたことを理解していて、彼は苦しんだに違いないのです。(41)

動物への共感は、中央アフリカの山岳地帯に限って起こるわけではありません。犬が誰かにぶたれると察し、後ずさりをしながらクンクン鳴いているのを見ることは、わたしたちのほとんどのうちに、反射的な反応を惹き起こします。わたしたちは身体反応として尻込みするかもしれませんし、その悪い事態に投げやりになるかもしれません（とりわけそれが自分の犬である場合）。こんなとき、わたしたちの共感は、多くの種と共有している基礎的な特性に基づいているでしょう。すなわち、苦痛を避けることと、自分の身を守ることとを優先するわけです。犬もわたしたちとまったく同様に、ぶたれたり、殺されたりすることを望んでいないということをわたしたちは理解しています。この種の共感的な感受性は、一八二四年、イギリスでの動物虐待防止協会の設立以来、人々が他の生き物の苦しみを軽減しようとすることへの動機づけとなってきました。(42) ほんの一世代前には、動物に権利を認めるなど、常軌を逸したことのように見られていましたが、それが現在では一般的なのです。今日、わたしたちには同様の態度の転換が求められています、異なった種のあいだの共感という考え方が文化的規範として受け入れられるように。

しかしもちろん、動物に共感するわたしたちの能力には限界があります。人々はよくこんなことを言います。自分のペットである犬の顔に罪悪感や悲しみを見てとることができる、と。これにはただ、わたしたちが擬人化しているという危険性があります。つまり、動物が何を経験しつつあるのか知ることもできないのに、人間の感情を動物にあてはめているだけかもしれないのです。人間との生物学的類似性が最小限でしかない種について考察するとき、動物共感の事例はさらに曖昧模糊としたものになります。蚊やミミズ、あるいは一・二七センチメートル未満の小さなパエドキプリス魚の視点を、わたしたちがたやすく理解できるでしょうか？　彼らのある情動状態（それがあるとして）を、わたしたちは忠実に映し出すことができるでしょうか？　認識のレベルと情感のレベルの両方で、その生存の状態に謎の残る生物が存在しています。そのような生き物は、わたしたちの共感能力の埒外にあります。同じことは植物にも当てはまります。ヒマワリや樫の木が知覚をもっている、あるいは目的をもった思考をしているという実証された証拠はありません（それらには神経系がない[43]）。それは、共感の厳密な定義を排除します。わたしたちは、備わっていない生物の心に足を踏み入れることはできないからです。それを把握するための視点はなく、理解するための想像力も働きません。

人間には生物学的に、または情動的に自然とのつながりがないと言っているわけではありません。決してそんなことではないのです。みなさんと同じように、大好きな木の一本が伐り倒されるのを見て涙を流したり、オックスフォードの中心部に一世紀以上にわたって建っていた教会に付属する墓地を自転車で通り過ぎるたびに悲しみにとらえられたりします。入院患者の研究によれば、窓から植物を見ることのできる人は、レンガの壁を見つめているだけの人よりも、より迅速に手術から回復し、鎮痛剤の量も少なくて済むのだそうです。注意力欠如障害の子どもは、自然に触れると症状が軽快します[44]。そして、ほとんどの人が経験していることですが、春の朝の新鮮な空気に包まれてブナの森を散策しているときのように、ある生息環境がわたしたちの中に呼び起こす、不思議な静けさに対する感覚というものがあります。そんなとき、いったい何が起こっているのでしょうか？　代表的な解釈は、これらが「生命愛《バイオフィリア》」の実例だというものです。「バイオフィリア」とは、進化生物学者エドワード・オズボーン・ウィルソンによって名づけられた用語ですが、「生命や、あたかも生きているかのような形状に焦点を合わせ、場合によってはそれらに情動的に共振する先天的な傾向[45]」を指しています。この考え方は、まさにわたしたちの存在そのものが自然環境と緊密に織り合わされており、自然から切り離されると、肉体的・精神的健康が蝕まれることがあるということです。わたしたちが鉢植えの植物で事務所や家をいっぱいに飾りたてることに、他にどんな理由があるでしょうか？

ここで問われるべきは、仮にそうであるとして、ではバイオフィリアと共感とがいかにかかわっているのかということです。例えば、しおれた植物を見ることで活力を失ったり落ち込んだりするような、自然に対する情動的反応といったものがありうるのでしょうか？　あるとすれば、そこには人間同士の共感と関連するミラー・ニューロンの過程と同じなんらかのものが含まれているでしょう。現時点では、バイオフィリアと共感との関係は思弁的な段階にとどまっています。それらのあいだの関係を探求することは、神経科学研究の最前線で働く人々にとってもっとも興味深い未来の挑戦の一つであり、グローバルな共感意識の開発に向けた探求の次の一歩です。植物と触れ合うことで人の気分を変えたり、感情と記憶を誘発したりするという方法で、すでに一八世紀のロマン主義時代から詩人や自然主義者たちが認識していたことなのですが、その道に沿ってすでに科学的研究が始まっているのです[46]。自然が共感反応のなんらかのかたちを誘発することができると仮定することは、それほど大きな一歩というわけではありません。わたしの予感では、わたしたちはバイオ・エンパシーにかかわる人間の能力を発見する寸前にいます。

厳密な意味で、地球上のすべての生命に共感を広げることはできないことが判明したとしても、共感の技能を駆使し続けて、自然へのケアと、自然との象徴的な関係への讃嘆を深めていくことはできます。ちょうど近所の見知らぬ人たちに対する好奇心を育むように、普段なら近くの公園でその側を通り過ぎてしまう、植物や動物にも好奇心を向け、その個性的な美しさに足を止め、それらに対し驚嘆の思いを広げることができるのです。ジョージ・オーウェルが東ロンドンの街を訪問して実験的な没入を試みたのと同じように、わたしたちは原野に身を置き、山の頂にキャンプを張り、川で泳ぎ、森の中をブラブラ歩き、自由に歩き回る鹿と突如対面し……、そうした経験がわたしたちをどのように変えるのかを観察することができます。わたしは、英国の生態学者でハリネズミの専門家ヒュー・ワーウィックに、地味なハリネズミのような動物に共感することができるのかと尋ねたことがあります。はしゃぎながらも、彼はとても真面目に答えてくれました。他者の視点から見るという共感能力が、究極的な変身術となり、わたしたちが自然界と融合する力となりうることを理解するのに役立のだ、と。

ハリネズミの気持ちを正確に知ることは不可能です。しかし、わたしが人々に求めることは、その視点を変えることです。文字通りハリネズミの目線にまで下げ、ハリネズミと鼻をすり合わせ、そしてその位置から彼らの世界を見るのです。これが、わたしたちがハリネズミの道に投げ入れたやっかいな問題への洞察を与えてくれるでしょう。それが道路上を走る車両であれ何であれ、絶滅への脅威となるだけではなく、運動を妨げることによって環境をばらばらな断片にし、ハリネズミを捕らえ殺すゴミ溜めと化すのです、庭は車庫やデッキやパティオ〔テラス〕に変わります。そして農薬ですべての生命を一掃されてしまった庭の縁にも、こうした人間に起因する脅威がはっきりと見てとれるのです。しかし、わたしにとってもっとも大切なことは視線を交わすことです。わたしの目を見ているハリネズミの目を見ていると、触れることのできないほどの野生の活気と輝きが、そこにあるのがわかるのです。ハリネズミを見つめて、自然と恋に落ちましょう[47]。

革命的な波に乗って

歴史の記録を振り返ってみると、人類の旅路の物語は、共感の力についての超重量級の章を含めることなく語ることはできません。社会活動家の働きや、彼らが設立したさまざまな運動のおかげで、三〇〇年のあいだ、集合的共感の波が文化的・政治的風景を変えてきました。

一〇年以上前、わたしが共感を研究し、執筆し、実験し始めたとき、この概念がこれほどまでに普及するとは想像もできませんでした。長いあいだ、アカデミックな心理学や心理療法の分野に限定されていましたが、今では脳科学者、政策立案者、幸福専門家、教育者によく知られている考え方です。最新の共感の波は、世界中に画期的な取り組みを生み出しつつあります。「共感の根っこ」（ルーツ・オブ・エンパシー）の授業から、「ペアレンツ・サークル」の平和企画、異なる宗教の人々のあいだで寛容さを促進する異教徒間の対話、犯罪の被害者が加害者と差し向かいに座って話す刑務所内の修復的司法プログラムなどもあります。共感に対して高まる関心は、デザイナーと建築家のあいだにも見出すことができます。彼らの多くは、パトリシア・ムーアのような革新者の影響を受けています。そして、社会起業家たちのあいだにも、それは広がっています。彼らは、他の誰かの靴に足を踏み入れる〔誰かの立場に立つ〕ことの第一の目的は、もっとたくさん製品を売るつけることではなく、彼らの幸福（well-being）を促進することにあると理解しています。共感はさらに、経済的不平等、障害者の権利、気候変動、男女平等などの問題に取り組んでいる新しい世代の活動家の合い言葉になっています。二〇一一年に英国と北米のウォール街を占拠せよ（オキュパイ）運動の抵抗者たちは、共感訓練研修会に参加し、共感テントの中や共感テーブルを囲んで議論を行っていました。

前例のない共感の流行は、二〇〇四年から一三年のあいだにインターネットにおいて、empathy という言葉の検索回数が倍増したことを示すデータにも現れています。その同じ一〇年間に、sympathy の検索回数は約三〇パーセント低下しました[48]。これは言語的な流行現象のように思われるかもしれませんが、ただ単に他の人々を哀れむより、むしろ彼らを理解することに、わたしたちがより関心を寄せていることの現れです。empathy という言葉が英語に仲間入りしてからほぼ正確に一世紀、社会問題に関心の高い人々には定着した概念になりました。

社会生活や政界の隅々まで共感革命を起こすための集合的な努力なくしては、このことは起こりえませんでした。わたしたち各自が今、他の人と手を携え、忘れられない人間性の痕跡を世の中に残す、歴史的な第三の共感の波に貢献する好機をもっているのです。

終　章　共感の未来

早くから、わたしはとても重要と思われる課題「汝自身を知れ」に司祭たちの婉曲な陰謀の匂いを感じ取っていた。彼らは外界の活動から人間を誘惑し、不可能な要求で気をそらさせようと努め、偽りの瞑想に導こうとしているのだ。世界を知らない限り、人間は自己を知りえない。

——ヨハン・ヴォルフガング・フォン・ゲーテ

どう生きるべきか？　何をするべきか？　あらゆる文化は、生きるということに対して枠組みと解決策を提示してきました。古代ギリシア人は、勇気と知恵と中庸の美徳を尊びました。初期のキリスト教は、神と霊的に交わろうとするなら、キリストの生き方に倣うよう信者たちを促しました。啓蒙時代は、情熱を理性の命じるところに従って昇華するよう諭されました。第二次世界大戦の終結以来、支配的な使命は、個人的な欲求と自己利益とを追求することでした。わたしたちは本質的に利己的な生きものであり、よい人生は消費の快楽と物質的富とにあるという前提に基づいていたのです。

わたしたちは今、手の届くところに別の可能性をもっています。それが共感なのです。自我という境界を踏み出して、生きることについての新鮮な視点を得るためには、他者の目を通して人生を見ることに優る強力な方法はありません。共感が、ジョージ・オーウェル、ハリエット・ビーチャー・ストウ、オスカー・シンドラー、そしてパトリシア・ムーアのような人々の人生を、どれほど変化させたか考えてみましょう。わたしたちは内面を見つめることと外の世界を見ること、つまりイントロスペクションとアウトロスペクションの、ほどよいせめぎ合いを必要としています。ゲーテが語ったように、自分自身の外に踏み出し、世界を発見することによって、自分が誰であるかを知るべく探求しなければなりません。

共感の未来は、わたしたち自身の人生を変えるための一個人としての選択だけにあるのではありません。共感に、その革命への潜在力となることを期待するなら、道を渡るときに左右を見るのが当たり前のように、人々の目線で世界を見ることが、深層での文化的な変革を生んでいなければなりません。共感への第三の波とその背後にある活動家のおかげで、この転換はすでに進行中です。しかし、その範囲を拡大するためにできることはたくさんあります。集合的な想像力に点火し、新しい共感の時代への船出の補助となるアイデアを三つ取り上げましょう。

共感的な語り合い

共感《エンパシー》革命を広める最初の方法は、語り合い（会話）を通じてです。わたしたちが共感のガーデナー（庭師）になり、あるときは学校の教室、会議室、作戦指令室、バー、教会、キッチンとオンライン上で、膨大な数の靴を交換してみるという種を撒きながら、語り合いを始めなければなりません。一八世紀から一九世紀にヨーロッパに現れた語らいの輪から、[1]自由と平等に関する進歩的な考え方が広がったように、共感会話の輪が世界中に広がっていくのを見たいと思います。そのために、友人、家族、同僚、そしてまだ知らない人々との話し合いをその出発点とすることができる、高い共感力をもつ人々の六つのエートスについての質問リストを、ここでご紹介しましょう。

共感力の高い人々の六つのエートス——語り合うメニュー

エートス1　共感脳にスイッチを入れる

★　幼児期と青春期の経験から、あなたの共感力をどのように形作られたのでしょうか？

★　「自己中心的な人」（ホモ・セルフセントリクス）と「共感する人」（ホモ・エンパシクス）のあいだのバランスをとるものは何だと考えますか？　そして、それはなぜですか？

エートス2　想像的な跳躍を

★　実際に誰かの靴を履いてみよう〔訳注、立場に立ってみよう〕としたときのことを考えてみましょう。どんな変化が始まるのでしょうか？

★どんな人々と共感しにくいのでしょうか？　そして、それはなぜでしょう？　どんな風に共感を利用して、その距離感を縮められるでしょうか？

エートス3　あえて実験的な冒険に挑む

★あなた自身のものとは異なる文化や社会経済的背景をもつ人の人生に没入することができる、理想の休暇計画にはどのようなものがあるでしょうか？

★あなたと異なる政治的または宗教的見解をもつ個人を頭に浮かべてください。彼らの見解をよりよく理解するために、あなたはどのような実験的な冒険ができるでしょうか？

エートス4　語らう技を稽古する

★見知らぬ人々と今までに経験した一番意外で刺激的な会話はどんなものだったのでしょうか？

★家庭生活の中で一番緊張する状況や誤解が生まれる原因は何でしょうか？　このような状況に巻き込まれた人々の感情や要求をよりよく理解するために、どのように語り始めることができるのでしょうか？

エートス5　肘掛け椅子の旅

★あなたの共感をもっとも広げ、あなたが世の中でとる行動に一番影響をおよぼした映画、小説、その他の芸術作品は何でしたか？

★デジタル文化はあなたの人格、心、性格と人間関係にどのように影響をおよぼしていますか？デジタル・ダイエットは、あなたの共感力を助けるでしょうか、それとも妨げるでしょうか？

エートス6　革命を始めよう

★あなたがとても懸念している社会的または政治的なテーマを考えてください。より多くの人々にそれを理解させ、行動を起こさせるには、どのように共感力に訴えればよいのでしょうか？

★人生で、自然界との共感的なつながりを左右するために、唯一変えられるのは何でしょうか？

そして最後に

★六つのエートスのうち、将来的にもっと発展させたいと思うのはどれですか？　そして、そうするためには、次の四八時間でどのような実践的な一歩を踏み出すことができますか？

共感図書館

紀元前三世紀にエジプトに設立されたアレクサンドリア図書館は、古代世界のすべての知識の収蔵庫になることを切望していました。世界的規模の共感運動を構築するには、おそらくそれほど広範囲にわたるものではなく、しかし同様に意欲的な展望をもつ新しい種類の図書館が必要です。はじめに、わたしはオンラインの共感図書館を作り出しました（この本に付随するウェブサイト www.romankrznaric.com/empathyrevolution で見ることができます）。人々に感動を与える本や映画、アプリ、そして共感的な思考や行動を惹き起こす記事を共有するデジタル宝庫を目指しており、そこにあなたのお勧めのものを追加できます。その図書館の資料を使って共感映画クラブや読書グループを作ったり、学校、コミュニティ組織、職場での共感プロジェクトの着想の情報源とすることもできます。共感図書館で見つけ出すもののいわば味利きとして、ここにわたし自身が好きないくつかの共感資源のリストがあります。

ノンフィクション

ジョージ・オーウェル『パリ・ロンドン放浪記』（一九三三年）（小野寺健訳、岩波文庫、二〇〇一年）

イースト・ロンドン街において無一文で生き延びる方法と、高級フレンチホテルの厨房助手としての人生について何を学ぶことができるかを見出します。

ジャン＝ドミニック・ボービー『潜水服は蝶の夢を見る』（一九九七年）

完全に麻痺し、左のまぶたを動かすことのみで、やりとりができるという人の世界に入ります。（河野万里子訳、講談社、一九九八年）

フランス・ドゥ・ヴァール『共感の時代へ――動物行動学が教えてくれること』（二〇〇九年）

一流の霊長類学者によって書かれた、共感の科学に関するもっとも興味深く権威ある本の一つ。（柴田裕之訳、紀伊國屋書店、二〇一〇年）

アダム・ホックシールド『鎖を葬れ――奴隷制廃止のための英国の闘い』（二〇〇六年）

世界初の共感を動力源とした社会運動の台頭の偉大な歴史。

ジョン・ハワード・グリフィン『わたしのように黒い夜』（一九六〇年）

一九五〇年代、米国の深南部州での日常生活の現実を発見するために、一人の白人がアフリカ系アメリカ人に変装します。（平井イサク訳、ブルースインターアクションズ、二〇〇六年）

フィクション

ジョージ・エリオット『ミドルマーチ――地方生活の一研究』（一八七四年）
（上中下、藤井元子訳、オフィス・ユー、二〇〇四―二〇〇五年）

彼女は、問題を抱えた登場人物のために読者に共感を促すという明確な意図をもってこの小説を書きました。彼女は成功したのでしょうか？

ロヒントン・ミストリー『美しきバランス』（一九九五年）

ムンバイのカースト、階級、宗教の迷路の中で交差した四人の人生、お互いがお互いのそれに巻き込まれていきます。

ゼイディー・スミス『ホワイト・ティース』（二〇〇〇年）
（上下、小竹由美子訳、新潮社、二〇〇一年）

バングラデシュのカレーハウスのウェイターと彼のイギリス人の友とを通して、イギリスでの多文化主義と移民の現実、そしてその複雑さを体験させてくれます。

クリストファー・ワクリング『わたしが何をした』（二〇一二年）

家族が社会事業による取り調べに巻き込まれた六歳の男の子、その子の心の中にあなた自身が浸ります。

アーシュラ・K・ル＝グウィン『帝国よりも大きくゆるやかに』（一九七一年）
（小尾芙佐訳、『風の十二方位』ハヤカワ文庫、一八九〇年所収）

その並外れた才能、共感の能力のために異国の世界に送られた男についての短編小説。ル・グウィンの一九七三年の物語、『オメラスから歩み去る人々』（浅倉久志訳、『風の十二方位』所収）もお試しください。

映画

『西部戦線異状なし』（一九三〇年、ルイス・マイルストン監督、アメリカ）

エーリヒ・マリア・レマルクの小説に基づいた、第一次世界大戦中のあるドイツ兵の視点からの反戦映画。

『ガンジー』（一九八二年、リチャード・アッテンボロー監督、イギリス、インド合作）

素晴らしい政治的な厄介者であるとともに貧しい農民として、数年間ヒンドゥー教僧院に住んでいたベン・キングズレーという共感指導者による描写に感動します。

『父親たちの星条旗』（二〇〇六年、クリント・イーストウッド監督、アメリカ）

『硫黄島からの手紙』（二〇〇六年、クリント・イーストウッド監督、アメリカ）

クリント・イーストウッドは、第二次世界大戦中の硫黄島の戦いについて、この二本の映画を監督しました。一本はアメリカの視点から、もう一本は日本語で日本の視点から作られています。

『愛と嫌悪、そしてその間にあるすべてのこと――エンパシー映画』（二〇一二年、アレックス・ギャベー監督、イギリス）

ジェレミー・リフキンやメアリー・ゴードンなどの主要な共感思想家たちへのインタビューを特集している、アレックス・ギャベーによる世界的な共感運動に関するドキュメンタリー。

『シンドラーのリスト』（一九九三年、スティーヴン・スピルバーグ監督、アメリカ）

ナチス支持者のオスカー・シンドラーが、なぜホロコースト最大の救助者の一人になったのでしょうか？　ブッカー賞を受賞したトマス・キニーリーの『シンドラーの箱舟』に基づいています。

ウェブサイト

Parents Circle Families Forum（www.theparentscircle.com）

「ペアレンツ・サークル・ファミリーズ・フォーラム」

紛争で家族を失ったパレスチナ人とイスラエル人とを団結させた市民参加型の平和構築組織。

Roots of Empathy（www.rootsofempathy.org）
「ルーツ・オブ・エンパシー」（共感の根っこ）
学校で赤ん坊を使った教育を実験し、共感教育の先駆となったカナダの組織。
Reading the Mind in the Eyes（www.glennrowe.net/baroncohen/faces/eyestest.aspx）
「リーディング・ザ・マインド・イン・ジ・アイズ」（目の中に、心を読む）
ケンブリッジ大学の心理学者サイモン・バロン＝コーエンが開発した最高のオンライン共感テストの一つ。
Start Empathy（www.startempathy.org）
「スタート・エンパシー」（共感、始めの一歩）
アショカ財団によって設立された、教育部門で共感革命を促進する活動。
Empathy Cafe Magazine（www.scoop.it/t/empathy-and-compassion）
「エンパシー・カフェ・マガジン」
共感文化構築センター（Center for Building a Culture of Empathy）の創設者であるエドウィン・

ルッチェによって精選された、世界中の最新の共感にかかわるニュース。

共感博物館

二一世紀の最大の課題は、第三の共感の波を押し広げ、現代社会を悪化させる共感欠如を取り除くだけの強さをもつことです。共感的会話と共感図書館が必ずや助けになるでしょう。しかし、より大胆になることも必要でしょう。そういうわけで、わたしの野望は世界初の共感博物館を創設することです。

今では、多数の大都市にホロコースト博物館があるように、共感博物館も設立されるべきときです。その目的は、他人の視点から人生をとらえる方法を探ることが可能になる体験的冒険空間を作り、世界的に共感の意識を急増させることです。博物館ということで、ガラス張りの陳列ケースの中のほこりっぽい展示品を考えているのなら、考え直してください。共感博物館は、市が提供しうる最高のギャラリー、かつ観光スポットに匹敵する、心を一つにすることになる遊園地となるでしょう。珍しい数々の収集品が、自然の神秘と人類文明の不思議とを初めて明らかにした、一七世紀最初の公共博物館のように想像力を刺激するでしょう。

共感博物館で何を見つけることができるでしょうか？　これは、さまざまな都市で行われる一連の「立体的飛び出し」展示会として、どこからでも訪問できるオンライン・ギャラリーとともに始まるのかもしれません。しかし最終的には、共感博物館は恒久的展示スペースとして構想しています。それが、どのようなものになるのかご案内しましょう。

・ヒューマンライブラリー（人と出会う図書館）

博物館の前庭には、ヒューマンライブラリーのバスが駐車しています。その座席には、心の広いボランティアがあなたを待っていて、本を借り出すようにして、会話のためにそのパートナーを「借りる」ことができます。彼らはシク教徒の一〇代の若者、経営コンサルタント、非番の兵士や精神衛生看護師かもしれません。彼らの一人の横に座って、あなたの日常生活ではめったにお目にかかることのない世界の誰かと話をすることができるのです。愛、信念、恐怖、好奇心などの話題で、会話を活気づけるような質問が、バスの天井を埋め尽くしています。

・ブランドを支える労働

「ブランドを支える労働」の作業部署には、整然とミシンが配列され、もともとはベトナムで過酷な搾取を受けていた者たちのチームが、人気ブランドの労働条件のもとでシャツ作りを指導しているのです。そして最後に、発展途上国の縫製工場労働者相当の賃金が、シャツの出来高ベースで支払われます。残念ながら、それはカフェで飲むお茶代にもおよびません。あなたは購入する服の製作会社に、賃金や労働条件を改善するように手紙を書きたいと思うことでしょう。

・世界は一つの舞台

「世界は一つの舞台」の部屋に入ると、プロの俳優が演劇的なロールプレイング、即興、その他の演技実習へとあなたを導き、他の人の人生に足を踏み入れる〔立場に立ってみる〕秘訣を発見する手助けをします。あなたはファッションモデルや仏教僧の役に誘われ、自分の役になりきって、部屋を動き回りながら、架空の役を演じている他の訪問者と話をしながら、質疑応答を通して役柄を確かめるのです。有名なメソッド演技法の俳優たちが、彼らが出演した映画の場面を使い、この演技法をめぐって議論をするヴィデオもあります。

・ストーリーテリング・ハブ（物語を語り出す中心点）

「ストーリーテリング・ハブ」では、歴史の中のある時代において、共感（または、共感欠如）が彼らの人生を変えた瞬間について語る、多くの異なる人生を歩んだ人のオーディオやヴィデオ録画を見つけることができます。その被写体には、裕福な東京の銀行家、キューバ革命初期の教員、死刑囚も含まれます。訪問者自身の共感体験を録音するための施設があり、これは公に利用可能なデジタル・アーカイブの一部となります。

・ウォーター・ウォーク

円形の「ウォーター・ウォーク」部屋に入ると、いきなり乾燥と暑さと埃に遭遇するでしょう。壁の周りには、大きな重い水壺を頭に載せた女たちが、バランスを取りながら大平原を横断していく様子が、干上がったアフリカの風景の中に映し出されています。家族のために水を探し求めて、毎日どれほど歩き、さ迷わなくてはならないのかと、彼らが直面する旱魃を引き起こす気候変動についての語らいが聞こえます。円形の通路が床に表示されています。他の訪問者たちが、水の入った壺を持ち上げ、それを頭に載せ、アフリカの女性たちと歩調を合わせて部屋の周りを歩き回っているのを見ることができます（自宅でこれを試さないでください）。壺を安定させようと暑さの中で汗を流す人や、その壺の重さに喘いでいる人がいます。あなたはそこに参加する準備ができていますか？　これがあなたにとっての日課であると想像できますか？

・ドレスアップ・ボックス

「ドレスアップ・ボックス」の部屋のドアを抜けると、あなたが決して経験したことのない人生を体験するための服の棚があります。あなたがそこに行って、共感博物館の入り口で一時間を過ごすことを請い、あるいはトイレや床を掃除したり雑巾がけしたりするのに必要なもの一式がそこにあります。人気のあるウェイターやウェイトレスの制服を身につけると、カフェでテーブルを片付け、一般客に食事を給仕したりする機会が得られます（忙しいランチタイムはちょっと気をつけて）。

・あなたの脳はどのくらい共感的ですか？

「あなたの脳はどのくらい共感的ですか？」の展示では、最新の脳機能造影機器で、さまざまな脳領域にわたる共感レベルを記録します。例えば、ドアに指を挟まれている人など、喜びと痛みの両方を経験している人の映像を見ながら、神経反応が検査されます。自然界に対しての人間の共感について、現在進行中の研究プロジェクトの一環として、アマゾンで伐採されている樹木や工場方式の畜産での悲惨な家畜の画像も表示されます。最後に、あなたの脳の共感的なホットスポットを示す地図が表示されます。

・アウトロスペクション・カフェ

「アウトロスペクション・カフェ」でランチを買うと、レジ係はそれを特別なスキャナーで登録し、あなたの番号のテーブルに案内します。席に座るとすぐに、テーブルにある画面に、あなたが今購入した製品を生産した労働者のインタビュー・ヴィデオが流れ始めます。公正取引のコーヒーを購入した場合、協同組合農園に開設された新しい健康診療所について話す、雇われているメキシコ人のコーヒーの摘み取り作業者が写っているかもしれません。もし普通のコーヒーを選んだ場合、ブラジルの労働者で、彼女の賃金が低く、自分の子どもたちを学校に通わせる余裕がないと訴える映像が流れるかもしれません。夕方には、カフェは「暗闇の中のレストラン」に変わります。盲目のウェイターとウェイトレスは、完全な暗闇の中であなたが食べる食事を運んできます。

・共感シューズの売店

あなたが博物館を出るとき、タッチスクリーンが、今後数週間のうちにあなたが計画している共感的な冒険を、オンラインで宣言するように促します。そして、変わった靴屋に入ります。「共感靴屋」には、いたるところに共感的な会話を刺激する質問が書かれた、キャンバス製の共感靴のシリーズが特売されています。共感靴を履いて出歩くと、他の人の靴に想像で足を踏み入れ、世界を彼らの視点から見る技術に打ち込んでいる共感革命者として認識されるのです。

「博物館」という言葉は、日常生活に神聖な輝きを与えることを目的としたギリシア神話のムーサに由来しています。わたしの希望は、将来的にこの輝きの源が、公共文化の意味を変え、訪問者を永遠に変える共感博物館の世界的なネットワークになることです。世界中の共感図書館、共感的な会話（語り合い）、共感活動家の継続的な活動とともに、これらの博物館が、わたしたちが緊急に必要としている人間関係の変革を促進していくことでしょう。

原注

＊略記してある文献は、巻末の「引用・参考文献」を参照してください。

序章　共感という根源的な力

（1）これと関連する定義について、Baron-Cohen (2011, 11) and Gordon (2005, 30) を参照。

（2）二〇一二年一〇月二五日のインタビュー。Moore 1985, 160 ; http://www.youtube.com/watch? v=Xr3ibtQuf2o

（3）Rifkin 2010, 42–43.

（4）Hanh 1987, 87.

（5）共感の〇度の評価は、人口の一パーセントから二パーセントのあいだ、もっとも数値を広く取って二パーセントとされている。Baron-Cohen (2011, 29–64) ; Olson (2010, 11) ; http://www.autism.org.uk/about-autism/myths-facts-and-statistics/statistics-how-many-people- have-autism-spectrum-disorders.aspx.

（6）http://www.northwestern.edu/observer/issues/2006/06/22/obama.html

（7）Konrath, O'Brien and Hsing 2011 ; http://www.scientificamerican.com/ article.cfm?id=what-me-care ; Twenge and Campbell 2009.

（8）http://www.oecd.org/els/socialpoliciesanddata/dividedwestandwhy inequalitykeepsrising.htm ; Piff et al 2012 ; http://www.scientificamerican. com/article.cfm?id=how-wealth-reduces-compassion&print=true

（9）Pinker 2011, 175. Hunt (2007) も参照。

(10) Layard 2007, 20 ; 2005, 234 ; Covey 2004, 236. Batson (2011, 185–187) も参照。http://greatergood.berkeley.edu/article/item/feeling_like_partners/ ; http://www.mentalhealth.org.uk/content/assets/PDF/publications/the_lonely_society_report.pdf ; http://greatergood.berkeley.edu/topic/empathy/definition #what_is

(11) Slote 2007.

(12) 二〇一一年一〇月二五日のインタビュー。

(13) http://www.ianmcewan.com/bib/articles/love-oblivion.html

(14) Mukherjee 1993, 91.

(15) Hollan and Throop 2011, 10–11, 25–29.

(16) Krznaric 2012a.

(17) Dworkin 2012.

(18) Singer 1997, 244–253.

(19) http://nymag.com/news/features/45938/

(20) http://new.bostonreview.net/BR24.3/schor.html

(21) Ben-Shahar 2008, 125-126 ; http://www.thecrimson.com/article/2006/2/15/the-science-of-smiling-strongcorrection-appendedstrongbrbr845/

(22) Seligman 2003, 148.

(23) http://psychcentral.com/blog/archives/2011/09/06/statistics-europeans-have-mental-health-issues-too/

(24) このイメージは、わたしのヴィデオ動画RSA Animate「アウトロスペクションの力」(Krznaric 2012a). より。

(25) Bloom 2013.

エートス1　共感脳にスイッチを入れる

（1）http://www.gallup.com/poll/18802/gallup-panel-people-cant-trusted.aspx ; Brewer and Steenbergen 2002.

（2）この事例についてはアルフィ・コーンに感謝する (Kohn 1990, 3)。

（3）フリードリヒ・フォン・ハイエクのインタビュー（アダム・カーティスのドキュメンタリー映画『罠』*The Trap*, episode 1)。

（4）Galbraith 1977, 45.

（5）リチャード・ドゥオーキンのインタビュー（アダム・カーティスのドキュメンタリー映画『罠』*The Trap*, episode 2)。

（6）Freud 1962, 58–59.

（7）Smith 1976, 499–502.

（8）Rifkin 2010, 90–92.

（9）Allport 1937, 530–531.

（10）Kringelbach and Phillips 2014, 104–105.

（11）Baron-Cohen 2004, 1, 70–1, 95.

（12）Baron-Cohen 2004, 200–205. 共感の度合いを量る物差しについての批評は、次を参照。http://www.romankrznaric.com/outrospection/2010/01/30/359

（13）Gerhardt 2010, 57 ; Rifkin 2010, 69.

（14）Rifkin (2010, 70) からの引用。

（15）Gerhardt 2010, 66–67, 170 ; Rifkin 2010, 74.

（16）Gerhardt 2010, 56.

(17) Rifkin (2010, 78) からの引用。
(18) Gerhardt 2010, 168.
(19) Bowlby 1988, 154 ; Gerhardt 2004, 195.
(20) Kropotkin 1998, 53.
(21) 二〇〇九年一一月一四日のインタビュー。
(22) http://greatergood.berkeley.edu/article/item/the_evolution_of_empathy
(23) DeWaal 2010, 91 ; http://greatergood.berkeley.edu/article/item/the_evolution _of_empathy
(24) Masserman et al. 1964.
(25) http://greatergood.berkeley.edu/article/item/the_evolution_of_empathy
(26) Nowak and Highfield 2011, xiii.
(27) Olson (2010, 14) からの引用。
(28) http://greatergood.berkeley.edu/article/item/the_evolution_of_empathy
(29) Keysers 2011, 11 からの引用。Rifkin 2010, 82.
(30) 二〇一一年七月二一日のインタビュー。
(31) Pinker 2011, 577. Hickok (2008) も参照。
(32) Baron-Cohen 2011, 19, 26–27 ; Kringelbach and Phillips 2014, 106.
(33) Jackson et al. 2006.
(34) Zak 2012, 63-64 ; Kringelbach and Phillips 2014, 115–117.
(35) Even Keysers (2011, 54). わたしたちの理解における亀裂の認識――「わたしたちがいまだなお理解できずにいるのは、視点取得の程度についての指標が、いかにして他者の鏡像システムにおける行為と関係するのかということです」。

Singer and Lamm (2009, 92–93) も参照。

(36) Baron-Cohen 2011, 87, 118 ; Klimecki, Leiberg, Lamm and Singer 2012.

(37) Galinsky and Moskowitz 2000.

(38) Batson et al. 1997, 508 ; Batson 1991, 121–138 ; Batson 2011, 11, 176 ; Pinker 2011, 586.

(39) http://well.blogs.nytimes.com/2012/06/21/can-doctors-learn-empathy/ ; Reiss et all. 2012.

(40) Klimecki et al. 2013 ; Leiberg et al. 2011.

(41) Gordon 2005, 245–248 ; Gordon 2002, 242 ;「共感の根っこ」Roots of Empathy 2008 ; Schonert-Reichl 2008 ; Santos et al. 2011 ; http://engageforeducation.org/news/roots-of-empathy-pioneering-anti-bullying-programme-offered-scotland-wide/;http://www.itv.com/news/london/story/2012-11-23/baby-tackles-bullying/ ; http://greatergood.berkeley.edu/article/item/taking_lessons_from_a_baby ; personal communication with Mary Gordon 8/6/8.

(42) Gordon 2005, xvi–xvii, 6, 9 ; Krznaric 2008, 24–25.

(43) Lakoff 2005, xv, 3.

(44) http://www.youtube.com/watch?v=u6XAPnuFjJc

エートス2　想像力な跳躍を

(1) Phillips and Taylor (2009, 97) からの引用。

(2) Clark 1997, 34–35.

(3) http://www.theaustralian.com.au/news/features/our-better-selves/story-e6frg8h6-1226535324061

(4) http://www.romankrznaric.com/outrospection/2010/09/12/609

(5) Gladwell 2005, 61–66, 84–86.

(6) http://www.sbs.com.au/news/article/1761364/Analysis-Illegals-and-the-erosion-of-empathy

(7) Arendt 1994, 135.

(8) Blass 2004, 102–103.

(9) Burger 2009.

(10) Blass 2004, 87–89, 96–99, 108–111, 124, 307–309 ; Blass 1999, 967.

(11) Blass 2004, 103.

(12) http://www.youtube.com/watch?v=onsIdBanynY;Slote2007,22.

(13) Smith 1976, 233–234.

(14) http://www.romankrznaric.com/outrospection/2010/05/14/475.

(15) http://www.guardian.co.uk/science/2013/jan/04/barack-obama-empathy-deficit. Bloom (2013) and Prinz (2011).

(16) Moyn 2006, 400–401.

(17) Sontag 1979, 20.

(18) Cohen 2001, 1.

(19) Levinas 2006.

(20) Keneally 1994, 35–37, 52, 139–147, 189–190, 220, 277, 318, 339, 355, 372, 423 ; Keneally 2008, 17, 23, 25, 46, 118, 125, 153, 191.

(21) Keneally 2008, 152.

(22) Oliner and Oliner 1992 ; Monroe 2004 ; Fogelman 1994.

(23) http://www.michaeldvd.com.au/Articles/WhoIsOskarSchindler/WhoIs OskarSchindler.html

(24) Batson 2011, 178–179.
(25) Buber 1965, 70–71.
(26) Armstrong 2011, 139.
(27) Smith 1976, 66, 502.
(28) Eisner 1994,6,33.
(29) Hedrick 1994, 110.
(30) Hedrick 1994, 193, 201, 237.
(31) Armstrong 2007, xiv, 390.
(32) Fletcher 1966, 117.
(33) http://www.theatlantic.com/international/archive/2013/01/signing-off/266925/
(34) Reynolds 1995 ; Said 2003.
(35) Armstrong 2011, 103–104.
(36) Gandhi 1984.
(37) Armstrong 2011, 5.
(38) Hanh 1987, 62.
(39) Batchelor 1997, 85–86.
(40) Krznaric 2003 ; Krznaric 2010a.
(41) Nagel 1991, 169.

(1) デイ=ルイス、インタビュー。ソフィー・ラウォース、アンドリュー・マール・ショーとともに。BBC。http://www.bbc.co.uk/news/entertainment-arts-21572983 ; McDonald 2013, 164-165 ; Stanislavski 1937.

(2) Rousseau 1963, 9 ; Dewey 1997, 25 ; Krznaric 2012b, 128.

(3) Eide 2007.

(4) Seymour-Jones 1993, 132, 154-62 ; Webb 1971, 344-345 ; Webb 1888.

(5) Orwell 1966, 179-180, 189 ; 1962, 120, 130.

(6) Griffin 2009, 21, 28, 46, 51-52, 61-62, 159-167, 179, 180, 185, 211, 216-219, 226 ; Bonazzi 1997 ; Terkel 1982, 335-339.

(7) Wallraff 1988, 2, 71, 76, 177 ; Wallraff 1978 ; Pilger 2004, 159.

(8) 二〇一一年三月三日のインタビュー。http://rs100aday.com/

(9) Mandela 1995, 536.

(10) http://www.dialogue-in-the-dark.com/wp-content/uploads/Wall_street_journal_intemplate.pdf ; http://www.nytimes.com/2011/08/19/arts/design/ dialog-in-the-dark-at-south-street-seaport-exhibition-review.html?_r=2& ; http://www.icubed.us/career-interviews-list/node/1809

(11) Anderson 1997, 50.

(12) Anderson 1997, 65, 76, 78 ; Guevara 1996, 60.

(13) http://www.marxists.org/archive/guevara/1960/08/19.htm

(14) http://news.nationalgeographic.co.uk/news/2004/10/1014_041014_motorcycle_diaries.html

(15) Anderson 1997, 96.

(16) Anderson 1997, 386–388.
(17) Anderson 1997, 126, 135 ; Granado 2003, xi.
(18) http://www.telegraph.co.uk/news/features/3634426/How-Nelson-Mandela-won-the-rugby-World-Cup.html
(19) Mandela 1995, 183, 194.
(20) マンデラの事例はアムネスティ・インターナショナル運動において激しい論争を生んだ。時はあたかも、「良心の囚人」に対しては暴力を唱導しても、振るってもならないという規則を棚上げにするか否かが問題となっていた折りであった。規則は棚上げにはならなかったが、アムネスティはマンデラに公正な裁判を与えるようキャンペーンを張った。
(21) Mandela 1995, 549, 680, 745.
(22) Krznaric 2011, 176.
(23) Sennett 2012, 6.
(24) Solnit 2010, 4.
(25) Solnit 2010, 188, 194, 206.
(26) Solnit 2010, 2, 8.
(27) Krznaric 2011, 60–64.
(28) http://www.guardian.co.uk/music/2008/jul/13/classicalmusicandopera.israelandthepalestinians
(29) http://jewishquarterly.org/2010/11/said-barenboim-and-the-west-east- divan-orchestra/ ; Zaki 2012.
(30) Barenboim and Said 2004, 10 ; http://www.guardian.co.uk/music/2008/ jul/13/classicalmusicandopera.israelandthepalestinians
(31) Malone 2012, ebook location 2967 of 3241.
(32) Malone 2012, ebook location 2992 of 3241.

(33) http://www.radiotimes.com/news/2012-09-20/gareth-malone-on-the-choir- sing-while-you-work-military-wives-and-getting-competitive
(34) Crouch and Ward 1988, 94–109.
(35) Sennett 1999, 136–140.
(36) Kropotkin 1998, 184, 217–218 ; http://libcom.org/library/anarchy-milton-keynes- music-colin-ward
(37) Armstrong 2011, 147.

エートス４　語らう技を稽古する

(1) Gatenby 2004 ; Tannen 1999, 211.
(2) Zeldin and Krznaric 2004, 1.
(3) Rowson 2012, 35 ; Warner 2013, 2, 4 ; Zeldin 1995, 191.
(4) Zeldin 1995, 198–202.
(5) Rowson 2012, 3.
(6) Sennett 2012, 23.
(7) Diamond 2012, 49–50.
(8) Krznaric 2011, 45–46.
(9) Parker 1996, 5.
(10) Dibb 1985/6.
(11) Parker 1996, 21, 126.

(12) Dibb 1985/6.
(13) Parker 1996, 21, 164–166.
(14) Parker 1996, 166.
(15) Parker 1996, 52.
(16) Cain 2013, 13 ; 137–138.
(17) Krznaric, Whalen and Zeldin 2006, xvii-xviii ; http://www.oxfordmuse.com/ ?q=portrait-of-oxford-project#oxford-unmasked
(18) Covey 2004, 237–238.
(19) Rosenberg 2003, 2.
(20) Rosenberg 2003, 91, 127.
(21) Rosenberg 2003, 54.
(22) Rosenberg 2003, 13–14.
(23) Obama 2007, 66–68.
(24) Rosenberg 2003, 96–100.
(25) Faber and Mazlish 2013, chapter 1.
(26) Hoffman 2000, 197–205.
(27) 匿名の証言。
(28) Baron-Cohen 2011, 13, 18. 以下も参照。Singer and Lamm (2009), and Klimecki, Leiberg, Lamm and Singer (2012).
(29) 二〇一三年二月一八日と七月一〇日の個人的な会話。
(30) Zeldin 2003.

(31) ブレネー・ブラウン、インタビュー。ロンドン、二〇一二年一〇月三日。http://www.romankrznaric. com/outrospection/2012/10/16/1729.
(32) Brown 2012, 34-37.
(33) James 2013, 3-4.
(34) Brown 2012, 185-186.
(35) Rosenberg 2003, 40.
(36) Patnaik 2009 ; Goleman 1999.
(37) Drayton 2006, 6 ; http://empathy.ashoka.org/rationale.
(38) Brown 2012, 74-75.
(39) Borg 2010, 8.
(40) http://www.psandman.com/col/empathy2.htm
(41) http://www.empathytraining.co.uk/pages/emp_training_courses.html ; http://abbykerr.com/empathy-marketing/
(42) Olson 2013, 61.
(43) Ewan (1996, 3-4, 159-173) も参照。
(44) Olson (2013, 62) からの引用。http://tobaccocontrol.bmj.com/content/3/3/ 270.full.pdf
(45) Schlosser 2002, 41からの引用。
(46) Olson 2013, 54.
(47) Patnaik 2009, 166-170.
(48) Zeldin 1998, 14.
(49) Mehl,Vazire, Holleran and Clark 2010.

(50) http://theforgivenessproject.com/stories/jo-berry-pat-magee-england/
(51) Rosenberg 2003, 103–104, 129–140 ; Neff 2003, 90 ; Niezink and Rutsch 2013.
(52) Neff 2003, 85. 下記も参照、Armstrong 2011, 67–81.
(53) Krznaric 2011, 10–11.

エートス5　肘掛け椅子の旅

(1) http://www.guardian.co.uk/books/2012/jun/29/my-life-as-bibliophile-julian- barnes
(2) Pinker 2011, 589 ; Keen 2007.
(3) http://www.nybooks.com/articles/archives/2006/oct/19/death-at-marathon/?pagination=false ; Mendelsohn 2006.
(4) Armstrong 2011, 87–88.
(5) http://www.npr.org/templates/story/story.php?storyId=6781357
(6) Terkel 2007, 7 ; Kelly 1998, 158–161.
(7) Kelly 1998, 2, 160 ; Terkel 2007, 7.
(8) Kelly 1998, 122–123.
(9) Olson 2013, 6–10, 92.
(10) Olson 2013, 90-92 ; http://www.nybooks.com/articles/archives/2010/mar/25/the-wizard/?pagination=false
(11) Bennett 2005, 36.
(12) Freedberg and Gallese 2007, 202.
(13) http://query.nytimes.com/mem/archive-free/pdf?res=9D00E5DF133AE733A25754C2A9679D946597D6CF

(14) Freedman 1994, 72.
(15) Trachtenberg 1989, 203, 205.
(16) Freedman 1994, 93, dust jacket text ; http://www.archives.gov/education/lessons/hine-photos/.
(17) Linfield 2010, 7, 127–132.
(18) Sontag 1979, 20–21.
(19) Olson 2013, 86.
(20) Olson 2013, 90.
(21) Linfield 2010, 22, 39.
(22) Keen 2007, 37–38.
(23) http://www.st-andrews.ac.uk/~jfec/ge/eliot.html;Keen2010,54.
(24) Oatley 2011, 63 ; Nussbaum 1995, xvi, 10, 66 ; Pinker 2011, 175–176.
(25) Keen 2007, vii, xx, 53, 55, 70–74, 102, 131, 140.
(26) Keen 2007, 52.
(27) http://www.romankrznaric.com/outrospection/2011/10/13/821
(28) Elderkin and Berthoud 2013.
(29) http://www.bbc.co.uk/news/technology-22464368
(30) Rifkin 2010, 472, 580.
(31) http://www.coffeetrust.org/category/ask-a-coffee-farmer
(32) Turkle 2011, 225.
(33) Aboujaoude 2012, 106–108.

(34) http://www.polygon.com/2013/5/9/4313246/gamings-new-frontier-cancer-depression-suicide
(35) Belman and Flanagan 2010, 12 ; http://www.changemakers.com/competition/entrepreneuring-peace/entries/peacemaker-video-game-promote-peace
(36) Lanier 2011, 36.
(37) Lanier 2011, 16, 48.
(38) Smith 2010.
(39) Chatfield 2012, 42.
(40) Aboujaoude 2012, 21, 45.
(41) Chatfield 2012, 39.
(42) Aboujaoude 2012, 21, 40, 107–108.
(43) http://www.pewinternet.org/Media-Mentions/2007/Do-You-Use-Google-For-Vanity-Searching-Youre-Not-Alone.aspx
(44) Aboujaoude 2012, 68–74 ; http://www.sciencedirect.com/science/article/pii/S0191886911005332
(45) http://www.guardian.co.uk/world/2012/jan/03/how-the-revolution-went-viral
(46) Gabbay (2012) からのリフキンによる引用。
(47) Chatfield 2013, 134.

エートス6　革命を始めよう

(1) Holman 1995, 72.
(2) Taylor 1967, 455.

(3) Titmuss 1950, 393.
(4) Isaacs 1941, 9.
(5) Titmuss 1950, 388 ; Holman 1995, 97.
(6) Barnett House Study Group 1947, 107.
(7) 『エコノミスト』一九四三年五月一日、五四五号。Titmuss 1950, 516.
(8) Women's Group on Public Welfare 1944, xiii.
(9) Holman (1995,140) からの引用。
(10) Holman 1995,1 28–135 ; Titmuss 1950, 510–516.
(11) Taylor 1967, 455, 503.
(12) Krznaric 2007.
(13) Rifkin 2010, 10. Gabbay (2012) からのリフキンによる引用。Pinker 2011, 572, 590.
(14) Pinker 2011, 129–133, 415–416.
(15) Phillips and Taylor 2009, 27.
(16) Pinker 2011, 133.
(17) Pinker 2011, 143.
(18) Hunt 2007, 32, 38–39, 40, 80. 次も参照、Knott (2009).
(19) Zeldin 1995, 330.
(20) Woolman 1800, 179 ; Krznaric 2011, 140–141.
(21) Hochschild 2006, 5, 78, 118, 155, 197–198, 222, 366.
(22) 『ジャーナル 三〇』一八〇八年一一月。下記から引用、Skidmore (2005, 80).

(23) Zeldin 1995, 330–331.
(24) Rifkin 2010, 26.
(25) Clark 1997, 41, 84, 111–115.
(26) Bloom 2013.
(27) Taylor 2010, 16.
(28) Krznaric 2008.
(29) http://www.theparentscircle.org/Story.aspx?ID=415 ; http://adage.com/article/goodworks/blood-relations-uniting-israelis-palestinians/229960/ ; http://news.bbc.co.uk/1/hi/world/middle_east/6948034.stm ; http://www.theparentscircle.org/MediaPage.aspx?ID=357
(30) http://www.labenevolencija.org/2010/12/the-task-of-la-benevolencija-in-rwanda/
(31) http://www.ipcc.ch/ ; http://www.nybooks.com/articles/archives/2013/may/09/some-like-it-hot/ ; http://www.guardian.co.uk/environment/blog/2013/may/30/carbon-milestone-newspapers ; http://arxiv.org/abs/0804.1126;Krznaric 2011,219.
(32) Krznaric 2010b, 153–154.
(33) Krznaric 2010c, 130.
(34) http://www.hardrainproject.com
(35) Krznaric 2010b.
(36) http://www.oxfam.org.uk/education/resources/climate_chaos/day_two/files/afternoon3_from_my_grandchild.pdf
(37) http://www.childreninachangingclimate.org/home.htm
(38) Krznaric 2011, 219, 223.

(39) Rifkin 2010, 42.

(40) Kellert and Wilson 1993 ; Schultz 2000.

(41) Fossey 1985, 206 ; Coetzee 1999, 114 ; http://www.vanityfair.com/society/ features/1986/09/fatal-obsession-198609

(42) Bourke 2011, 68, 174–175.

(43) http://www.scientificamerican.com/article.cfm?id=do-plants-think-daniel- chamovitz&page=3

(44) Louv 2005 ; Krznaric 2011, 216–217.

(45) Wilson 1984, 1 ; Barbiero 2011, 13.

(46) Haviland-Jones et al. 2005.

(47) http://www.romankrznaric.com/outrospection/2010/04/10/422

(48) http://chewychunks.wordpress.com/2013/01/09/empathy-replaces-sympathy-rsa-animate/

終章　共感の未来

(1) Thefirstcircleshavealreadyformed:http://www.lidewijniezink.com/projects

謝辞

わたしが一〇年以上前に学界を離れた理由の一つは、伝統的な学問分野の枠内に適切に収まらず、大学図書館の領域をはるかに越えた探求を必要とする、共感研究を追究するためでした。この本は、わたしの研究と思想の集大成です。

何年にもわたり、わたしは学者、活動家、友人、家族などさまざまな人々から多くの支持を受けてきました。わたしが特に謝意を表したい方々をここに記します。Abi Stephenson（アビー・スティーヴンスン）、Adam Swift（アダム・スウィフト）、Andrew Park（アンドリュー・パーク）、Anna Krznaric（アンナ・クルツナリック）、Bill Drayton（ビル・ドレイトン）、Bill McKibben（ビル・マッキベン）、Brené Brown（ブレネー・ブラウン）、Christian Keysers（クリスチャン・キーザーズ）、Christopher Wakling（クリストファー・ワクリング）、Daniel Crewe（ダニエル・クルー）、Darren James（ダレン・ジェイムズ）、Edwin Rutsch（エドウィン・ルッチェ ）、Frans de Waal（フランス・ドゥ・ヴァール）、George Marshall（ジョージ・マーシャル）、Hugh Warwick（ヒュー・ワーウィック）、Jean Knox（ジーン・ノックス）、Jenny Haworth（ジェニー・ハワース）、Joey Katona（ジョーイー・カートーナー）、Lina

Nahhas（リーナー・ナハズ）、Mary Gordon（メリー・ゴードン）、Matthew Cherian（マシュー・チェリアン）、Mike Dibb（マイク・ディブ）、Patricia Moore（パトリシア・ムーア）、Peter Holmes à Court（ピーター・ホームズ・ア・コート）、Peter Krznaric（ピーター・クルツナリック）、Pieter Serneels（ピエター・サーニールズ）、Richard Raworth（リチャード・ラワース）、Ryan Green（ライアン・グリーン）、Sarah Stuart-Brown（サラ・スチュアート・ブラウン）、Sue Weaver（スー・ウィーバー）、Theodore Zeldin（セオドア・ゼルディン）、Tushar Vashisht（ツシャー・バシッシュ）。

原稿に意見を寄せてくださった、各専門分野の最善の読み手チームのみなさんに心より感謝をこめて。Darwin Franks（ダーウィン・フランクス）、John-Paul Flintoff（ジョン・ポール・フリントフ）、Konstantin Dierks（コンスタンティン・ダークス）、Lisa Gormley（リサ・ゴームリー）、Morten Kringelbach（モートン・クリンゲルバック）、Philippa Perry（フィリッパ・ペリー）、Quentin Spender（クエンティン・スペンダー）、Sarah Knott（サラ・ノット）、Sophie Howarth（ソフィー・ホワース）、Sue Gerhardt（スー・ガーハート）、Tom Chatfield（トム・チャットフィールド）。文学祭や音楽祭、哲学クラブ、国際開発機関、学校、企業、教会、住民団体において、共感講演やワークショップに参加した人々の着想、質問、批評からも大きな恩恵を受けました。

ライダー・ブックス社の Judith Kendra（ジューディス・ケンドラー）は素晴らしく思慮深い、支えになってくれる編集者でした。ライダー・ブックス社のチーム、Alice Latham（アリス・ラサム）、Amelia Evans（アメリア・エバンス）、Catherine Knight（キャサリン・ナイト）、Sue Lascelles（スー・ラッセル）、

Shona Abhyankar（ショーナ・アビヤンカー）、Alex Cooper（アレックス・クーパー）、Helen Pisano（ヘレン・ピサノ）、そして本のカバーデザインを手がけたトゥー・アソシエイツに感謝します。わたしの代理人マギー・ハンベリーはどんなときでも常に素晴らしく、この本がわたしにとっていかに大切であるかをとても理解していました。ダンブリー・エージェンシーのアンリ・ド・ルージュモンとハリエット・ポーランドがこの本に命を吹き込み、現実のものとしてくれたことに特に感謝いたします。米国では、わたしの米国代理人のロビン・ストラウスとペリギー・ブックス社の編集者マリアン・リジーにお礼を申し上げます。お二人と一緒に仕事ができたことは素晴らしい経験でした。

共感についてのわたしの考えに、多くの刺激を与えてくれただけではなく、それについて書くことで日々の生活の中で実践しようとするわたしの試みのパートナー、ケイト・ローワースと、わたしたちの子ども、シリとカシミールの三人とともに暮らせることを幸運に感じています。

訳者あとがき

本書は、一般社団法人カクイチ研究所がホリスティック研究双書の第二冊目として編集・企画を手がけた Roman Krznaric, *Empathy*, A Perigee Book, 2014 の全訳です。

いきなり横道に逸れることになりますが、まず始めになぜわたしたちがこの翻訳の仕事に取り組むことになったのか、その機縁について記します。

この本との出会いはまったくの偶然でした。四年前、二〇一五年の冬、わたしは、英国在住のガンディー主義の後継者で、エコロジー運動の中心的存在であり、雑誌『リサージェンス』の編集長にしてシューマッハー・カレッジの創立者でもあったサティシュ・クマール師に会うため、英国デボン州トットネスを訪れました。そのとき、研究所の創設時に、設立の理念に沿った翻訳双書の刊行を企画しており、その双書の一冊目となったクマール師の『人類はどこへいくのか――ほんとうの転換のための三つのS〈土・魂・社会〉』（ぷねうま舎、二〇一七年）の原書 *Soil Soul Society* を購入するために訪れたダーティントン・ホールの書店で、手に取ろうとしたクマール師の本のすぐ側に、クルツナリックのこの本 *Empahcy* が並べられていたのです。実に六〇センチメートルほどしか離れていなかったでしょうか。なぜ、この本を手にしたのかは記憶にありません。ともあれ、この二冊を購入して帰国の途につきました。

クマール師の著書を読み終え、クルツナリックの本を読み始めたときも、「エンパシー？　どんなメッセージを発信しようとしている本なのだろう」と、ただ心地よい響きの言葉だなというほどの印象から入り、およそ前もって何らかの目的や確信があって読み進めたわけではなかったのです。すると、こんな言葉が目に飛び込んできました。クルツナリックが引用している「ガンディーの座右の銘」といわれる名言でした。偶然に手にした二冊の本に、同じ思想が刻み込まれていたわけで、別の世界だと思っていた二つがつながったことにいささか驚きました。「ガンディーの座右の銘」とは、

迷ったり、自分のことでいっぱいになってしまったりしたとき、次のテストをやってみてください。あなたがこれまでに見てきたうちの、もっとも貧しく、もっとも弱い人の顔を思い浮かべて、自問自答するのです。自分がしようと思っていることが、その人のためになるかどうか、と。果たしてその人のためになるでしょうか？　その人は、自分の人生と運命を自分の手に取り戻すことができるでしょうか？……そのとき、あなたの迷いや自我が溶け去っていることに気づくでしょう。

（本書、二四頁）

さらに読み進めると、共感《エンパシー》とは「他人の靴を想像上で履き、その感触をもって世界を歩く」ことだとい

うクルツナリックの奇妙とも思われる表現が、わたしの心をとらえました。共訳者の荻野高拡は、これは比喩的な表現なのだから相手の立場に立って行動することという趣旨で訳せばよいのではないかとの意見でしたが、「他人の靴を履いている感触」という具体的な表現にあまりのリアリティを感じ（靴下だって、他人のにおいはあんなに臭いのに、まして靴を履いてみるなんて……、水虫だって伝染《うつ》りそうだし……）、ここに共感という言葉の理解に欠かせない何かがあるように受け止めてしまった結果、この少々まだるっこしい直訳で最後まで通すこととしたのです。二つの異なる言語世界を翻訳というかたちでつなごうとするとき、イマジネーションの扉を開く鍵になる、こうした言葉やエピソードが必ずあるのではないでしょうか。

また原文中の habit, 高い共感力をもつ人々に共通する生き方を示す六つの habit の訳語を、慣習通りに六つの「習慣」とせず、六つの「エートス」（「アリストテレス倫理学で、人間が行為の反復によって獲得する持続的な性格・習性↔パトス。一般に、ある社会集団・民族を支配する倫理的な心的態度」『大辞泉』）という少し耳慣れない言葉を採用しました。本書の章立てにも対応している鍵言葉の訳語として、アリストテレスの哲学用語を選択した理由は、クルツナリック自身も述べているように現代のビジネス書や自己啓発的な本に溢れかえっている「一五の成功法則」や「できる人の七つの習慣」のように「法則」「習慣」といった言葉の安直な使用をあえて避けるためでした。習慣や習性でも構わないのでしょうが、日本語の「習慣」には社会全体のそれというより、個々人の行動を示すという語感が優先する印象があります。集合的な共感革命の可能性にまで言及しているこの本では、英語での ethos そしてその語源であるギリシア語の ἔθος の方がふさわしく感じられ、ギリシア語では本来、ごく普通に習慣とか気質を意味していることを根拠に、あえて日本語に訳さず、意味の根源を感じさせる言葉をそのまま使うことにしました。

ローマン・クルツナリックによる本書は、わたしたち一人一人が感じているデリケートな心の動きと、今生きている社会の状況とが緊密につながり影響し合っていることを、さまざまな角度からえぐり出しています。そして、そのための方法が共感的に他者の視点を受け止め、最大限にそこに立つ努力をしつつ、この世界を見直すことなのです。我と汝、自分と家族、自分と友人、会社組織の上司と同僚たち、コミュニティ仲間たち……社会を構成しているさまざまなレベルで、わたしたちは賢明に、良識的に振る舞い、平和に、幸福に、よりよく「生きたい」と願っています。当たり前のような、こうした志向に潜むのが、クルツナリックの言うイントロスペクション（内観）の世界なのです。

しかし、わたしたちがそんな風に感じたり考えたりする以前に、生きものとしてのわたしたちに根源的に備わっている何かが感応し、互いの行動を促すように働く場所があります。例えば、葛藤と平静の波間に揺れながら心の中を見つめ、瞑想しているときも、実は脳の中のミラー・ニューロンが鏡に映すかのように相互に即時的に反応し合い、身体のどこかで何者かが、外の世界の他者、およびその人が存在する切り取られた世界の一部分と交信しているのです。これはまさに世界全体が共感フィールドであり、柔らかいワイヤーでできた蜘蛛の巣の上で、その動的均衡を保っているホリスティックな生命体のようだと言ってもいいでしょう。しかも、最先端の現代医学や生物学や生理学はまだかろうじてその可能性の一端が検証できるようになっただけであり、その本体は海中の氷河のように何億年もの生命の時間の継続の中で培われ、進化してきたものなのです。マインドフルネス、禅、ある種の神秘主義のように、己の心に深く沈み込むように瞑想し、悟りの境地を開いて充足してしまうことよりも、絶えず変化する環境世界において、互いを感じ合い、触発し合い、働き合っている、そんな複雑極まる関係のモデルへと、今まさに転換するべきではないのか。クルツナリックはこれをイントロスペクション（introspection）から、アウトロスペクション（outrospection）へという造語によって表現しています。共感とは、そんな未来へとつないでいくための必要不可欠なセンサーの役割を担うものではないでしょうか。

蛇足ですが、六つのエートスの「キーワード」に沿って、各章を紐解いてみましょう。

エートス1と2では、導入部として、共感をめぐる児童心理学や脳科学など最新のサイエンスの動向が紹介されます。共感の歴史的な事例をたどり、理解の妨げとなっている偏見や常識が掘り起こされていきます。作者は、「見知らぬ人への好奇心（curiosity）」と「他者との共通点（commonality）の発見」を中心に、具体的な事例を取り上げつつエネルギッシュに点検していきます。「他者を人間に戻す」という着眼は、「サル化した現代人をゴリラに戻す」という霊長類研究の京極寿一の洞察にも通じ、興味深いところです。

エートス3では、共感体験への没入的潜入という「実験的な冒険」（experimental adventure）が取り上げられます。今まで自分がまったく知らなかった世界に、他者になりきった状態で触れていった共感猛《も》者《さ》たちの人生に、まるでクルツナリック自身が入り込んでいくかのようです。

エートス4は、本書の核心をなす章です。「語らう技」(the art of conversation)を稽古することこそが、共感する人としてさらに前進するためにもっとも大切なのだと作者は強調しています。そして、⑴好奇心、⑵ディープ・リスニング、⑶仮面を外すこと——つまり無防備で傷つきやすいままでいること(vulnerability)、⑷他者への配慮(care)、⑸創造的な精神、⑹本当の勇気、そして⑺自己愛《フィローティア》(philautia)、これらの側面を実践へとつなげるべく、具体的な事例を上げて問いかけています。

エートス5のキーワードは「想像力《イマジネーション》」。これは楽しく読める章です。肘掛け椅子に座り、エンパシー・エスケープを実感してみましょう。またここで、「デジタル革命から共感革命へ」と題した一節では、現在のインターネット文化の行き過ぎの危険性に対して、クルツナリックはとても鋭い洞察をしています。

エートス6では、共感する人の集合的な「行動《アクション》」が、向社会的な変革を促し、未来の創造につながる多くの可能性を示唆・提言しています。みなさんなら、エンパシーTシャツにどんなフレーズをプリントしますか? 共感《エンパシー》ライブラリー、共感《エンパシー》ミュージアム……思いつくことすべてにエンパシー(共感)のフレーズを付けてみましょう。どれも結構フィットします。共感《エンパシー》飲み会、共感《エンパシー》運動会、共感《エンパシー》ヨガ、共感《エンパシー》落語など……、世界は数えきれないほどたくさんの共感で創造されているのですから!

クルツナリックは、ロンドンの刑務所からグーグルの戦略会議に至るまで、広く世界を歩き、先端の共感研究を進めると同時に、その先駆的な共感の哲学を語っています。クルツナリックのこの渾身の一冊は、現代の脳科学が解明しつつあるわたしたちの共感的な脳が、実は社会のネットワークの中で精妙に柔らかく結び合っていることを、そして「共感」は、無感動（apathy）や自己中心性（self-centeredness）の反対概念ではなく、「わたしたちが何者であるか」という問いの中核をなしている人間性の本質なのだと論じています。「わたしたちは、単に平等であるだけでなく、幸福で創造的に生きることができる存在なのです」と。作者は「何が私たちの人生に本当の勇気をあたえるのか?」「何があなたの人生を台無しにしているのか?」を真剣に問うのです。

自分の殻を打ち破る演技をする俳優、活動家、デザイナー、医師、看護師、銀行家たちなどさまざまな境遇の共感する人との遭遇を通して、まったく新しい冒険に挑んでいきます。そこには、六つの「生きる」勇気を与えるエートスが示され、思いもかけない方法で他者とつながる力が育まれていきます。わたしたち全員が、そして世界そのものが、本当の「生きる」に出会うのです。

ローマン・クルツナリックは、一九七一年生まれ。シドニー、香港で育ち、英国オックスフォード大学に入学。政治社会学でPh. Dを取得。現在英国で活躍中の文化思想家であり、「生きる」ことについての作家・講演家でもあります。またクルツナリックは、学究の傍ら園芸家としても活動しています。また熱心なテニスプレーヤーでもあり、手作り家具の制作にも励むという一面ももっています。

二〇〇八年、クルツナリックは、既存の学術のジャンルに当てはまらず、大学のカリキュラムとしての人文科学の枠を越える「共感の研究」を進めるために大学を離れ、共同でロンドン「スクール・オブ・ライフ」を創設しました。その「共感」の発想は、世界中の政治団体、エコロジー団体、人権擁護活動家、教育改革者、事業家、デザイナーに幅広い影響を与えています。国連、オックスファム（慈善活動組織）のアドバイザーとして、犯罪撲滅デザイン研究所（ロンドン、セントラル聖マーチンズカレッジ）、LONG-NOW財団（サンフランシスコ）、GGSC（カリフォルニア大学バークレー校）の研究員として、「共感」と「対話」（あるいは語り合い）を通しての社会変革を提言し、エンパシー革命を通して本来の人間精神を蘇生させようとしているのです。また、世界初の「デジタル共感ライブラリー」「共感美術館」を創設し、その活動を主導しています。

本書を訳出し出版するに先立ってこの三月には、著者クルツナリックに会い、直接、翻訳の経緯を説明し、この本に出会った感動とその意味について、また今後さまざまな仕方で共働させてもらう可能性について、相談してくるつもりでしたが、残念ながらこの計画はまだ実現していません。ただ、もしも日本で開催する「共感問答《エンパシーダイアローグ》」にクルツナリックさんに参加していただけるなら、ぜひとも尋ねてみたい質問があります。「共感と組み合わせて、一番マッチするものはどんなものでしょうか？」わたし自身の答えは、エンパシー・ミラー（共感を映す鏡）です。人々の心が光となって鏡に映り、風のように自由に人々から人々へ共感を伝えていく、そんな魔法の鏡です。「鏡よ、鏡、世界で一番共感する人は誰？」と。

本書の翻訳にあたっては、米国育ちのネイティブ・スピーカーである荻野高拡が、クルツナリックの早口で、話しかけるようにテンポのよい、反面、学術的な内容も多く含む原文を、まずベーシックな日本語に下訳し、田中一明が最終的な日本語に仕上げるというスキームに沿って進めました。意味もさることながら、原文の語感と勢いのようなものを、再現することを第一としたつもりです。この試みの成否、そして意味の取り違えや、訳文の不出来の責めはみんな、田中に帰すことを申し添えておきます。

そして、ぷねうま舎の中川和夫さんには、何度も労多い作業を強いてしまいました。厚く御礼を申し上げたいと思います。

田中一明

ローマン・クルツナリック

現在, 英国で活躍中の文化思想家.「生きる」こと,「仕事」,「愛の歴史」などをめぐる作家であり, 教師でもある. 1971年生まれ. シドニー, 香港で幼少期を過ごし, オックスフォード大学, ロンドン大学, エセックス大学に学ぶ. 政治社会学の領域でPh.D 取得. 中央アメリカで人権活動に携わり、大学では政治学と社会学を教える. 2008年, 人文科学の枠を越える「共感の研究」を進めるために大学を離れ, 共同でロンドンに,「スクール・オブ・ライフ」を創設. 以降, 国連, オックスファムのアドバイザーとして、また犯罪撲滅デザイン研究所, LONG-NOW 財団, GGSC（カリフォルニア大学バークレー校）の研究員として活動.「共感」をめぐるその発想は, 世界中の政治団体, エコロジー組織, 人権擁護活動家, 教育改革者, 事業家、デザイナーらに幅広い影響を与えている. 邦訳に, 壁谷さくら訳『仕事の不安がなくなる哲学』イースト・プレス, 2014,『生活の発見――場所と時代をめぐる驚くべき歴史の旅』横山啓明・加賀山卓朗訳, フィルムアート社, 2018がある.

田中一明

1951年生まれ. 75年, 慶應義塾大学文学部卒. 79年, Willamette University Atkinson Graduate School-Oregon, U.S.A. 卒. MBA 取得後, 株式会社カクイチ入社. 1997年から2013年までの16年間, 代表取締役社長を務める. その後, 会長職を経て, 現在, 名誉会長. 2015年, 一般社団法人カクイチ研究所を設立し, 代表理事.

荻野高拡

1978年, ロサンジェルス生まれ. 同志社大学文学部卒業後, フィリピン共和国総領事館, アンシェントホテル浅間軽井沢の勤務を経て, 独立. 現在. フリーランスの翻訳家・通訳, エクストリームスポーツのビジネスデザイン・アドバイザーとして活動中.

カクイチ研究所

東西の文化と思想が出会う冒険フィールドとして創設.
現在の主な活動――①「アーシング」の普及と事業創造, ②軽井沢の研究場「スピラ」にて, 敬愛するサティシュ・クマールの「ソウル, ソイル, ソサエティ」の理念のもと、植物栽培実験を実施中. 土壌微生物の縦断コホート研究を生かす地域コラボレーションを提言. ③その他, 専門分野の枠を越える研究情報を発信する. ホリスティック研究双書を刊行. 現在,「いのち」を語る絵本を制作中. 公益性の高い事業への転換を模索する.

引用・参考文献

Aboujaoude, Elias (2012) *Virtually You : The Dangerous Powers of the E-Personality* (New York, Norton).

Allport, Gordon (1937) *Personality : A Psychological Interpretation* (London, Constable).

Anderson, Jon Lee (1997) *Che Guevara : A Revolutionary Life* (London, Bantam).

Arendt, Hannah (1994) *Eichmann in Jerusalem : A Report on the Banality of Evil* (London, Penguin). 大久保和郎訳『イェルサレムのアイヒマン――悪の陳腐さについての報告』みすず書房, 1969年

Armstrong, Karen (2007) *The Great Transformation : The World in the Time of Buddha, Socrates, Confucius and Jeremiah* (London, Atlantic).

Armstrong, Karen (2011) *Twelve Steps to a Compassionate Life* (London, Bodley Head).

Barbiero, Giuseppe (2011) 'Biophilia and Gaia : Two Hypotheses for an Affective Ecology', *Journal of Biourbanism*, No.1 : 11–27.

Barenboim, Daniel and Edward Said (2004) *Parallels and Paradoxes : Explorations in Music and Society* (London, Bloomsbury). 中野真紀子訳『音楽と社会』みすず書房, 2004年

Barnett House Study Group (1947) *London Children in War-time Oxford* (London, Oxford University Press).

Baron-Cohen, Simon (2004) *The Essential Difference* (London, Penguin). 三宅真砂子訳『共感する女脳、システム化する男脳』日本放送出版協会, 2005年

Baron-Cohen, Simon (2011) *Zero Degrees of Empathy : A New Theory of Human Cruelty* (London, Allen Lane).

Batchelor, Stephen (1997) *Buddhism Without Beliefs : A Contemporary Guide to Awakening* (New York, Riverhead Books). 藤田一照訳『ダルマの実践――現代人のための目覚めと自由への指針』四季社, 2002年

Batson, C. Daniel (1991) *The Altruism Question : Toward a Social-Psychological Answer* (Hillsdale NJ, Erlbaum Associates).

Batson, C. Daniel (2011) *Altruism in Humans* (New York, Oxford University Press).

Batson C. Daniel, Karen Sager, Eric Garst, Misook Kang, Kostia Rubchinsky and Karen Dawson (1997) 'Is Empathy-Induced Helping Due to Self-Other Merging?' *Journal of Personality and Social Psychology*, Vol. 73 No. 3 : 495–509.

Belman, Jonathan and Mary Flanagan (2010) 'Designing Games to Foster Empathy', *Cognitive Technology* Vol. 14, No. 2 : 5–15.

Ben-Shahar, Tal (2008) *Happier : Can you learn to be happy?* (Maidenhead, McGraw-Hill). 坂本貢一訳『Happier 幸福も成功も手にするシークレット・メソッド――ハーバード大学人気no.1講義』幸福の科学出版, 2007年

Bennett, Jill (2005) *Empathic Vision : Affect, Trauma, and Contemporary Art* (Stanford, Stanford University Press).

Blass, Thomas (2004) *The Man Who Shocked the World : The Life and Legacy of Stanley Milgram* (New York, Basic Books, uncorrected proof). 野島久雄・藍澤美紀訳『服従実験とは何だったのか――スタンレー・ミルグラムの生涯と遺産』誠信書房, 2008年

Bloom, Paul (2013) 'The Baby in the Well : The Case Against Empathy', *The New Yorker*, May 20.

Bonazzi, Robert (1997) *Man in the Mirror : John Howard Griffin and the Story of Black Like Me* (Maryknoll, Orbis Books).

Borg, James (2010) *Persuasion : The Art of Influencing People* (London, Prentice Hall). 武舎るみ・武舎広幸訳『説得力――人を動かすために本当に必要なこと』ピアソン桐原, 2012年

Bourke, Joanna (2011) *What it Means to Be Human : Reflections from 1791 to the Present* (London, Virago).

Bowlby, John (1988) *A Secure Base : Clinical Applications of Attachment Theory* (Abingdon, Routledge). 二木武監訳『母と子のアタッチメント――心の安全基地』医歯薬, 1993年

Brewer, Paul and Marco Steenbergen (2002) 'All Against All : How Beliefs About Human Nature Shape Foreign Policy Options', *Political Psychology* Vol. 23 No.1 : 39–58.

Brown, Brené (2012) *Daring Greatly : How the Courage to Be Vulnerable*

Transforms the Way We Live, Love, Parent, and Lead (New York, Gotham). 門脇陽子訳『本当の勇気は「弱さ」を認めること』サンマーク, 2013年
Buber, Martin (1965) 'Distance and Relation' in *The Knowledge of Man* (New York, Harper and Row). 稲葉稔・佐藤吉昭訳「原離隔と関わり」『哲学的人間学』ブーバー著作集第4巻, みすず書房, 1969年
Burger, Jerry (2009) 'Replicating Milgram : Would People Still Obey Today?', *American Psychologist*, Vol. 64 No.1 : 1-11.
Cain, Susan (2013) *Quiet : The Power of Introverts in a World That Can't Stop Talking* (London, Penguin). 古草秀子訳『内向型人間の時代——社会を変える静かな人の力』講談社, 2013年
Chatfield, Tom (2012) *How to Thrive in the Digital Age* (London, Macmillan).
Chatfield, Tom (2013) *Netymology : From Apps to Zombies – A linguistic celebration of the digital world* (London, Quercus).
Clark, Candace (1997) *Misery and Company : Sympathy in Everyday Life* (Chicago, University of Chicago Press).
Coetzee, J. M. (1999) *The Lives of Animals* (Princeton, Princeton University Press). 森祐希子・尾関周二訳『動物のいのち』大月書店, 2003年
Cohen, Stanley (2001) *States of Denial : Knowing About Atrocities and Suffering* (Cambridge, Polity).
Covey, Stephen (2004) *The Seven Habits of Highly Effective People* (London, Simon and Schuster). フランクリン・コヴィー・ジャパン訳『完訳7つの習慣』キング・ベアー, 2016年
Crouch, David and Colin Ward (1988) *The Allotment : Its Landscape and Culture* (London, Faber and Faber).
De Waal, Frans (2010) *The Age of Empathy : Nature's Lessons for a Kinder Society* (London, Souvenir Press). 柴田裕之訳『共感の時代へ——動物行動学が教えてくれること』紀伊國屋書店, 2010年
Dewey, John (1997) *Experience and Education* (New York, Touchstone). 市村尚久訳『経験と教育』講談社学術文庫, 2004年
Diamond, Jared (2012) *The World Until Yesterday : What Can We Learn from Traditional Societies*? (London, Allen Lane). 倉骨彰訳『昨

日までの世界――文明の源流と人類の未来』上下、日本経済新聞出版社, 2017年

Dibb, Mike (1985/6) *Studs Terkel's Chicago*, documentary film (London, BBC).

Drayton, Bill (2006) 'Everyone a Changemaker : Social Entrepreneurship's Ultimate Goal', *Innovations*, Winter 2006, MITPress.

Dworkin, Ronald W. (2012) 'Psychotherapy and The Pursuit of Happiness', *The New Atlantis*, Spring.

Eide, Elisabeth (2007) "'Being the Other' – or Tourist in her Reality? Reporters' and Writers' Attempts at Cross- Identification', *Social Identities*, Vol. 13 No.1: 3–17.

Eisner, Bruce (1994) *Ecstasy : The MDMA Story* (Berkeley, Ronin Publishing).

Elderkin, Susan and Ella Berthoud (2013) *The Novel Cure : An A to Z of Literary Remedies* (Edinburgh, Canongate). 金原瑞人・石田文子訳『文学効能事典――あなたの悩みに効く小説』フィルムアート社, 2017年

Ewen, Stuart (1996) *PR! A Social History of Spin* (New York, Basic Books).

Faber, Adele and Elaine Mazlish (2013) *How to Talk So Kids Will Listen and Listen So Kids Will Talk* (London, Piccadilly Press). 三津乃リーディ・中野早苗訳『子どもが聴いてくれる話し方と子どもが話してくれる聴き方大全』きこ書房, 2013年

Fletcher, Joseph (1966) *Situation Ethics : The New Morality*(Louisville, Westminster John Knox Press). 小原信訳『状況倫理――新しい道徳』新教出版社, 1971年

Fogelman, Eva (1994) *Conscience and Courage : Rescuers of Jews During the Holocaust* (New York, Anchor Books).

Fossey, Dian (1985) *Gorillas in the Mist* (London, Penguin). 羽田節子・山下恵子訳『霧のなかのゴリラ――マウンテンゴリラとの13年』早川書房, 1986年

Freedberg, David and Vittorio Gallese (2007) 'Motion, emotion and empathy in esthetic experience', *Trends in Cognitive Sciences*, Vol. 11 No.5 : 197–203.

Freedman, Russell (1994) *Kids at Work : Lewis Hine and the Crusade*

Against Child Labor (New York, Clarion Books). 千葉茂樹訳『ちいさな労働者——写真家ルイス・ハインの目がとらえた子どもたち』あすなろ書房, 1996年

Freud, Sigmund (1962) *Civilization and its Discontents* (New York, Norton). 高田珠樹・嶺秀樹訳『文化の中の居心地悪さ』フロイト全集第20巻, 岩波書店, 2011年

Gabbay, Alex (2012) *Love Hate and Everything In Between*, documentary film (London, Monkey and Me Films).

Galbraith, John Kenneth (1977) *The Age of Uncertainty* (London, BBC Books and Andre Deutsch). 都留重人監訳『不確実性の時代』ＴＢＳブリタニカ, 1980年

Galinsky, Adam and Gordon Moskowitz (2000). 'Perspective-Taking : Decreasing Stereotype Expression, Stereotype Accessibility, and In-Group Favouritism', *Journal of Personality and Social Psychology*, Vol. 78 No.4 : 708–724.

Gandhi, Mahatma (1984) *An Autobiography, or The Story of My Experiments with Truth* (Ahmedabad, Navajivan Publishing House). 蠟山芳郎訳『ガンジー自伝』中公文庫, 1983年

Gatenby, Reg (2004) Married Only At Weekends? A Study of the Amount of Time Spent Together by Spouses (London, Office for National Statistics).

Gerhardt, Sue (2004) *Why Love Matters : How affection shapes a baby's brain* (London, Routledge).

Gerhardt, Sue (2010) *The Selfish Society : How we all forgot to love one another and made money instead* (London, Simon and Schuster).

Gladwell, Malcolm (2005) *Blink : The Power of Thinking Without Thinking* (London, Penguin). 沢田博・阿部尚美訳『第１感——「最初の２秒」の「なんとなく」が正しい』光文社, 2006年

Goleman, Daniel (1999) *Working With Emotional Intelligence* (London, Bloomsbury). 梅津祐良訳『ビジネスEQ ——感情コンピテンスを仕事に生かす』東洋経済新報社, 2000年

Gordon, Mary (2002) 'Roots of Empathy : responsive parenting, caring societies', *Keio Journal of Medicine*, Vol. 52 No.4 : 236– 243.

Gordon, Mary (2005) *Roots of Empathy : Changing the World Child By*

Child (Toronto, Thomas Allen).

Granado, Alberto (2003) *Travelling with Che Guevara : The making of a revolutionary* (London, Pimlico). 池谷律代訳『トラベリング・ウィズ・ゲバラ——革命前夜－若き日のゲバラが南米旅行で見た光景』学習研究社, 2004年

Griffin, John Howard (2009) *Black Like Me* (London, Souvenir Press). 平井イサク訳『私のように黒い夜』至誠堂, 1967年

Guevera, Che (1996) *The Motorcycle Diaries : A Journey Around South America* (London, Fourth Estate). 棚橋加奈江訳『モーターサイクル・ダイアリーズ』角川文庫, 2004年

Hanh, Thich Nhat (1987) *Being Peace* (London, Rider). 棚橋一晃訳『仏の教えビーイング・ピース——ほほえみが人を生かす』中公文庫, 1999年

Haviland-Jones, Jeannette, Holly Hale Rosario, Patricia Wilson and Terry McGuire (2005) 'An Environmental Approach to Positive Emotions : Flowers', *Evolutionary Psychology*, Vol. 3 : 104-132.

Hedrick, Joan D. (1994) *Harriet Beecher Stowe : a Life* (New York, Oxford University Press).

Hickok, Gregory (2008) 'Eight Problems for the Mirror Neuron Theory of Action Understanding in Monkeys and Humans', *Journal of Cognitive Neuroscience*, Vol. 21 No.7 : 1229–1243.

Hochschild, Adam (2006) *Bury the Chains : The British Struggle to Abolish Slavery* (London, Pan).

Hoffman, Martin (2000) *Empathy and Moral Development : Implications for Caring and Justice* (Cambridge, Cambridge University Press).

Hollan, Douglas and Jason Throop (eds.) (2011) *The Anthropology of Empathy : Experiencing the Lives of Others in Pacific Societies* (New York, Berghahn Books).

Holman, Bob (1995) *The Evacuation : A Very British Revolution* (Oxford, Lion).

Hunt, Lynn (2007) *Inventing Human Rights : A History* (New York, Norton). 松浦義弘訳『人権を創造する』岩波書店, 2011年

Isaacs, Susan (ed.) (1941) *The Cambridge Evacuation Survey : A Wartime Study in Social Welfare and Education* (London, Methuen).

Jackson, Philip, Eric Brunet, Andrew Meltzoff and Jean Decety (2006)

'Empathy examined through the neural mechanisms involved in imagining how I feel versus how you feel pain', *Neuropsychologia* , Vol. 44 : 752–761.

James, Oliver (2013) *Office Politics : How to Thrive in a World of Lying, Backstabbing and Dirty Tricks* (London, Vermilion).

Keen, Suzanne (2007) *Empathy and the Novel* (Oxford, Oxford University Press).

Kellert, Stephen R. and Edward O. Wilson (eds) (1993) *The Biophilia Hypothesis* (Washington, Island Press and Shearwater Books).

Kelly, Andrew (1998) *All Quiet on the Western Front : The Story of a Film* (London, I.B. Tauris).

Keneally, Thomas (1994) *Schindler's List* (original title *Schindler's Ark*), (London, BCA). 幾野宏訳『シンドラーズ・リスト――1200人のユダヤ人を救ったドイツ人』新潮文庫, 1989年

Keneally, Thomas (2008) *Searching for Schindler* (London, Sceptre).

Keysers, Christian (2011) *The Empathic Brain : How the discovery of mirror neurons changes our understanding of human nature* (Christian Keysers, Amazon Kindle). 立木教夫・望月文明訳『共感脳――ミラーニューロンの発見と人間本性理解の転換』麗澤大学出版会, 2016年

King, Martin Luther, Jr. (1964) *Why We Can't Wait* (New York, Signet Books). 中島和子・古川博巳訳『黒人はなぜ待てないか』みすず書房, 1993年

Klimecki, Olga, Susanne Leiberg, Claus Lamm and Tania Singer (2012) 'Functional Neuro Plasticity and Associated Changes in Positive Affect After Compassion Training', *Cerebral Cortex* (advance access published 1 June 2012).

Klimecki, Olga, Susanne Leiberg, Matthieu Ricard and Tania Singer (2013) 'Differential Patter of Functional Brain Plasticity After Compassion and Empathy Training', *Social Cognitive and Affective Neuroscience* (advanced access published 9 May 2013), doi : 10.1093/scan/nst060.

Knott, Sarah (2009) *Sensibility and the American Revolution* (Chapel Hill, University of North Carolina Press).

Kohn, Alfie (1990) *The Brighter Side of Human Nature : Empathy and*

Altruism in Everyday Life (New York, Basic Books).

Konrath, Sara, Edward O'Brien and Courtney Hsing (2011) 'Changes in Dispositional Empathy in American College Students Over Time : A Meta-Analysis', *Personality and Social Psychology Review*, Vol. 15 No.2 : 180–198.

Kringelbach, Morten and Helen Phillips (2014) *Emotion : pleasure and pain in the brain* (Oxford, Oxford University Press).

Kropotkin, Peter (1998) *Mutual Aid : A Factor of Evolution* (London, Freedom Press). 大杉栄訳『相互扶助論——進化の要素』春陽堂, 1921年

Krznaric, Roman (2003) *The Worldview of the Oligarchy in Guatemalan Politics* (PhD Thesis, University of Essex).

Krznaric, Roman (2007) 'How Change Happens : Interdisciplinary Perspectives for Human Development', Oxfam GB Research Report (Oxford, Oxfam).

Krznaric, Roman (2008) 'You Are Therefore I Am : How Empathy Education Can Create Social Change', Oxfam GB Research Report (Oxford, Oxfam).

Krznaric, Roman (2010a) 'Empathy with the Enemy', *The Pedestrian*, No.1 : 117-130.

Krznaric, Roman (2010b) 'Empathy and Climate Change : Proposals for a Revolution of Human Relationships', in Stefan Skrimshire (ed.) *Future Ethics : Climate Change and Apocalyptic Imagination* (London, Continuum).

Krznaric, Roman (2010c) 'Five Lessons for the Climate Crisis : What the History of Resource Scarcity in the United States and Japan Can Teach Us', in Mark Levene, Rob Johnson and Penny Roberts (eds.), *History at the End of the World? History, Climate Change and the Possibility of Closure* (Penrith, Humanities E-Books).

Krznaric, Roman (2011) *The Wonderbox : Curious Histories of How to Live* (London, Profile Books). 横山啓明・加賀山卓朗訳『生活の発見——場所と時代をめぐる驚くべき歴史の旅』フィルムアート社, 2018年

Krznaric, Roman (2012a) *The Power of Outrospection*, RSA Animate video (London, Royal Society of the Arts).

Krznaric, Roman (2012b) *How to Find Fulfilling Work* (London, Macmillan). 壁谷さくら訳『仕事の不安がなくなる哲学』イースト・プレス, 2014年

Krznaric, Roman, Christopher Whalen and Theodore Zeldin (eds.) (2006) *Guide to an Unknown University* (Oxford, The Oxford Muse).

Lakoff, George (2005) *Don't Think of an Elephant! Know your values and frame the debate* (Melbourne, Scribe Short Books).

Lanier, Jaron (2011) *You Are Not a Gadget* (London, Penguin). 井口耕二訳『人間はガジェットではない――IT 革命の変質とヒトの尊厳に関する提言』早川書房, 2010年

Layard, Richard (2005) *Happiness : Lessons from a New Science* (London, Allen Lane).

Layard, Richard (2007) 'Happiness and the Teaching of Values', *CentrePiece*, Summer : 18-23.

Leiberg, Susanne, Olga Klimecki and Tania Singer (2011) 'Short-Term Compassion Training Increases Prosocial Behaviour in a New Developed Prosocial Game', *PloS ONE*, Vol. 6, No.3.

Levinas, Emmanuel (2006) *Humanism of the Other* (Urbana, University of Illinois Press). 小林康夫訳『他者のユマニスム』書肆風の薔薇, 1990年

Linfield, Susie (2010) *The Cruel Radiance : Photography and Political Violence* (Chicago, University of Chicago Press).

Louv, Richard (2005) *Last Child in the Woods : Saving Our Children from Nature-Deficit Disorder* (London, Atlantic Books).

Malone, Gareth (2012) *Choir* (London, Collins, ebook).

Mandela, Nelson (1995) *Long Walk to Freedom* (London,Abacus). 東江一紀訳『自由への長い道――ネルソン・マンデラ自伝』上下, 日本放送出版協会, 1996年

Masserman, Jules, Stanley Wechkin and William Terris (1964) 'Altruistic Behaviour in Rhesus Monkeys', *American Journal of Psychiatry*, Vol. 121 (December) : 584–585.

McDonald, Paul (2013) *Hollywood Stardom* (Chichester, Wiley-Blackwell).

McMahon, Darrin (2006) *Happiness : A History* (New York, Grove Press).

Mehl, M.R., S. Vazire, S.E. Holleran and C.S. Clark (2010) 'Eavesdropping on happiness : Well-being is related to having less small talk and more substantive conversations', *Psychological Science*, 21 : 539–541.

Mendelsohn, Daniel (2006) 'September 11 at the Movies', *New York Review of Books*, September 21 : 43–46.

Monroe, Kristen Renwick (2004) *The Hand of Compassion : Portraits of Moral Choice During the Holocaust* (Princeton, Princeton University Press).

Moore, Patricia (1985) *Disguised* (Waco, World Books). 木村治美訳『変装——A True Story 私は三年間老人だった』朝日出版社, 1988年

Moyn, Samuel (2006) 'Empathy in History, Empathizing with Humanity', *History and Theory*, Vol. 45 (October) : 397– 415.

Mukherjee, Rudrangshu (ed.)(1993) *The Penguin Gandhi Reader* (New Delhi, Penguin Books).

Nagel, Thomas (1991) *Mortal Questions* (Cambridge, Cambridge University Press). 永井均訳『コウモリであるとはどのようなことか』勁草書房, 1989年

Neff, Kristin (2003) 'Self-Compassion : An Alternative Conceptualization of a Healthy Attitude Towards Oneself', *Self and Identity*, Vol. 2 : 85–101.

Niezink, Lidewijn and Edwin Rutsch (2013) 'Empathy Circles : An instrument to practice empathy.' www.lidewijniezink. com/projects

Nowak, Martin with Roger Highfield (2011) *Supercooperators : Evolution, Altruism and Human Behaviour or Why We Need Each Other to Succeed* (Edinburgh, Canongate).

Nussbaum, Martha (1995) *Poetic Justice : The Literary Imagination and Public Life* (Boston, Beacon Press).

Oatley, Keith (2011) 'In the Minds of Others', *Scientific American Mind*, November/December : 63–67.

Obama, Barack (2007) *The Audacity of Hope : Thoughts on Reclaiming the American Dream* (Edinburgh, Canongate). 棚橋志行訳『合衆国再生——大いなる希望を抱いて』楓書店, 2009年

Oliner, Samuel P. and Pearl M. Oliner (1992) *The Altruistic Personality : Rescuers of Jews in Nazi Europe* (New York, Free Press).

Olson, Gary (2010) 'Empathy and Neuropolitics : This is your brain on neoliberal culture. Any questions?', Department of Political Science, Moravian College, Bethlehem, Pennsylvania.

Olson, Gary (2013) *Empathy Imperiled : Capitalism, Culture and the Brain* (New York, Springer).

Orwell, George (1962) *The Road to Wigan Pier* (Harmondsworth, Penguin). 土屋宏之・上野勇訳『ウィガン波止場への道』ちくま学芸文庫, 1996年

Orwell, George (1966) *Down and Out in Paris and London* (Harmondsworth, Penguin). 小林歳雄訳『パリ・ロンドンどん底生活』朝日出版社, 1969年

Parker, Tony (1996) *Studs Terkel : A Life in Words* (New York, Henry Holt).

Patnaik, Dev (2009) *Wired to Care : How Companies Prosper When They Create Widespread Empathy* (Upper Saddle River, NJ, FT Press).

Phillips, Adam and Barbara Taylor (2009) *On Kindness* (London, Hamish Hamilton).

Piff, Paul, Daniel Stancato, Stéphane Côté, Rodolfo Mendoza- Denton, Dacher Keltner (2012) 'Higher Social Class Predicts Unethical Behaviour', *Proceedings of the National Academy of Sciences*, February 27.

Pilger, John (ed.) (2004) *Tell Me No Lies : Investigative Journalism and its Triumphs* (London, Jonathan Cape).

Pinker, Steven (2011) *The Better Angels of our Nature : The Decline of Violence in History and its Causes* (London, Allen Lane). 幾島幸子・塩原通緒訳『暴力の人類史』上下, 青土社, 2015年

Prinz, Jesse (2011) 'Is empathy necessary for morality?' in Peter Goldie and Amy Coplan (eds.) *Empathy : Philosophical and Psychological Perspectives* (Oxford, Oxford University Press).

Reynolds, Henry (1995) *The Other Side of the Frontier : Aboriginal Resistance to the European Invasion of Australia* (Ringwood, Victoria, Penguin).

Riess, Helen, John M. Kelley, Robert W. Bailey, Emily J. Dunn and

Margot Phillips (2012) 'Empathy Training for Resident Physicians : A Randomized Controlled Trial of a Neuroscience-Informed Curriculum', *Journal of General Internal Medicine*, 2 May, DOI : 10.1007/s11606-012-2063-z.

Rifkin, Jeremy (2010) *The Empathic Civilization : The Race to Global Consciousness in a World in Crisis* (Cambridge, Polity).

Roots of Empathy (2008) 'Roots of Empathy : A Summary of Research Studies Conducted 2000–2007', March, Roots of Empathy, Toronto.

Rosenberg, Marshall (2003) *Nonviolent Communication : A Language of Life* (Encinitas, CA, PuddleDancer Press). 安納献監訳『NVC ――人と人との関係にいのちを吹き込む法』日本経済新聞出版社, 2012年

Rousseau, Jean-Jacques (1963) *Émile* (London, J.M. Dent & Sons). 今野一雄訳『エミール』全３冊, 岩波文庫, 1962-64年

Rowson, Jonathan (2012) 'The Power of Curiosity : How Linking Inquisitiveness to Innovation Could Help to Address Our Energy Challenges' (London, Royal Society of the Arts).

Said, Edward (2003) *Orientalism* (London, Penguin). 今沢紀子訳『オリエンタリズム』上下, 平凡社, 1993年

Santos R. G., M. J. Chartier, J. C. Whalen, D. Chateau and L. Boyd (2011) 'Effectiveness of school-based violence prevention for children and youth : Cluster randomized controlled field trial of the Roots of Empathy program with replication and three-year follow-up', *Healthcare Quarterly*, Vol. 14 : 80–91.

Schlosser, Eric (2002) *Fast Food Nation : What the All-American Meal is Doing to the World* (London, Penguin). 楡井浩一訳『ファストフードが世界を食いつくす』草思社, 2011年

Schonert-Reichl, Kimberly (2008) 'Effectiveness of Roots of Empathy Program : Research Summary, 2000–2008', Child and Adolescent Development Laboratory, Faculty of Education, Department of Educational and Counselling Psychology, and Special Education, University of British Columbia, Vancouver.

Schultz, P. Wesley (2000) 'Empathizing With Nature : The Effects of Perspective Taking on Concern for Environmental Issues', *Journal of Social Issues*, Vol.56 No. 3 : 391–406.

Seligman, Martin (2003) *Authentic Happiness : Using the New Positive Psychology to Realize Your Potential for Lasting Fulfillment* (London, Nicholas Brealey). 小林裕子訳『世界でひとつだけの幸せ――ポジティブ心理学が教えてくれる満ち足りた人生』アスペクト, 2004年

Sennett, Richard (1999) *The Corrosion of Character : The Personal Consequences of Work in the New Capitalism* (New York, Norton). 斎藤秀正訳『それでも新資本主義についていくか――アメリカ型経営と個人の衝突』ダイヤモンド社, 1999年

Sennett, Richard (2012) *Together : The Rituals, Pleasures and Politics of Cooperation* (London, Allen Lane).

Seymour-Jones, Carole (1993) *Beatrice Webb : Woman of Conflict* (London, Pandora Press).

Singer, Peter (1997) *How Are We To Live? : Ethics in an Age of Self-Interest* (Oxford, Oxford University Press).

Singer, Tania and Claus Lamm (2009) 'The Social Neuroscience of Empathy', *The Year in Cognitive Neuroscience* 2009, New York Academy of Sciences 1156 : 81–96.

Skidmore, Gil (2005) *Elizabeth Fry : A Quaker Life – Selected Letters and Writings* (Oxford, Altamira Press).

Slote, Michael (2007) *The Ethics of Care and Empathy* (London, Routledge).

Smith, Adam (1976) *The Theory of Moral Sentiments* (Indianapolis, Liberty Classics). 水田洋訳『道徳感情論』上下, 岩波書店, 2003年

Smith, Zadie (2010) 'Generation Why?', *New York Review of Books*, November 25.

Solnit, Rebecca (2010) *A Paradise Built in Hell : The extraordinary communities that arise in disaster* (London, Penguin). 高月園子訳『災害ユートピア――なぜそのとき特別な共同体が立ち上がるのか』亜紀書房, 2010

Sontag, Susan (1979) *On Photography* (London, Penguin). 近藤耕人訳『写真論』晶文社, 1979

Stanislavski, Constantin (1937) *An Actor Prepares* (London, Geoffrey Bles). 堀江新二・岩田貴・浦雅春・安達紀子訳『俳優の仕事』全３部, 2008-2009年

'Taking on Concern for Environmental Issues', *Journal of Social Issues*, Vol.56, No.3 : 391–406

Tannen, Deborah (1999) 'Women and Men in Conversation' in Rebecca S. Wheeler (ed.), *The Workings of Language : From Prescriptions to Perspectives* (Wesport, Conn., Praeger).

Taylor, A.J.P. (1967) *English History* 1914–45 (London, Readers Union and Oxford University Press).

Taylor, Matthew (2010) 'Twenty-first Century Enlightenment' (London, Royal Society of the Arts).

Terkel, Studs (1982) *American Dreams : Lost and Found* (London, Granada). 中山容他訳『アメリカン・ドリーム』白水社, 1990年

Terkel, Studs (2007) *Touch and Go : A Memoir* (New York, New Press). 金原瑞人・築地誠子・野沢佳織訳『スタッズ・ターケル自伝』原書房, 2010年

Titmuss, Richard (1950) *Problems of Social Policy* (London, H.M.S.O. and Longmans, Green & Co.).

Trachtenberg, Alan (1989) *Reading American Photographs : Images as History, Matthew Brady to Walker Evans* (New York, Hill and Wang). 生井英考・石井康史訳『アメリカ写真を読む――歴史としてのイメージ』白水社, 1996年

Turkle, Sherry (2011) *Alone Together : Why we expect more from technology and less from each other* (New York, Basic Books).

Twenge, Jean and Keith Campbell (2009) *The Narcissism Epidemic : Living in the Age of Entitlement* (New York, Atria).

Wallraff, Günter (1978) *The Undesirable Journalist* (London, Pluto Press).

Wallraff, Günter (1988) *Lowest of the Low* (London, Methuen). マサコ・シェーンエック訳『最底辺――トルコ人に変身して見た祖国ドイツ』岩波書店, 1987年

Warner, Marina (2013) 'Contradictory Curiosity', unpublished manuscript, January 26.

Webb, Beatrice (1888) 'Pages From a Work-Girl's Diary', *The Nineteenth Century*, Vol. 139 (September) : 301–314.

Webb, Beatrice (1971) *My Apprenticeship* (Harmondsworth, Penguin Books).

Wilson, Edward O. (1984) *Biophilia : The Human Bond With Other Species* (Cambridge MA, Harvard University Press). 狩野秀之訳『バイオフィリア——人間と生物の絆』平凡社, 1994年

Women's Group on Public Welfare (1944) *Our Towns : A Close-Up* (London, Oxford University Press).

Woolman, John (1800) *The Works of John Woolman* (*in Two Parts*) (Philadelphia, Benjamin & Jacob Johnson).

Zak, Paul (2012) *The Moral Molecule : The New Science of What Makes Us Good and Evil* (London, Bantam Press).

Zaki, Jamil (2012) 'The Curious Perils of Seeing the Other Side', *Scientific American Mind*, 23 : 20–21.

Zeldin, Theodore (1995) *An Intimate History of Humanity* (London, Minerva). 森内薫訳『悩む人間の物語』日本放送出版協会, 1999年

Zeldin, Theodore (1998) *Conversation* (London, Harvill).

Zeldin, Theodore (2003) 'The New Conversation', manuscript.

Zeldin, Theodore and Roman Krznaric (2004) *Guide to an Unknown City* (Oxford, The Oxford Muse).

図版出典

11頁　パトリシア・ムーア. ©Patricia Moore

30頁　ソクラテス. ©2012, Cogntive Media Limited

51頁　子どもの目線で見る展示. ポール・リッター, ジャン・リッター. ©Jean Ritter

68頁　肩を這う蜘蛛. ©Elizabeth Best/Alamy

78頁　共感の根っこ. ©Roots of Empathy

85頁　炭鉱夫エムリス・ジョーンズ. ©Hulton-Deutsch Collection/CORBIS

116頁　ハリエット・ビーチャー・ストウの息子, チャーリー. ©The Schlesinger Library, Radcliffe Institute, Harvard University

142頁　便所掃除をするギュンター・ヴァルラフ. ©ANP Foto

150頁　チェ・ゲバラとアルベルト・グラナド, 1952年. Museo Che Guevara (Centro de Estudios Che Guevara en La Habana, Cuba)

158頁　休日旅行の中の次の革命. ©Kate Raworth

179頁　スタッズ・ターケル. ©Steve Kagan/ Time & Life Pictures/Getty Images

181頁　オックスフォード・ミューズの「語らう会」. ©Kate Raworth

210頁　ジョン・ベリーとパット・マギー. ©Brian Moody and The Forgiveness Project

225頁　塹壕でフランス軍兵士を介抱する ポール. ©Bettmann/CORBIS

232頁　ルイス・ハイン「小さな紡績工」. ©The Library of Congress

250頁　ピースメーカーからのスクリーンショット. ©ImpactGames LLC

264頁　疎開の子どもたち. ©Hulton-Deutsch Collection/CORBIS

271頁　拷問台の上のシンプソン. ©Mary Evans Picture Library

288頁　ルワンダのラジオ番組「新しい夜明け」. ©Anoek Steketee

ローマン・クルツナリック
共感する人
ホモ・エンパシクスへ、あなたを変える六つのステップ

2019年4月25日　第1刷発行

訳　者　田中一明《たなかかずあき》・荻野高拡《おぎのたかひろ》
装　画　ワタナベケンイチ
装　幀　わたなべひろこ
企画・構成　カクイチ研究所
http://ja.kakuichi-institute.org
発行者　中川和夫
発行所　株式会社 ぷねうま舎
〒162-0805　東京都新宿区矢来町122　第2矢来ビル3F
電話 03-5228-5842　　ファックス 03-5228-5843
http://www.pneumasha.com
印刷・製本　株式会社ディグ

ISBN 978-4-906791-85-9　　Printed in Japan

評論

人類はどこへいくのか
——ほんとうの転換のための三つのS〈土・魂・社会〉
サティシュ・クマール著　田中万里訳
四六判・二八〇頁　本体二三〇〇円

〝ふつう〟のサルが語るヒトの起源と進化
中川尚史
四六判・二一六頁　本体二三〇〇円

《魔笛》の神話学
——われらの隣人、モーツァルト
坂口昌明
四六判・二四〇頁　本体二七〇〇円

煉獄と地獄
——ヨーロッパ中世文学と一般信徒の死生観
松田隆美
四六判・二九六頁　本体三二〇〇円

秘教的伝統とドイツ近代
——ヘルメル、オルフェウス、ピュタゴラスの文化史的変奏
坂本貴志
A5判・三四〇頁　本体四六〇〇円

グロテスクな民主主義／文学の力
——ユゴー、サルトル、トクヴィル
西永良成
四六判・二四二頁　本体二六〇〇円

回想の1960年代
上村忠男
四六判・二六〇頁　本体二六〇〇円

『甲陽軍鑑』の悲劇
——闇に葬られた信玄の兵書
浅野裕一／浅野史拡
四六判・二五六頁　本体二四〇〇円

文学

ラピス・ラズリ版　**ギルガメシュ王の物語**
司修画／月本昭男訳
B6判・二八四頁　本体二八〇〇円

ト書集
富岡多恵子
四六判・二二〇頁　本体一八〇〇円

声　千年先に届くほどに
姜　信子
四六判・二二〇頁　本体一八〇〇円

妄犬日記
姜　信子著／山福朱実絵
四六判・一八〇頁　本体二〇〇〇円

現代説経集
姜　信子
四六判・二二四頁　本体二三〇〇円

サクラと小さな丘の生きものがたり
鶴田　静著／松田　萌絵
四六判・一八四頁　本体一八〇〇円

宗　教

創造的空への道
——統合・信・瞑想
八木誠一
四六判・二七二頁　本体三四〇〇円

回心　イエスが見つけた泉へ
八木誠一
四六判・二四六頁　本体二七〇〇円

最後のイエス
佐藤　研
四六判・二二八頁　本体二六〇〇円

この世界の成り立ちについて
——太古の文書を読む
月本昭男
四六判・二一〇頁　本体二三〇〇円

パレスチナ問題とキリスト教
村山盛忠
四六判・一九三頁　本体一九〇〇円

イスラームを知る四つの扉
竹下政孝
四六判・三一〇頁　本体二八〇〇円

3・11以後とキリスト教
荒井　献／本田哲郎／高橋哲哉
四六判・二三〇頁　本体一八〇〇円

3・11以後　この絶望の国で
——死者の語りの地平から
山形孝夫／西谷　修
四六判・二四〇頁　本体二五〇〇円

カール・バルト　破局のなかの希望
福嶋　揚
A5判・三七〇頁　本体六四〇〇円

死後の世界
——東アジア宗教の回廊をゆく
立川武蔵
四六判・二四六頁　本体二五〇〇円

たどたどしく声に出して読む歎異抄
伊藤比呂美
四六判・一六〇頁　本体一六〇〇円

『歎異抄』にきく 死・愛・信
武田定光
四六判・二六二頁　本体二四〇〇円

親鸞抄
武田定光
四六判・二三〇頁　本体二三〇〇円

禅仏教の哲学に向けて
井筒俊彦／野平宗弘訳
四六判・三八〇頁　本体三六〇〇円

坐禅入門 禅の出帆
佐藤　研
四六判・二四六頁　本体二三〇〇円

さとりと日本人
——食・武・和・徳・行
頼住光子
四六判・二五六頁　本体二五〇〇円

……………………………………………

跳訳 道元
——仏説微塵経で読む正法眼蔵
齋藤嘉文
四六判・二四八頁　本体二五〇〇円

老子と上天
——神観念のダイナミズム
浅野裕一
四六判・二七二頁　本体三四〇〇円

ダライ・ラマ 共苦《ニンジェ》の思想
辻村優英
四六判・二六六頁　本体二八〇〇円

神の後に 全二冊
マーク・C・テイラー／須藤孝也訳
Ⅰ〈現代〉の宗教的起源　Ⅱ 第三の道
A5判・Ⅰ＝二二六頁　Ⅱ＝二三六頁
本体Ⅰ＝二六〇〇円　Ⅱ＝二八〇〇円

グノーシスと古代末期の精神 全二巻
ハンス・ヨナス／大貫　隆訳
第一部　神話論的グノーシス
第二部　神話論から神秘主義哲学へ
A5判・第一部＝五六六頁　第二部＝四九〇頁
本体第一部＝六八〇〇円　第二部＝六四〇〇円

聖書物語

ヨレハ記 旧約聖書物語
小川国夫
四六判・六二四頁　本体五六〇〇円

イシュア記 新約聖書物語
小川国夫
四六判・五五四頁　本体五六〇〇円

ナツェラットの男
山浦玄嗣
四六判・三二二頁　本体二三〇〇円

哲学

冥顕の哲学1 死者と菩薩の倫理学
冥顕の哲学2 いま日本から興す哲学
末木文美士
1＝四六判・二八二頁　本体二六〇〇円
2＝四六判・三三六頁　本体二八〇〇円

人でつむぐ思想史Ⅰ
ヘラクレイトスの仲間たち
坂口ふみ
四六判・二五〇頁　本体二五〇〇円

人でつむぐ思想史Ⅱ
ゴルギアスからキケロへ
坂口ふみ
四六判・二四四頁　本体二五〇〇円

時間と死
——不在と無のあいだで
中島義道
四六判・二一〇頁　本体二三〇〇円

哲学の賑やかな呟き
永井　均
B6変型判・三八〇頁　本体二四〇〇円

香山リカと哲学者たち
明るい哲学の練習
最後に支えてくれるものへ
中島義道・永井　均・入不二基義・香山リカ
四六判・二四四頁　本体二五〇〇円

九鬼周造と輪廻のメタフィジックス
伊藤邦武
四六判・二七〇頁　本体三二〇〇円

湯殿山の哲学
——修験と花と存在と
山内志朗
四六判・二四〇頁　本体二五〇〇円

養生訓問答
――ほんとうの「すこやかさ」とは
中岡成文
四六判・二一〇頁　本体一八〇〇円

となりの認知症
西川　勝
四六判・二〇〇頁　本体一五〇〇円

アフター・フクシマ・クロニクル
西谷　修
四六判・二一〇頁　本体二〇〇〇円

破局のプリズム
――再生のヴィジョンのために
西谷　修
四六判・二六〇頁　本体二五〇〇円

超越のエチカ
――ハイデガー・世界戦争・レヴィナス
横地徳広
A5判・三五〇頁　本体六四〇〇円

評伝

折口信夫の青春
富岡多恵子／安藤礼二
四六判・二八〇頁　本体二七〇〇円

この女《ひと》を見よ
――本荘幽蘭と隠された近代日本
江刺昭子／安藤礼二
四六判・二三二頁　本体二三〇〇円

民俗

安寿　お岩木様一代記奇譚
坂口昌明
四六判・三二〇頁　本体二九〇〇円

津軽　いのちの唄
坂口昌明
四六判・二八〇頁　本体三二〇〇円

ぷねうま舎
表示の本体価格に消費税が加算されます
二〇一九年四月現在